DOUGHNUT ECONOMICS

SEVEN WAYS TO THINK LIKE A
21ST-CENTURY ECONOMIST

Kate Raworth

Doughnut Economics

甜甜圈經濟學

Kate Raworth 凱特・拉沃斯——著

范堯寬、温春玉——譯

破除成長迷思的 7 個經濟新思考

Seven Ways to Think Like a 21st-Century Economist

目 錄

◎ 推薦序

一起讓世界變得更好的
新經濟思維

安納金

　　正如二十世紀的天才發明家巴克敏斯特‧富勒（Buckminster Fuller）所言：「如果只是對抗既有現實，你永遠無法促成改變。若想促成改變，你得打造出新的模式，好讓既有模式顯得老舊過時。」

　　本書作者凱特‧拉沃斯在此書當中列舉出七種轉換思維途徑，幫助被禁錮在傳統經濟學理論中的人們突破，改用一套能夠兼顧社會福祉以及對環境共好的模式，以達成真正能夠符合未來世界人們所需的永續經營目標。

　　事實上，類似的目標普遍已經被包含在聯合國永續發展目標（Sustainable Development Goals）當中，並且2015年已由193個成員國簽署同意。在這些目標當中，人們翹首盼望所羅列項目都能在2030年前實現，然而，每當各國的領導人面對新的政局挑戰、或者經濟遭遇困境時，卻往往又落入了「將經濟成長列為優先目標」而再度擱置其他目標的處境，使得本應平衡發展的經濟生態系，一直處於失衡的狀態當中。

　　若要讓全球永續發展的目標確實可以如期實現，不再被各國執政者有意或無意的耽擱，就必須讓廣大的民眾更加了解這些目標的真義，並落實在日常生活中傳遞對於政府施政的監督以及殷切期待上。

　　這談何容易，因為即便普羅大眾們當面臨自身（個體）的經濟問題和困境時，亦復如是優先求生存而擱置所有對外部環境的責任，也屢見不鮮地每每當一國的領導人在面對總體經濟的困境時，只是配合社會大眾當下的渴望而順應民心做出討好選民的政策罷了。

　　為了達到倡議、具體落實永續經濟發展的目標，讓更多一般大眾可以充分去理解、去實踐於對各國執政者的更佳期待，本書作者將複雜艱深的經濟模型（而且是涵蓋了個體、總體、到外部生態環境的複雜大架構）以簡馭繁描繪成一個簡單圖示就能說明的方式，稱之為「甜甜圈經濟學」。希望透過這個簡單易懂的新經濟模型，轉化人們對於經濟成長的舊思維，成為能夠滿足長期（甚至無限期）讓世界繁榮發展的新思維。

　　我相當認同此書作者之理念，並樂於見到這樣的新經濟思維能夠被盡早落實在各國的經濟發展施政當中。如同英國生態經濟學家提姆‧傑克森（Tim Jackson）所說的：「如果有可能生活得好，同時又不破壞地球？」《甜甜圈經濟學》簡明扼要地闡述這迷人的可能性，同時也明白揭示其挑戰。

　　凱特‧拉沃斯充滿創意，將經濟學從學術的塵封中挽救出來，使這門學科有機會讓世界變得更好。我誠摯希望您也可以一起共讀此書，一起讓我們以及諸多後代子孫所共同生存的這個世界變得更好！

　　願善良、紀律、智慧，與你我同在！

　　（本文作者爲知名財經作家，暢銷書《一個投機者的告白實戰書》《高手的養成》《散戶的50道難題》作者）

◎ 推薦序

疫情危機，正是打造新經濟系統的時機

黃育徵

　　我第一次讀這本書是在2017年，是兒子送我的禮物。那時正值聯合國推出「2030永續發展目標」，呼籲全球要巨幅改變，因為地球環境已經嚴重失衡。而中文版出版之際，全球遭逢新冠肺炎疫情的衝擊，經濟嚴重的衰退。人類能否被這個警鐘敲醒，取決於我們有沒有決心放下傲慢，拾起謙卑。

　　你是否也曾質疑現有經濟系統「不太對勁」？為什麼GDP無法反映國民的生活是否富足幸福，我們卻用它來衡量一個國家的發展？為什麼經濟發展時常造成對環境的剝削與汙染，這些負面影響都成了全民負擔的「外部成本」？為什麼經濟要不斷地成長？成長的目的是什麼？我心中的大哉問在本書裡都有精闢的討論。作者從7個思考層面觀察二十世紀經濟系統的特點，提出這些特點在邁向二十一世紀也需要與時俱進地改變。讀者可以從前言裡的圖表，立即一覽新舊世紀經濟系統演化方向

的精髓！

態度和心態，決定你怎麼讀這本書。在7個思考中，我深刻體會經濟系統裡的「人、事、物」需要根本性地轉變，我們才得以打造具韌性、再生性的循環經濟系統，因應多重風險，持續人類的文明。

聖雄甘地曾說「地球所提供的足以滿足每個人的需要，但不足以填滿每個人的欲望。」更深一層反思，我們不一定要購買、擁有產品，才能滿足食衣住行各式需求，而是使用服務就好。當**消費形態轉變成從擁有到使用**，消費端需求的改變會帶動企業轉換經營思維，使用更少資源來提供更好服務。事實上，台灣許多企業與年輕團隊都開始推行「產品服務化」的商業模式，不擁有產品、單純購買服務（pay for performance），是台灣社會正在興起的「全民運動」。

在現有經濟系統裡，業者習於透過競爭來生存，但現代經營環境複雜且變化快，一昧競爭只會疲於奔命。**關係的轉變，從競爭到合作**。無論是供應鏈整合或是跨產業的串聯，唯有透過合作才能創造機會。合作文化更應擴及到人類和自然的關係。人類只是地球的短暫過客，理應要能謙卑地和大自然共存共榮。

過去我們習於將大自然提供的珍貴資源視為理所當然。輕忽的態度讓我們錯失許多善用資源的機會，輕易讓資源變成廢棄物。讓**看待資源的觀念轉變，從廢棄到循環使用**。仔細觀察自然中其實沒有廢棄，是時候我們虛心向自然學習，運用創意讓資源能被循環使用。

疫情後復甦之際，我深深期許人類不再浪費一次危機。打造新經濟系統是邁向

二十一世紀重要的議題，需要全球協力共創新局。台灣有豐富的製造經驗，完整供應鏈的實力，加上社會的多元和包容性，台灣可以是全球推動新經濟模式的創新熱點。

（本文作者為財團法人資源循環台灣基金會董事長，前台灣糖業股份有限公司董事長、前台橡股份有限公司董事長兼執行長）

◎ 推薦序

「甜甜圈」，
是生存的救生圈

楊斯棓

　　生存就是一個無法拒絕又日益困難的滅頂遊戲，而「甜甜圈」可能是大多數人的救生圈！你小時候有沒有玩過大富翁桌遊？你還記得什麼？你覺得透過遊戲學到什麼教訓？你或許記得以下幾件事：

- ・當要抽機會卡的時候特別緊張，抽中「擊落共匪米格機得3000塊獎金」時，你雀躍無比。
- ・別人找錯錢的時候，心裡暗叫一聲賺到了。
- ・輸家覺得自己輸的原因純粹是運氣不好，贏家之所以贏也自認只是運氣好。

　　其實小時候根本不懂大富翁在玩什麼，常為了毫不重要的事感到高興或沮喪，往往把機會當危險，危險當機會，巴菲特說：「別人恐懼的時候，我們要貪婪；別

人貪婪的時候，我們要恐懼！」但別人貪婪時，我們依然惶惶然；別人恐懼時，我們更手足無措，這可能解釋了我們為何成不了真實世界的大富翁。

其實越貼近真實世界而設計的改良版大富翁遊戲，我完全認同這是可以快速增進孩童認識世界運作本質的絕佳教材。

何謂改良版，譬如如果玩一圈遊戲等於人間過一年，在每一圈遊戲進行之初，我們加了一道更符合真實世界的作法：允許有人在銀行存錢，而且繞完一圈後，銀行發利息錢（如你所知，如果是負利率的國家，玩家反過來要給銀行錢）。

我在文章開頭寫：「生存就是一個無法拒絕又日益困難的滅頂遊戲」，這個遊戲我稱為：「人間大富翁」。

舉世各國隱隱都有一套成為富翁的通則，而在每個國家各有其機巧精妙，有避稅祕境，有毒梟聖地，有世界工廠，有購物天堂。

深諳人間遊戲規則世界走透透的商人，可能會從A國低利借得貸款，到B國去買房（橫跨兩國甚至多國玩「人間大富翁」遊戲），坐等房價飛漲。當然一般人以為沒有人住就不會需要繳水電費，理當可以課空屋稅，但有些屋主比較聰明，只要裝上自動灑水系統或是安裝空氣清淨機等家電，讓水表電表的數字跳動，讓人誤會其實有人居住。

有的國家房子持有成本高，國家保障租客權益，租賃可能就是首都居民的首選，譬如德國。有的國家房子持有成本低，資金取得容易，人民就偏向愛買房，在下不說，你也不難猜到是哪些國家。

有的國家一味追求GDP成長，環境評估放水，空汙水汙嚴重，追求營收成長的

同時讓環境付出代價，他們的基調是：先賺錢，賺了再來談生態復育，殊不知若要修復環境，可能要付出十倍百倍的代價。賺的，其實不夠賠。

本書作者凱特‧拉沃斯是一個了解「人間大富翁」遊戲真諦的英國經濟學者，理論、實務皆著墨甚深，她憂心忡忡卻又熱情奔放的在2014年TED×雅典論壇上演講：《為什麼如今該甜甜圈經濟學上場了》（Why it's time for Doughnut Economics），分享她的甜甜圈模型，引導我們思考該如何看待、應對「人間大富翁」遊戲，而本書可視為該場演講的文字補充版。

甜甜圈的內在界線是社會基底盤，包括十二個社會向度。譬如飲用水就是其中一個向度，無法取得飲用水的人口比例就是一個相關指標。

甜甜圈的外在界線是生態天花板，包括九道地球界線。譬如其中一道界線就是生物多樣性的喪失，如果我們的經濟發展不得不造成生物滅絕，或許每一年物種滅絕比率不超過百萬分之十是我們該守住的底線。

兩道界線之間，存在一道生態方面安全、社會方面正義的空間，作者主張，人們可以在其中發展，繁榮昌盛，但不要過度追求成長。

讀書過程中，我們可以不斷自問何謂贏家，何謂輸家？有沒有可能打造出每人都是贏家的社會？你一定知道，如果只有你一人是贏家其他人都是輸家，那你出入安全，活得快樂嗎？

同樣地，如果只有少數國家是贏家多數國家是輸家，那我們也得活在一個動盪的世界。

　　讀完本書如果覺得還不過癮，推薦可以繼續收看作者出書後受邀在TED2018年年會上的演講：《一個健全的經濟體制應被設計來達到繁盛，不是成長》（A healthy economy should be designed to thrive, not grow）。

　　（本文作者為方寸管顧首席顧問＼醫師）

從甜甜圈經濟學，
思考台灣永續願景

蘇孟宗

　　近年來，許多先進國家已經不再單純追求GDP的經濟成長，而是需要兼顧社會需求與環境永續的全面價值。而在2020年新冠肺炎（COVID-19）疫情蔓延全世界之時，各國加速探討環境永續的議題，包括循環經濟，也探討韌性家園的重要性。所謂韌性（Resilience），就是面對不可預期的天災人禍，應具備因應各種災害的五大風險管理能力：診斷（Diagnostics）、準備（Preparation）、預警（Warning）、反應（Response），及恢復（Recovery）。要事先做好準備，並在災害來襲時，有緊急應變及快速恢復的能力。

　　凱特・拉沃斯認為經濟學的革命已經開始，GDP並不總是成長，世界各國忙著拚經濟卻對氣候暖化、貧窮等問題毫無對策。在這本書中她以一個甜甜圈的圖像闡述「甜甜圈經濟學」，內圈代表的是社會基底盤，有人類福祉的下限，舉凡饑饉、文盲等，沒有人應該低過於此；外圈則意謂的是生態天花板，有地球壓力的上限，

沒有人應踰越。而在兩者之間，就是安全、正義的空間。這就是她開宗明義倡導的「改變目標：從GDP到甜甜圈」，為全球發展、政府政策與企業發展戰略，提供一個新經濟應該有的轉變思維，最終達成甜甜圈中平衡的繁榮發展。

另外，凱特認為環境惡化不能等到國家夠富裕才來處理，因為失去的天然資源不見得會復返。所以應除了注重循環經濟，也要結合再生設計——善用無窮無盡的太陽能源，將不同原料轉變成有用的產品與服務，全面實現再生式產業設計。一旦結合循環經濟與再生設計，才能達到「創造再生：從成長第一、環境第二，到再生經濟」，讓人類重新完整參與地球的生命循環過程，創造安康公平世界。

再者，凱特提到恢復力是指系統耐受壓力及從壓力中復原的能力，可以避免一心只想將經濟效益最大化，而忽略其可能帶來的脆弱性。如果能領悟「理解系統：從力學平衡到動態複雜」的精髓，在經濟結構內建立多樣化與備援（Redundancy）的特質，則可提高經濟的恢復力，讓經濟有效因應各種突來的衝擊與壓力。只有在平衡效能與恢復力，才能建立起生氣勃勃且強韌堅固的系統，例如盤子上的果凍雖被外力晃動，但仍能維持其形狀。

因此，我很樂意推薦本書給想要了解，或參與二十一世紀經濟學革命之各形各色人士，作者提出的「甜甜圈經濟學」圖像架構，將可引領我們認真思考未來如何在經濟成長、社會需求、與環境永續均衡發展的2030年願景中，形塑台灣在地球舞台上的新角色與定位。

（本文作者為工研院產業科技國際策略發展所所長）

◎ 前言

經濟學的革命已經開始

　　2008年10月，楊緣（Yuan Yang，音譯）來到牛津大學念經濟。她在中國出生，在英格蘭約克郡成長，並擁有成為世界公民的願景：她熱衷時事、關注未來，並下定決心要讓世界變好。楊緣相信，成為一位經濟學家是最佳途徑，能使她具備讓世界變好的能力。可以說，當時她渴望成為的，正是二十一世紀所需要的經濟學家。

　　然而楊緣很快便感到失望。她發現所學的理論中，還有用於證明理論的數學裡，各種假設狹隘得近乎荒謬。而且在她開始學業之際，全球金融體系也正準備大幅崩盤，所以楊緣無可避免有所關注，但學校課程卻對此不聞不問。「當時的崩盤是一記警鐘，」她回憶著，「一方面來說，根據我們當時在學校所學的，金融體系彷彿並不是經濟理論裡重要的一環。然而另一方面，金融市場很顯然對經濟造成重大破壞。於是我們問：『為什麼會有這樣的落差呢？』」楊緣當時體認到，這樣的落差遠遠不僅止於金融產業，而是一條顯而易見的鴻溝。鴻溝一端是主流經濟學的理論關注，另一

端則是眞實世界日益嚴峻的危機，舉凡全球貧富不均和氣候變遷等。

　　當她向多位教授提出這些疑問時，教授們向她保證，答案將會在學業的下一階段浮現。於是她展開下一階段──進入頂尖學府倫敦政治經濟學院（London School of Economics and Political Science）攻讀碩士學位，期待得到答案。然而相反地，抽象的理論有增無減、公式越來越長，楊緣也越來越不滿與失望。但由於考試逼近，楊緣於是面臨一道抉擇。「後來我明白，」楊緣告訴我：「我只需要熟悉那些教材就好了，不必什麼都試著打破砂鍋問到底。而我認爲對一位學生來說，那種領悟，眞是一個令人難過的時刻。」

　　許多學生在體認到這點之後，要不就是從此遠離經濟學，要不就是先把這些理論全盤吞下，之後再藉著自身的學歷資格，打造一番賺錢獲利的事業。但楊緣可不這麼想。她開始在世界各地的大學裡，尋找志同道合的叛逆學生。她很快便發現，打從千禧年以來，已經有越來越多學生公開質疑課堂上所學習的狹隘理論框架。2000年，巴黎的經濟系學生曾寄出一封公開信給教授，表示拒絕教條式的主流理論教學。「我們希望能逃脫幻想的世界！」他們這麼寫：「在此呼籲各位老師：在爲時已晚之前趕緊清醒過來吧！」[1]十年之後，一群哈佛學生組織一場大規模罷課行動，場景是葛雷葛利·麥基（Gregory Mankiw）教授的課堂，這位教授是全球普及率最高的經濟學教科書作者。罷課行動爲的是反對狹隘、偏頗的意識形態觀點，而學生認爲，麥基教授的課程正倡導了這樣的觀點。罷課學生表示，他們「非常憂心這樣的偏頗將會影響學生、學校，以及影響我們整體社會。」[2]

　　當金融危機來襲時，全球學生的異議和不滿也爲之動員。金融危機也激發了

楊緣與她的叛逆伙伴，促使他們成立全球網絡，連結三十多國、超過八十個學生團體，橫跨印度、美國、德國與秘魯等國家。他們呼籲經濟學應趕上當今世代，也就是我們所生存的這個世紀，以及未來所面臨的挑戰。「深陷危機的不單只是世界經濟而已，」他們在2014年的公開信中宣告：

經濟學教育也同樣身陷危機，而這場危機的後果遠遠不僅止於大學校園之內。教學內容將形塑下一代政策制定者的思考，因此也將形塑我們所生存的社會……我們感到不滿的是，過去數十年來，課程內容遭到大幅窄化，這點限縮了我們的能力，使我們無從因應二十一世紀多重面向的挑戰，包括金融穩定、糧食安全，以及氣候變遷等。[3]

在這些學生抗議者中，有一群人思想更為激進。他們鎖定高級知識分子聚集、曲高和寡的研討會，提出自己非傳統主流的批判。2015年1月，美國經濟學會（American Economic Association）正於波士頓喜來登酒店舉辦年會。當時，來自「推翻主流經濟學」（Kick It Over）運動的學生，將抗議海報張貼在酒店的迴廊、電梯與廁所，並在會議廳的臨街外牆投影出巨幅顛覆性字眼。他們還衝入原本慢條斯理的圓桌討論、霸占提問時間，令與會者目瞪口呆，感到錯愕與不可置信。[4]「經濟學革命已經開始，」學生在宣言中如此聲明，「在一座又一座校園裡，我們將把你們這些老山羊驅趕下台。而在接下來的數月、數年當中，我們會開始將這台世界末日武器裝置重新設定。」[5]

這是相當不尋常的情況。沒有其他學科領域曾如此惹怒自己的學生,讓學生走向全球性的大反抗。這些莘莘學子原本選擇投入生命中的數年時光,研讀該門學科的理論。學生的抗爭突顯了一件事:**經濟學的革命確實已經開始**。這場革命的成敗不僅得仰賴揭穿舊思維,更重要的是,還必須取決於帶入新的想法。正如二十世紀的天才發明家巴克敏斯特·富勒所言:「如果只是對抗既有現實,你永遠無法促成改變。若想促成改變,你得打造出新的模式,好讓既有模式顯得老舊過時。」

這本書接下富勒的挑戰,我列舉出七種轉換思維途徑,讓各位讀者都能試著像一位二十一世紀經濟學家一樣思考。這本書,將揭露那些局限我們的舊思維,並提供取而代之的新想法做為啓發,最後的目的是希望提出一套嶄新、且用簡單圖示就

2015年1月,一群經濟系學生在美國經濟學會舉辦年度研討會的場所波士頓喜來登酒店門口抗議,並以有別傳統主流的主張提出質問。

能說明的經濟論述。

● 二十一世紀的挑戰

英文的「economics」這個詞，源自古希臘哲學家色諾芬（Xenophon），他將兩個字根加以結合：其一是oikos，意思是「家庭」；其二是nomos，意思是「規則或典範」。色諾芬於是開創了家計管理這門技藝，而在當今世界，說這門技藝至關重要可一點也不為過。在本世紀當中，我們需要一群洞察精闢的管理者，由他們引領我們的地球大家庭，同時還要有心關注家庭中所有居民成員的需求。

過去六十年來，人類福祉有了長足、顯著的進展。1950年出生在地球上的嬰孩，平均預期壽命只有48歲；現今，新生兒享有71年的預期壽命。[6]光是從1990年以降，生活在極度收入貧困的人口（每日所得不到1.9美元）就減少一半以上。此外，世界上有超過20億人口首次能使用廁所，並取得乾淨飲用水。同一時期裡，全世界人口還增長了將近40%。[7]

以上是好消息。當然，其他的故事情節目前還不盡如人意。數百萬人仍然過著極度貧困的生活，世界上有九分之一的人口無法填飽肚子。[8]2015年，有600萬名5歲以下兒童死亡，其中一半以上是死於容易治療的疾病，例如腹瀉和瘧疾。[9]此外，20億人口每日所得不到3美元，超過7000萬年輕人找不到工作。[10]日益嚴重的不安全、不均等加劇了這些匱乏。2008年金融海嘯撼動全球經濟，導致數百萬人沒了工作、房子、積蓄，和安穩的生活。與此同時，這世界也變得極為不均等：2015年

全球最富有的1%人口財富，比其他99%加起來還要多。[11]

除了這些極端的情況之外，我們對地球家園的破壞加劇。人類活動為地球生命體系造成了史無前例的壓力。全球平均氣溫已經上升攝氏0.8度，而以目前的趨勢來看，到了2011年氣溫可能上升將近攝氏4度，這將會造成洪澇、旱災、暴風雨和海平面上升，而且都會是人類前所未見的規模與強度。[12]目前為止，世界上約40%的農地已遭嚴重破壞，到了2025年，全球將有三分之二人口居住在缺水地區。[13]與此同時，世界上超過80%的漁場已經完全開發或過度開發，而平均每一分鐘，就有相當於一輛垃圾車的塑膠倒進海洋：如果以這速度持續下去，到了2050年海裡的塑膠將會比魚類還多。[14]

這些已經夠令人喘不過氣，然而成長預測更加深了未來的挑戰。目前全球有77億人口，而到了2050年這個數字預計會達到將近100億，並於2100年增至110億且趨於平穩。[15]全球經濟產出方面──如果你相信一般的預測──從現在至2050年期間，每年預計成長3%，也就是全球經濟規模會在2037年翻倍，並於2050年成長為目前的將近三倍。[16]全球中產階級，也就是每日花費10到100美元的一群人，預計將快速擴張，從今天的20億人口增長為2030年的50億人口，並且推升建材、消費產品的需求。[17]在二十一世紀初期，上述這些趨勢形塑了整體人類的願景。那麼針對未來的旅程，我們需要什麼樣的思考？

● 經濟學的權威

　　無論我們怎麼樣應對這些錯綜複雜的挑戰，有件事相當清楚：經濟學理論將扮演決定性角色。經濟學是公共政策的母語、公眾生活的共通語言，也是形塑社會的思維心態。「在二十一世紀的頭幾十年裡，經濟是故事的主軸：經濟理念、經濟價值和經濟假設，正形塑我們如何思考、感受與行動，」文化評論家麥蔲絲（F. S. Michaels）在其著作《單一文化的陷阱》（*Monoculture: How One Story is Changing Everything*）中是這麼寫的：[18]

　　或許這就是為什麼，經濟學家往往都帶著權威光環。在國際政策場域上，經濟學家總是以專家身分坐在前排，不管是世界銀行，還是世界貿易組織，而且鮮少遠離掌權者身側。舉例來說，在美國白宮所有顧問委員會當中，經濟顧問委員會（Council of Economic Advisers）是目前最具影響力、能見度最高且存續時間最長的一個。反之，環境品質、科學與科技相關的顧問委員會出了華府政治中心則鮮為人知。1968年，在一片爭議聲中，原本獎勵科學發展的諾貝爾獎殊榮進一步延伸，擴展至物理、化學和醫學領域之外。瑞典中央銀行遊說、資助成功，於是諾貝爾獎每年也開始頒發「經濟學」獎項，從那時起，獲獎者便開始躋身學術名流行列。

　　並非所有經濟學家都對這種顯而易見的權威感到自在。1930年代當時，約翰‧梅納德‧凱因斯（John Maynard Keynes）──這位英格蘭人的思想後來改造了戰後經

濟學——已經開始擔心起經濟學家所扮演的角色。「經濟學家與政治哲學家的思想
無論正確還是錯誤,力量都比一般人所以爲的還要強大。的確,這世界沒什麼不是
由他們所主宰,」凱因斯曾寫下這段著名的話語。「實幹派的人以爲自己不受什麼
知識分子的影響,但通常他們都受到某些已不復存在的經濟學家奴役。」[19]弗里德里
希‧馮‧海耶克(Friedrich von Hayek)是奧地利經濟學家,最知名的頭銜是1940年
代新自由主義之父。在幾乎所有的理論和政策問題上,海耶克都與凱因斯的看法大
相逕庭,但是在這項議題上他們倒有些共識。1974年海耶克獲頒諾貝爾經濟學獎,
在得獎致詞中,他說如果當年有人諮詢他的意見,他會反對創設這個獎項。爲什麼
呢?他告訴台下觀衆,因爲「諾貝爾獎將權威賦予得獎者,然而在經濟學中,沒有
任何人應該擁有這樣的權威性,尤其是在經濟學家的影響力當中,對於外行人的影
響特別重大,這些人包括政治人物、新聞記者、公務員與普羅大衆。」[20]

　　即便二十世紀兩位最具影響力的經濟學家皆提出疑慮,經濟學家的觀點對世界
的主宰卻有增無減,甚至滲透了公衆生活的語言。在世界各地的醫療院所裡,病患
和醫生被重新塑造成「客戶」與「服務提供者」。在各大洲的森林、田野間,經濟
學家計算著「自然資本」與「生態系統服務」●的金錢價值,其中包括全球濕地的經
濟價值(據稱是每年34億美元),以及昆蟲授粉服務的全球價值(相當於每年1600
億美元)。[21]與此同時,金融產業的重要性也持續受到媒體報導的強化:每天的廣
播、平面媒體頭條,都在公布最新的企業季度表現,而各家電視新聞也紛紛以跑馬
燈方式呈現股價變化。

　　由於經濟學主宰了公衆生活,因此許多大學生只要有機會,都會在學習生涯中

選擇修一點經濟學。光是在美國，每年就有約500萬名大學畢業生至少修過一門經濟學課程。有一門源自美國的基礎經濟學課程——許多人稱之為經濟學101（Econ 101）——如今已普及於世界各地。無論是中國還是智利的學生，使用的都是同一批課本的譯本，與芝加哥、麻州、劍橋的學生並無二致。對所有這些學生而言，經濟學101已成通識教育的主要環節，無論他們將來成為企業家、醫生、記者或政治運動人士皆然。即便有些學生從未修過經濟學，由於經濟學101的語言、思維在公共辯論中無所不在，因此也形塑了我們所有人思考經濟的方式：舉凡經濟是什麼、經濟如何運作，以及經濟做什麼用。

問題來了。在二十一世紀中，人類旅程的主導者將會是政策制定者、企業家、教師、記者、社區組織人士、運動倡議者，以及今天正在接受教育的未來選民。這些人將會是2050年的公民，然而他們所學的經濟思維卻根植於1950年的教科書，而這些教科書又是以1850年的理論為基礎。在日新月異的二十一世紀，這將導致一場大災難。二十世紀曾經造就開創性的經濟概念，其中最具影響力的無非是凱因斯與海耶克的思想戰爭。然而，儘管這些代表性思想家的觀點各異，他們其實都承襲了共同的盲點與帶有缺陷的假設，而這些盲點、假設卻未經過檢視，持續作為彼此差異的基石。在二十一世紀的脈絡之下，我們必須把這些假設弄清楚，讓這些盲點現出原形，才能再次重新思考經濟學。

---

❶：ecosystem services，指在生態系中，人類直接或間接謀取的所有福利。

● 遠離經濟學 ── 然後再回頭

身為成長於1980年代的青少女，我藉由收看晚間新聞節目，試著拼湊出對於世界的理解。在家中客廳裡，電視機每天播放不同畫面，而這些畫面帶我遠離倫敦的學齡生活，並且烙下深刻的記憶。那些生於衣索比亞大饑荒、腹部腫脹的孩童，我忘不了他們沉默的凝視。還有印度博帕爾（Bhopal）毒氣洩漏事件，那一排排屍體宛如火柴棒一般倒在地上。臭氧層泛著紫色的破洞越來越大。埃克森（Exxon）油輪瓦迪茲號（Valdez）洩漏出大片浮油，汙染了阿拉斯加純淨的水域。到了1980年代末期，當時我想為樂施會（Oxfam）、綠色和平（Greenpeace）一類的組織工作 ──致力於終結貧困與環境破壞 ── 當時我認為，賦予自己力量的最佳途徑就是念經濟，並且將經濟學工具學以致用，藉此實現我的理想。

於是我前往牛津大學學習，以為這些知識可以讓我為工作做好準備。然而學校教的經濟學理論令我感到沮喪，因為這些理論對世界的運作提出古怪的假設，同時迴避了我最在乎的議題。當時我很幸運，擁有許多開明的老師帶給我啟發，但他們同時也受限於課程大綱：老師必須要教這些，而我們也必須精通這些。所以在修讀四年之後，我決定遠離理論掛帥的經濟學，絕口不稱自己是「經濟學家」，否則我將感到極度羞愧。與此同時，我決定投身於真實世界的經濟挑戰。

我花了三年時間在東非桑吉巴（Zanzibar）的村莊裡，與赤著腳的企業家們一同工作。我相當敬佩那些經營微型企業的女性，她們在工作之餘，還要在沒水、沒電又沒學校的條件之下養育孩子。接著，我跳上截然不同的曼哈頓島，在聯合國待了

四年時間，服務撰寫年度旗艦文件《人類發展報告》（*Human Development Report*）的團隊，同時也目睹了赤裸的權力鬥爭如何阻礙國際談判進程。後來我離開聯合國，實現我長久以來的理想，與樂施會共事超過十年時間。在那裡，我親眼目睹了女性為求生存的種種危難——從孟加拉到伯明罕舉世皆然——這些女性往往受雇於全球供應鏈的最最末梢。我們展開遊說，希望改變國際貿易中備受操弄的規則與雙重標準。我們也檢視了氣候變遷對人權的影響，並探訪了印度、尚比亞等地的農民：由於遲遲沒有降雨，這些農民的田地已經光禿一片。接著我成為一對雙胞胎的母親，我請了一年育嬰假，投身於照顧兩個小嬰孩的光屁股經濟活動。當我重返工作崗位時，我比以往都更了解，必須兼顧工作、家庭的父母承受了多少壓力。

　　經歷這一切，我逐漸體認到一件顯而易見的事：我沒有辦法就這麼遠離經濟學，因為經濟學形塑了我們所居住的世界，而且經濟學思維也確實形塑了我，即使形塑了對經濟學的排拒。所以我決定往回頭路走，並將經濟學徹底顛覆。我們的經濟學能否先不談那些長久確立的理論，而是先談人類長遠的目標？我們能否再去尋找什麼樣的經濟思維能讓我們達成上述目標？我試著將這些目標畫成圖像。結果聽起來可能有些荒謬，但這張圖看起來宛如一個——**甜甜圈**。沒錯，就是美式甜甜圈，中間有個洞的那種。整張圖會在下個章節裡呈現，不過基本上，它是一對同心圓。內圈代表的是**社會基底盤**，下方有人類重大的匱乏，舉凡饑饉、文盲等。外圈意謂的則是**生態天花板**，上頭有地球重大的破壞，例如氣候變遷、生物多樣性喪失等。這兩個圓之間就是甜甜圈的本體：在這道空間裡，我們可以在地球的能力範圍之內，滿足所有人的需求。

對於人類的嚮往與願景而言，油炸、高糖分的甜甜圈很難說是一項合宜的譬喻，但是這個意象似乎有某種力量，能讓我、讓其他人產生共鳴，因此不容易忘記。而這個意象也帶出一道大哉問：

如果人類二十一世紀的目標是要進入甜甜圈本體，那什麼樣的經濟思維將能給予我們最好的機會？

有了甜甜圈在手，我將舊教科書擺到一邊，開始遍尋我所能找到的、最好的新興概念，探索經濟新思維，同時與各形各色人士合作：包括心胸開闊的大學生、進步的企業領袖、創新的學術工作者，以及走在最前沿的實務人員。這本書集結了我在過程中發掘的關鍵洞察。我多麼希望在自己的經濟學教育起始之際，就有機會接觸被這些洞察所圍繞的思考方式，而我也認為，這些思考方式應該是當今每一位經濟學家的必備工具。這本書參考了許多學派的思想，舉凡複雜經濟學、生態

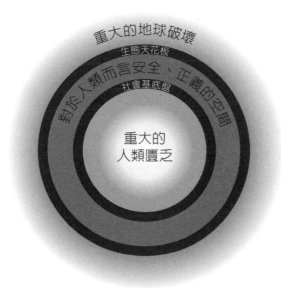

甜甜圈概述：社會基底盤是人類福祉下限，沒有人應該低過於此；生態天花板則是地球壓力上限，我們不應踰越。在兩者之間，就是對所有人來說都是安全、正義的空間。

經濟學、女性主義經濟學、制度經濟學和行為經濟學。這些經濟學都充滿了豐富的洞察，但是揮之不去的風險是這些學派各自獨善其身。每一派思想沉溺於自身的期刊、研討會、部落格、教科書和教職崗位裡頭，滋養著各自小眾的、上世紀觀點的評論。當然，真正的突破在於集結彼此，看看所有學派齊聚一堂共舞時會發生什麼事，而這正是這本書打算做的事。

　　人類正面臨若干險峻挑戰，而我們之所以走到了這裡，其中很大一部分得歸咎於過時的經濟思維，以及這些思維中的盲點、錯誤隱喻。不過有些人已經準備好要叛逆、切換觀點，質疑並且重新思考，而對他們來說，現在正是令人振奮的時刻。「學生必須學習如何拋棄舊有的概念，學習如何取而代之、何時取而代之……學習如何學習、如何放下過去所學，以及如何再學習，」未來學家艾文·托佛勒（Alvin Toffler）是這麼寫的。[22]對有意提高經濟素養的人而言，這點再真實不過了：現在正是絕佳時刻，放下過去所學，並且重新學習經濟學的根基。

● 圖像的力量

　　每個人都在說：我們需要新的經濟故事，描述我們共有的經濟未來，合乎二十一世紀的時代。我同意。但是可別忘了一件事：綜觀歷史，最有力量的故事，往往都是透過圖像所述說。如果我們想重寫經濟學，我們也會需要重繪經濟學的圖像，因為如果我們沿用舊有的圖，那麼我們很難有機會述說新的故事。如果畫新圖在你看來無關緊要，彷彿兒戲，相信我這點絕非兒戲，且讓我在此提出佐證。

　　從史前的洞穴壁畫，到倫敦地鐵的路線圖，圖片、圖示、圖表，長久以來都是人類敘事的核心。原因很簡單：我們的大腦以視覺見長。「視覺優先於語言。孩童先是能看、能辨識，之後才會開口說話，」這段話出自媒介理論家約翰‧伯格（John Berger）1972年經典之作《觀看之道》（*Ways of Seeing*）的開場。[33]後來，神經科學也確認了，視覺化在人類認知當中扮演了主導的角色。在我們大腦中，有一半的神經纖維都連結了我們的視覺，而當我們睜開眼睛時，視覺占大腦電流活動的三分之二。大腦只需要150毫秒就能辨識一張圖片，接著只要再多100毫秒就能解讀圖片的意涵。[34]雖然我們的雙眼都有盲點──也就是視神經連接視網膜之處，但是大腦會巧妙介入，打造出順暢無縫的錯覺與整體感。[35]

　　因此，我們與生俱來就擅於洞察視覺模式，比方在雲朵中看出人臉、在陰影中撞見鬼魂，以及在繁星點點中識別出各種神獸。而當有圖片可以看時，我們的學習效果也最好。視覺素養專家琳諾‧波爾瑪克（Lynell Burmark）這麼解釋：「除非我們的文字、概念和想法能緊勾著一張圖片，否則這些文字、概念和想法，就會從一隻耳朵進，經過大腦，再從另一隻耳朵出。文字是由我們的短期記憶所處理，而短期記憶只能容納大約七個訊息片段……另一方面，圖片會直接進入長期記憶，並且留下印記、永遠無法抹滅。」[36]圖片少了許多筆劃，也沒有技術詞彙的沉重，因此具有一種立即性；而當文字與圖片的訊息有所衝突時，視覺訊息往往都能獲勝。[37]所以古老的諺語所言不假：一張圖，真的勝過千言萬語。

　　於是非常可想而知，圖像一直都扮演核心角色，是人類學習理解世界的重要途徑。西元前六世紀，目前世上已知最古老的地圖「巴比倫世界地圖」（Imago

Mundi）出現在波斯。這張地圖以削尖的棒子刻在黏土上，將地球畫成一只平盤，由巴比倫穩穩位居核心。古希臘幾何學之父歐幾里得（Euclid）精通圓、三角形、曲線與長方形的二維度分析，並創造一套圖示慣例。後來，牛頓利用這套慣例，呈現了他具有開創性的運動定律，而這套慣例至今仍在全球數學課堂上廣爲使用。鮮少人聽說過羅馬時代的建築師馬爾庫斯・維特魯威・波利奧（Marcus Vitruvius Pollio），但如果說到達文西比例理論的視覺描繪，全世界都會立刻想到維特魯威人（Vitruvian Man）的畫面：畫面中維特魯威人站立著，裸身、張開雙臂，外圍同時有一個圓和一個正方形。1837年，英國生物學家達爾文在筆記本中首次畫下一張不規則的小型樹狀圖，上頭還寫著「我想是這樣子」，而這張圖掌握了核心概念，後來發展成《物種起源》（*The Origin of Species*）一書。[28]

　　長久以來在各個文化與時空裡，人類顯然都理解圖像的力量，也明白圖像有能力顛覆根深柢固的信念。圖像能烙印在心裡，以非言語的方式重塑我們的世界觀。這也難怪，畢生都在研究行星運動的尼古拉・哥白尼（Nicolaus Copernicus），直到臨終才敢發表下頁這張圖。在哥白尼的圖中，太陽（而非地球）位於我們太陽系的中心。這張圖後來引發意識形態革命，瓦解了教會的教條學說，而且差一點推翻教宗的權威，並徹底改變人類對宇宙的理解，也對人在宇宙間的位置有了新的認識。幾個同心圓就能造成如此衝擊，相當不可思議。

　　再來，想一想經濟學重大圖示中的圓、拋物線、直線和曲線——這些乍看之下無害的圖形描繪出什麼是經濟、經濟如何運作，以及經濟的目的是什麼。永遠別小看這些圖的力量：我們所畫的東西，決定我們能看到什麼、看不到什麼，我們注意

到什麼、忽略什麼，並因而形塑一切的後續。我們畫來描繪經濟的圖像形狀簡單，呼應了歐幾里得數學、牛頓物理學等永恆的眞理。不過藉由這樣的作法，這些圖像也快速潛入我們的腦海，無聲傳遞著經濟學理論最深層的假設。這些假設已經深深烙印在人們心裡，因此從不需要付諸文字。這些假設呈現了非常片面的經濟樣貌，粉飾了經濟學理論本身古怪的盲點，並誘使我們在界限之內尋找法則，鼓勵我們追求錯誤的目標。除此之外，即便文字已經消褪，這些圖像卻仍長存，就像心頭上的塗鴉一般；這些圖像成了知識性的偷渡行李，潛藏在你我大腦的視覺皮層中，而我們甚至不知道有這樣的東西存在。此外，就像街頭塗鴉一樣，要移除非常困難。所以如果一張圖勝過千言萬語，那麼至少在經濟學上，我們應該更加重視我們所教授、繪畫與學習的圖像。

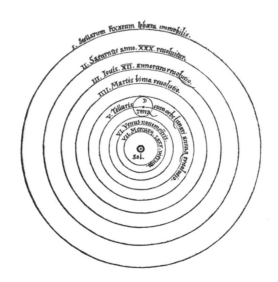

哥白尼於1543年對宇宙的描繪，上頭顯示地球環繞太陽運轉。

有些人可能會輕忽這點建議，並且加以反駁：經濟學理論不是用圖片教的，而是透過公式教授，而且還是一頁接著一頁的公式。畢竟，經濟系所並非想招募藝術家，而是希望聘請數學家加入陣容行列。不過事實上，經濟學一直以來的教學都同時透過圖示與公式進行，而且圖示一直扮演格外強而有力的角色。這點要歸因於經濟學領域精彩卻鮮為人知的一段過往，其中有幾位特立獨行的人物，以及出乎意料的故事情節。

● 經濟學中的圖表：不為人知的歷史

許多位經濟學之父都利用圖表傳達他們開創性的想法。1758年法國經濟學家法蘭索瓦・魁奈（François Quesnay），發表著作《經濟表》（*Tableau économique*）。他用曲折的線條，描繪金錢在地主、勞工與商人之間的流動，這張表形同史上第一套量化經濟模型。1780年代英國政治經濟學家威廉・普萊菲爾（William Playfair）開始發想新的方式呈現數據，所使用的正是當今所有學童皆知曉的圖表、長條圖和圓餅圖。有了這些工具，普萊菲爾透過強而有力的方式，將當時的政治議題視覺化，例如小麥對勞工而言急遽攀升的價格，以及英格蘭之於世界各地不斷變動的貿易平衡。一個世紀以後，英國經濟學家威廉・斯坦利・傑文斯（William Stanley Jevons）以一張圖描繪他所謂的「需求法則」。他將價格與量的漸進變化畫成一條曲線，藉此顯示：當一件物品的價格下跌時，人們就會想要買多一些。傑文斯希望讓自己的理論宛如物理學一般，因此刻意讓繪圖風格近似牛頓的運動定律圖示。直到今天，

需求曲線仍然是經濟系新進學生接觸到的第一張圖示。

　　在二十世紀前半葉，經濟學是由阿爾弗雷德‧馬歇爾（Alfred Marshall）的《經濟學原理》（*Principles of Economics*）所主導，當時大多數學生使用的都是這本主要教材。在序言裡，馬歇爾思索著：在闡釋文字時，使用公式或圖示各自的相對優點為何？他認為，數學公式最有幫助之處在於，「能讓一個人快速、簡短並精確地寫下自己的想法，提供自己使用……但當必須使用大量符號時，對於作者以外的任何人而言，公式就會變得非常繁冗。」馬歇爾相信，圖示的價值遠遠高過於此。「文字當中的論述從不取決於圖示，而且圖示可以被省略，」他是這麼寫的，「不過經驗似乎顯示，圖示能讓許多重要原理獲得更扎實的掌握，如果沒有圖示的輔助則無法做到這點。此外，純理論存在許多問題，而任何人如果學過如何使用圖示之後，

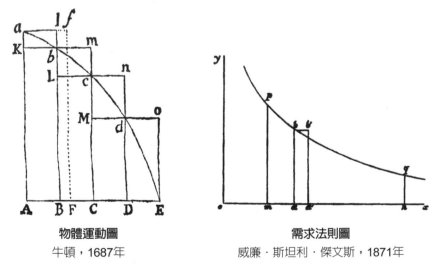

物體運動圖
牛頓，1687年

需求法則圖
威廉‧斯坦利‧傑文斯，1871年

傑文斯希望讓經濟學宛如物理學一般科學，因此繪圖風格近似牛頓的運動定律圖示。

就不會想再用其他方式進行處理。」[29]

然而在二十世紀後半葉，保羅·薩繆森（Paul Samuelson）才是將圖表置於經濟學思想核心的決定性人物。薩繆森被視爲現代經濟學之父，七十年職業生涯都在麻省理工學院。2009年在薩繆森過世之際，他被譽爲「數一數二的巨人，而每一位當代經濟學家都是站在這些巨人的肩膀上。」[30]薩繆森酷愛公式與圖示，而他也深深影響了經濟學理論、教學當中公式和圖示的使用。不過很重要的是，他認爲公式與圖示兩者訴求的受眾非常不同：簡言之，公式是給專家讀的，圖示則是給普羅大眾看的。

薩繆森首部重要著作是他的博士論文：《經濟分析基礎》（*Foundations of Economic Analysis*）。這本著作出版於1947年，目標讀者是學術派理論家，而且數學內容隨處可見：他認爲公式應該是專業經濟學家的母語，功能是爲了穿透混沌不清的想法，並以科學般的精準取而代之。不過，他的第二本書鎖定了截然不同的受眾，原因出在命運的一次轉折。

二戰結束之際，數十萬軍人返回美國。他們一方面追求曾經錯失的教育機會，另一方面也正尋找迫切需要的工作就業，因此美國的大學註冊率大幅攀升。許多人選擇就讀工程領域——對戰後的建設而言至關重要——因此必須學一點經濟。當時的薩繆森三十歲，是麻省理工學院教授，並自稱「深奧理論界自以爲是的拚命三郎」。不過他在系上的老闆拉爾夫·弗里曼（Ralph Freeman）手邊有個問題：當時，麻省理工學院800位工程學生已經開始爲期一年的經濟學必修課程，但是情況並不理想。薩繆森回憶，弗里曼某一天走進他的辦公室、關上身後的門，接著開始和

他交談。「他們恨死經濟學了，」弗里曼承認，「我們什麼方法都試了，他們還是討厭經濟學……保羅，你能不能用一、兩個學期去教一半的課？寫一些學生會喜歡的教材。如果他們喜歡的話，你的經濟學就是好的經濟學。你想略過什麼內容都可以，想寫多短就寫多短。不管你想出什麼樣的教材，都會比我們現在的情況好一百倍。」[31]

　　薩繆森說，這項邀請他無法婉拒。而接下來三年他所撰寫的教材，標題就叫作《經濟學》（*Economics*），成爲1948年的教科書經典，讓他一生從此聲名大噪。特別有趣的是，他選擇的撰寫策略，完全依循中世紀羅馬天主教會的作法。在印刷術問世以前，羅馬天主教會曾使用兩種截然不同的方式傳教。修士、神父與學者等少數知識份子必須用拉丁文閱讀聖經，並且一行一行地寫下詩句。反之，不識字的普羅大眾則透過圖畫學習聖經故事：這些圖以壁畫形式呈現在教堂的牆上，或者是在彩色玻璃窗裡被照亮。這其實是極爲成功的大眾傳播策略。薩繆森也同樣聰明：他把專家的公式擺在一邊，完全擁抱圖示、圖形、圖表，爲普羅大眾創造他「一站式」的經濟學課程。由於他主要的受眾是工程族群，因此他採用的是工程人士熟悉的視覺風格，依循著機械工程、流體力學的傳統繪圖。舉例來說，下一頁的圖，就源自他的第一版教科書，內容呈現當新的投資挹注時，所得如何在經濟體中流轉。這張圖後來發展成他最知名的圖示，名稱是「循環流向圖」（Circular Flow），很顯然是以水管系統類比。[32]他圖文並茂的教科書一炮而紅，而且事後證明，對工程師管用的，其實對其他人也管用。

　　《經濟學》很快就獲得全國大學教授採用，接著再風靡海外。《經濟學》成

了全美最暢銷的教科書，橫跨所有學科，叱吒風雲將近三十年。這本書翻譯成超過四十種語言，並且在六十年間全球暢銷400萬本，讓好幾世代學生掌握了一切所需的基礎經濟學知識。[33]隨著新版本問世，圖片又比舊版多：第一版一共70張圖，而到了1980年的第十一版，圖片已經多達將近250張。薩繆森非常了解他的影響力，同時也善用這樣的影響力，因爲他認爲，大學新鮮人的腦袋就像白紙一樣純淨。「我不管是誰訂定這個國家的法律，或者是誰在草擬高階協議，只要我還能寫這個國家的經濟學教科書，」後來他曾經這麼說，「第一口品嘗的總是難能可貴，可以在初學者可塑性最高時發揮效果。」[34]

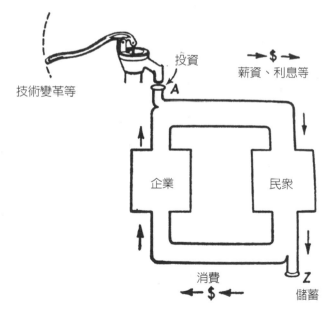

薩繆森1948年的循環流向圖。
該圖描繪所得在經濟體中的流轉，就像是水在水管系統當中流動一樣。

● 視覺框架的力量

　　薩繆森了解，能決定他人如何進入一門學科是很大的影響力。不只薩繆森，他的老師暨指導教授約瑟夫‧熊彼得（Joseph Schumpeter）也明白，我們很難甩開前人傳承下來的思想，不過他仍下定決心這麼做，藉此為自身的見解、洞察開路。熊彼得於1954年的著作《經濟分析史》（*History of Economic Analysis*）中寫到：

　　實務上而言，我們自身的研究多半是以前人的成果為基礎，也就是說，我們鮮少真的另起爐灶。但假使我們真要另起爐灶的話，我們該採取什麼樣的步驟呢？很顯然，為了讓我們能假定任何問題的存在，首先我們應該讓一系列相關聯的現象在腦中歷歷在目，藉此作為值得分析的客體。換句話說，我們必須先有分析之前的認知行動，以提供分析工作的素材。在這本書當中，這道分析前的認知行動，將被稱作「視野」（Vision）。

　　然而他也很清楚，創造新的分析前視野，不該是毫無偏頗的過程。他補充：

　　首先的任務是將視野口語化，或者是概念化……放進一個大致有序的架構或圖像……絕對必須要清楚的是，意識形態擁有一道寬敞的大門進入這道程序。事實上，意識形態進入的是最基層，也就是我們剛才提到的分析前認知行動。分析工作起始的素材源自於我們對事物抱持的視野，而這視野幾乎本質上就是意識形態導向。[8]

　　其他思想家也曾使用不同的文字傳達類似看法。熊彼特分析前視野的概念中，有一些靈感源自於社會學家卡爾·曼海姆（Karl Mannheim）。1920年代晚期，曼海姆觀察到：「每一種觀點都具有社會情境的獨特性。」這樣的觀察使他開始廣為提倡：我們每個人都有一道「世界觀」，這道世界觀就像是鏡片一樣，而我們透過鏡片解讀世界。1960年代，湯瑪斯·孔恩（Thomas Kuhn）顛覆了科學研究，他指出：「科學家往往使用在學校習得的模型進行工作……他們時常不曉得、也不需要知道，這些模型是因為什麼樣的特點才享有學界典範地位。」[※]1970年代，社會學家厄文·高夫曼（Erving Goffmann）導入了「框架」概念，意思是我們每個人都透過心理的框看待世界，而他欲藉此顯示，我們理解、梳理自身經驗的方式決定了我們能看到的事物。[※]

　　分析前視野、世界觀、典範、框架，這些都是大同小異的概念。與其思考選擇使用哪一個，更重要的其實是，你得先知道有這樣的東西存在，因為如此一來，你就有權對其提出質疑、挑戰。在經濟學裡，我們隨時都可以重新檢視，在描述、理解經濟時我們套用了什麼樣的心智模型。然而就如凱因斯所發現的一樣，想這麼做並不容易。凱因斯於1930年代發想出了開創性理論，而他承認，這是「一場掙脫，藉此逃離慣常的思考與表達模式……難處不在於新點子本身，而在於舊有的想法。對於成長、教育背景和我們類似的人而言，這些舊有想法往往在腦海中蔓生、觸及每一個角落。」[※]

　　甩開舊心智模型的可能性令人雀躍，不過追尋新模型的過程卻附帶著但書。首先要記得，誠如哲學家阿爾弗雷德·柯日布斯基（Alfred Korzybski）所言：「地圖

不等於疆域。」每一道模型都只是模型，都是這世界必要的簡化版本，所以模型不該被誤以為是真實情況。再者，並沒有所謂正確的分析前視野、真正的典範或者完美的框架存在，等待我們去發現。

統計學家喬治・博克斯（George Box）說得很精闢：「所有模型都是錯的，但有些還挺實用。」[38]重新思考經濟學的重點不在於找出正確的經濟學（因為並不存在），重點是選擇或創造最能滿足我們目標的經濟學——反映我們面對的環境脈絡、所抱持的價值觀，以及我們設定的目標。由於人類的環境脈絡、價值觀與目標持續演變，因此我們設想經濟的方式也應該與時俱進。

雖然可能沒有完美的框架等待人們發現，不過認知語言學家喬治・萊考夫（George Lakoff）指出：「最為重要的是，如果舊框架有一天將被揭穿，人類必須擁有一道強而有力的替代框架。」諷刺的是，如果只是反駁既有的主導框架，結果反而會使其獲得強化。如果無法提供替代框架，那麼也就很難啟動思想戰爭，更遑論贏得勝利了。

多年來，萊考夫持續倡導語言框架在形塑政治、經濟辯論方面的力量。他以舉例的方式指出，美國保守派廣泛使用「減輕稅負」這種說法：在短短幾個字裡，這個詞就把納稅框架成一種苦難、一種負擔，需要英雄救星前來加以減輕。進步派該如何回應呢？當然不能主張「反對減輕稅負」，因為重複這個詞只會強化該框架而已（誰能反對任何形式的減輕負擔呢？）然而萊考夫表示，進步派往往都以過於冗長的解釋，呈現自己對稅收的觀點，原因正是因為沒有發展出簡明的替代框架。[39]進

步派迫切需要一枚簡短詞彙，精準包裹自身的觀點，藉此對抗敵方陣營。事實上，「稅租正義」這個框架──立刻就能觸及社群、公正、責任等議題──已經快速在全球獲得支持，因為避稅天堂、企業逃稅的醜聞屢屢成為全球新聞頭條。

毫無疑問，當人們以強而有力的方式框架這項議題時，便能有效引導眾怒，動員起要求改變的廣大聲浪。萊考夫揭示了「語言」框架在政治、經濟辯論中的力量。同理，這本書要揭示的是「視覺」框架的力量，並利用視覺框架徹底改變二十一世紀的經濟思維。一直要到2011年，我才明白視覺框架的力量有多麼強大。

當時我第一次畫下甜甜圈，而來自世界各地的回應令我感到驚訝。在永續發展的場域上，甜甜圈很快就成了代表性圖像：運動人士、政府、企業與學者紛紛廣為使用，藉此改變辯論的語彙。2015年，聯合國負責談判永續發展目標（Sustainable Development Goals，這十七項全球贊同的目標將作為人類進步的指標）的內部人士告訴我，在深夜會議中，與會者希望盡快敲定最終文本，而甜甜圈的圖片就擺在會議桌上，藉此提醒眾人：這是大家要努力實現的宏觀目標。許多人告訴我，甜甜圈具體呈現他們思考永續發展的方式，只是他們從未看過畫出來的樣貌而已。

最令我驚喜的是，這張圖還促進了新的思考途徑：甜甜圈有效活絡了舊有的辯論、刺激新的辯論產生，同時提供一道正向的經濟願景，鼓勵人們為這美好的未來努力。

我慢慢體悟到視覺框架其實就和語言框架一樣重要。因為這項體悟，我決定回頭檢視，看看自己學習經濟學的過程中，扮演主導地位的是什麼樣的圖片。而這也是我第一次發現，這些圖片是如何以一種強而有力的方式，總結並強化了我所習得

的思維。在主流經濟學思想的核心存在著幾張圖示，而這些圖示以一種無聲卻強而有力的方式，框架了我們對經濟學世界的學習、理解──而這些圖要不就是全然過時、狹隘短視，要不就是根本完全錯誤。

這些圖可能不爲人所常見，但卻深深框架了我們思考經濟學的途徑，無論是在教室課堂、政府、會議室、媒體還是街頭巷尾皆然。如果我們要撰寫新的經濟故事，我們就必須畫出新的圖像，揚棄上世紀教科書中那些舊有的圖片。

如果你從沒念過經濟學，也從未看過經濟學裡最強而有力的圖，那會如何呢？首先，別誤以爲你因此就能免疫於這些圖的影響力：沒有人能免疫。

這些圖如此強而有力地框架了經濟學家、政治人物與新聞記者談論經濟的方式，因此即便從未親眼看過，我們仍在無形中以自己的話語指涉這些圖像。不過與此同時，如果你還是位經濟學新鮮人，你該覺得自己幸運，因爲薩繆森從未沾染你這張純淨的白紙。如果你從未上過任何一堂經濟學課，那麼這其實是一項顯著的優勢，畢竟你需要卸載的包袱比較小，需要清除的塗鴉比較少。就智性上而言，從沒學過有時可以是一項資產，而如今正是這樣的時刻。

● 二十一世紀的七種經濟思考

無論你自認是經濟學的老將還是新手，現在都是時候發現我們腦中存在已久的塗鴉。如果你不喜歡你所發現的東西，那就將它清除乾淨；或者更理想的是，用新

的圖像覆蓋過去，而且是更能夠符合我們需求、時代的圖像。

接下來，這本書將提出七種思考方式，向成為二十一世紀的經濟學家邁進。針對每一種思考方式，這本書將揭露盤踞在我們心頭的虛假圖像，並說明這些圖像為何變得如此強大，以及這些圖像所造成的破壞性影響。不過純粹批判已經不合時宜，因此這本書的重點在於創造新的圖像、掌握重要原則，藉此引領我們向前邁進。

本書中的圖示目標在於，歸結從舊到新的經濟思維躍進。總體而言，這些圖為二十一世紀經濟學家呈現了一張新的大圖像。以下是旋風式的快速概覽，簡短說明甜甜圈經濟學的核心概念與圖像。

首先，改變目標。過去七十多年來，經濟學一直圍繞著GDP或國家產值打轉，以此作為主要的進步衡量指標。GDP被用來合理化極度的所得、財富不均，以及自然生態前所未見的破壞。二十一世紀需要更遠大的目標：**在地球生態的能力範圍之內，滿足所有人的人權**。甜甜圈的概念就歸結了這道目標。當前的挑戰在於，要讓經濟——從在地到全球的經濟——協助將所有人類都帶入甜甜圈的安全、正義空間。與其追求不斷增長的GDP，現在是時候探索如何能以平衡的方式蓬勃發展。

第二，看見全貌。主流經濟學在描繪整體經濟時，只用了一張極其有限的圖片，也就是「循環流向圖」。此外，這張圖的局限更被用於強化新自由主義的論述，內容包括市場效率、國家無能、家戶的家務性以及公地悲劇。現在是時候重新描繪經濟，**將經濟嵌入在社會與自然環境當中**，並且由太陽提供能量。這種新的描

七種思考方式：　　　從二十世紀的經濟學

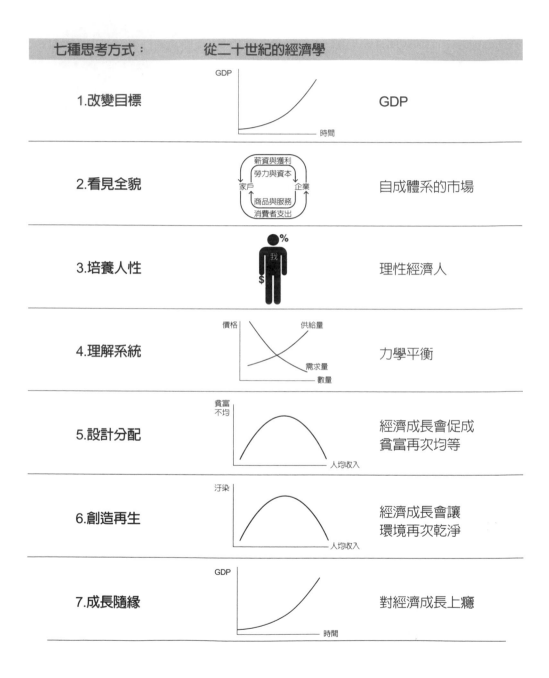

1. 改變目標 — GDP

2. 看見全貌 — 自成體系的市場

3. 培養人性 — 理性經濟人

4. 理解系統 — 力學平衡

5. 設計分配 — 經濟成長會促成貧富再次均等

6. 創造再生 — 經濟成長會讓環境再次乾淨

7. 成長隨緣 — 對經濟成長上癮

邁向二十一世紀的經濟學

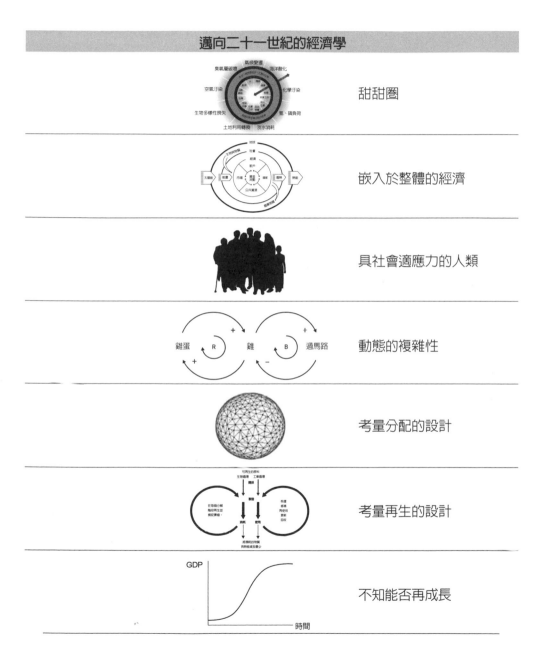

甜甜圈

嵌入於整體的經濟

具社會適應力的人類

動態的複雜性

考量分配的設計

考量再生的設計

不知能否再成長

繪將促進新的論述——包括市場力量、國家伙伴關係、家戶的核心角色，以及公共資源的創意。

第三，培養人性。在二十世紀的經濟學核心，佇立著一位理性經濟人的肖像，他對著我們說，人類是自利且各自獨立的，人類長於精算、品味固定，並能夠主宰自然，而他的肖像形塑了我們現在的模樣。然而人性遠比這些還要豐富。人類新的自畫像初稿顯示：我們**具有社會性、相互依存，時常只抓個大概、價值觀流動，同時還仰賴自然生態**。除此之外，我們確實有可能以某些方式培養人性，藉此讓我們更有機會進入甜甜圈的安全、正義空間。

第四，理解系統。市場供需曲線的交錯圖可謂經典，也是每一位經濟系學生碰到的第一張圖示。然而這張圖卻根植於錯置的十九世紀力學平衡類比。如果要了解經濟的動態，更聰明的起始點應該是系統思考，而一對簡單的反饋迴圈就是很好的摘要。一旦把這樣的動態放在經濟學核心，許多新的洞察就能應運而生，舉凡金融市場的大起大落、貧富不均自我強化的本質，以及氣候變遷的臨界點等。現在是時候停止尋找難尋的經濟控制桿，並開始**將經濟視為不斷演變的複雜系統**，藉此加以管理。

第五，設計分配。在二十世紀裡，有一條簡單的曲線——庫茲涅茨曲線（Kuznets Curve）——悄然傳遞了關於貧富不均強而有力的訊息：情況會先惡化才會變好，而經濟成長（最終）將促成貧富均等。然而事實上，貧富不均不見得是經濟的必要之惡，**貧富不均其實是設計上的失敗**。二十一世紀的經濟學家將體認到，經濟的設計可以透過許多方法，讓產出的價值更能妥善分配，而最能彰顯此一概念的

是一道流動網絡。這意謂不僅止於重新分配所得，還有探索重新分配財富的途徑，尤其是某些財富存在於對土地、企業、科技與知識的控制，以及創造金錢的力量。

　　第六，創造再生。經濟理論長久以來都把「乾淨」的環境描繪成奢侈品，只有富人才負擔得起。而這種觀點又受了「環境庫茲涅茨曲線」（Environmental Kuznets Curve）的強化。這條曲線再次悄然呈現了：汙染會先惡化，之後才會改善，而經濟成長（最終）將讓環境變得乾淨。但這樣的法則並不必然存在，生態破壞單純就只是落後的工業設計使然。這個世紀需要的經濟思維要能夠**驅動再生設計，藉此打造出循環經濟**（而非線性經濟），讓人類重新完整參與地球的生命循環過程。

　　第七，成長隨緣。經濟學理論中有一張圖示十分危險，因此這張圖從未被實際畫出來：那就是GDP成長的長期路徑。主流經濟學認為，永無止盡的經濟成長實屬必要。然而，**沒有任何事物在本質上能永遠成長下去**。在高所得、低成長的國家裡，某些作法正試著違逆這道法則，因而引發強烈質疑。放棄將GDP成長作為經濟目標或許不難，但克服我們對GDP的成癮則將困難許多。今天我們的經濟需要成長，但這樣的經濟卻不見得讓我們繁盛發展：我們需要的是能讓我們繁盛發展的經濟，無論這樣的經濟成長與否。如此激進的觀點翻轉能促使我們對成長抱持隨緣的態度，並且開始探索：目前許多經濟體在財務、政治與社會方面皆對經濟成長成癮，而這些經濟體將學習如何在沒有經濟成長的情況下生存。

　　這七種二十一世紀的經濟思考方式並未明示政策處方與制度修正。這些思考方式不保證提供立即解答、告訴你接下來怎麼做，而且也不是答案的全貌。但是我確信，

這些思考方式至關重要，能促成截然不同的、本世紀所需的經濟學思維。這些思考方式的原則、模式將會把力量帶給新時代的經濟學思想家（以及我們所有人心中住著的經濟學家），幫助他們開始打造不同的經濟，讓每一個人都能蓬勃發展。未來幾年，我們面臨的變化將十分快速、大規模且充滿不確定性，因此如果現在就急於放眼未來，為所有未來政策、制度開出合宜的處方，這種作法不免顯得魯莽：未來世代的思想家、實務工作者將更為合適，因為他們將在環境脈絡持續變化之下，實驗、發掘管用有效的解決之道。我們現在能做的，而且也必須做的，就是集結最好的新興概念，藉此創造出新的經濟思維，而且新思維將持續與時俱進，永遠不會固著。

在未來數十年裡，經濟思想家的任務在於，將這七種思考方式匯流、實踐，並且再加入更多思考方式。這趟重新思考經濟學的歷險才正要開始，快加入我們的行列吧。

◎ CHAPTER 1

改變目標

從GDP到甜甜圈

　　每年一度，全球最強國家的領袖會齊聚一堂，探討全球經濟情勢。舉例來說，2014年世界領袖聚集在澳洲布里斯本，討論全球貿易、基礎建設、工作就業與金融改革，並在攝影鏡頭前撫摸無尾熊，而最後則凝聚了一項主要願景。全球新聞頭條如此宣告：「二十大工業國領袖承諾，他們的經濟將成長2.1%，」此外還補充，這比原本設定的目標2.0%還具有企圖心。[①]

　　怎麼演變成如此的呢？二十大工業國的承諾宣布前幾天，政府間氣候變化專門委員會（Intergovernmental Panel on Climate Change，ICPP）才警告，世界正面臨溫室氣體排放增加所造成的「嚴峻、普遍且不可逆轉」的破壞。然而峰會東道主、也就是澳洲當時的總理東尼・艾伯特（Tony Abbott）決定，會議的議程不該被氣候變遷和其他議題「攪亂」，焦點仍應放在他的第一優先事項：經濟成長，也可以說是GDP成長。[②]GDP的全稱為「國內生產總值」（Gross Domestic Product），衡量的是

在為期一年裡，一個國家所生產的商品、服務市值。長久以來，GDP一直是經濟健康狀況的主要指標。但是如今，在社會、生態危機的脈絡之下，如此單一、狹隘的衡量指標為何仍能享有全球這麼高的關注呢？

對任何鳥類學家而言，答案都再顯而易見不過了：GDP就是經濟學這個巢裡的布穀鳥。為什麼我們需要了解布穀鳥呢？因為牠們是一種狡猾的鳥類。布穀鳥不自己照料後代，而是暗中把蛋下在其他鳥類疏於看守的巢中。於是，養父母在不知情的情況下，認真孵化著自己與外來者的蛋。然而小布穀鳥孵化得早，於是便將其他的蛋和幼鳥踢出鳥巢，然後發出快速的鳴叫聲，假裝自己是滿滿一巢餓肚子的幼鳥。這招霸占術很管用：養父母忙著餵養這些尺寸大一號的幼鳥，而這些幼鳥大得誇張，裝不下霸占的小鳥巢。這對其他鳥類而言是一道強而有力的警訊：如果鳥巢疏於看守，就有可能遭到霸占入侵。

這對經濟學來說也是一道警訊：如果忽視了目標，其他事物就有可能偷偷潛入，而這正是過去以來所發生的事。在二十世紀，經濟學喪失了闡明目標的欲望：在沒有目標的情況下，經濟學的巢便遭到GDP成長這個如布穀鳥般的目標霸占。現在是時候請布穀鳥離開，好讓經濟學重新連結自身應該達成的目標。讓我們驅逐布穀鳥，並以一項二十一世紀經濟學的清楚目標取而代之。這目標要能確保，在我們地球的能力範圍之內，所有人都可以繁盛發展。換句話說，就是要進入甜甜圈本體，進入人類最理想的空間。

● 經濟學如何忽視了目標

古希臘時期，色諾芬首先創造了經濟學「economics」這個詞彙的起源，當時他描述的是家計管理這門技藝。在色諾芬的開創之後，亞里斯多德進一步區分「經濟學」與「理財學」（chrematistics），後者也就是獲得財富的技藝──這樣的區分如今似乎已不復存在。經濟學作為一種技藝，甚至是理財學作為一種技藝，這樣的概念或許符合色諾芬、亞里斯多德以及他們的時代。然而兩千年之後，隨著牛頓發現運動定律，科學地位的吸引力變得更為強大。或許正因如此，在1767年牛頓過世短短四十年後，當蘇格蘭律師詹姆士・斯圖亞特（James Steuart）首次提出「政治經濟」的概念時，他不再將其定義為一門技藝，而是「在自由國家裡，制定國家政策的科學」。不過即便將其命名為「科學」，斯圖亞特仍舊闡釋了其目標：

這門科學的主要目標在於，為所有居民確保一定的生活資金，並消除所有可能危及該資金的情況；提供一切必要之物，供給社會需求，並且雇用居民（假設他們為自由人士），透過這樣的方式，在居民之間自然創造出相互關係與彼此依存，藉此讓他們在多項利益的引導之下，滿足彼此相互的需求。③

「在一個共存共榮的社會裡，為所有人確保生計與工作」，以首次嘗試而言，這目標訂定得還不差（即便心照不宣地漠視了女性與奴隸，而這也是該時代的產物）。十年後，亞當・史密斯自己嘗試定義，不過他也依循斯圖亞特的腳步，認為

政治經濟是一門目標導向的科學。他是這麼寫的：「政治經濟有『兩項明確的目標：首先，提供人民充足的收入或生計，或者更恰當來說，讓人民能為自己提供這樣的收入或生計；再者，提供國家、國協足夠的收入，藉此資助公共服務。』」[4]這樣的定義不僅違背了亞當・史密斯的當代名聲（他自由市場主義者的名聲其實根本名不符實），而且明確聚焦、闡釋了經濟思維的目標。然而這樣的觀點後來並未延續。

亞當・史密斯逝世七十年後，約翰・史都華・彌爾（John Stuart Mill）對政治經濟的定義開始轉移焦點，因為他將其重新描述為「追蹤社會現象法則的一門科學，而這些現象源自人類的各種聯合運作，藉此產生財富。」[5]於是，彌爾開啟了一道趨勢，而後人也持續推進，也就是**不再為經濟訂定目標，轉而探索經濟明顯存在的法則**。彌爾的定義後來被廣為使用，但是也絕非唯一。事實上，在將近一個世紀裡，才剛萌芽的經濟科學定義還相當不精確，所以在1930年代，芝加哥經濟學派（Chicago School）的經濟學家雅各布・維納（Jacob Viner）才會俏皮地說：「經濟學就是經濟學家在做的事情。」[6]

並非所有人都滿意這個答案。1932年，倫敦政治經濟學院的萊昂內爾・羅賓斯（Lionel Robbins）出手，希望把這件事情梳理清楚。他感到不快地表示：「我們談的都是同樣的事情，但我們對於自己究竟談的是什麼卻還沒有共識。」他聲稱自己有明確的答案。「經濟學這門科學，」他表明，「研究的是人類行為，是目的與稀缺的手段之間的關係，而這些手段各有不同用途。」[7]即便存在各種曲解，這道定義似乎終結了相關的辯論，並且存續下來。時至今日，許多主流教科書仍然是以非常

類似的內容開場。然而，雖然這道定義將經濟學框架為人類行為的科學，卻幾乎沒有細究其所謂的目的，更遑論其中稀缺的手段本質為何。在葛雷葛利・麥基廣為使用的當代教科書《經濟學原理》（*Principles of Economics*）中，這道定義變得更為精簡。這本書中是這麼寫的：「經濟學研究的是社會如何管理稀缺的資源」，篇幅中完全刪除了目的、手段的問題。[18]

相當諷刺的是，二十世紀的經濟學決定將自身定義為人類行為科學，並接著採納一套行為理論，這套理論可以概括為「理性經濟人」，然而過去數十年來，經濟學卻漠視任何真正針對人的研究，誠如我們將在第3章所看到的一樣。然而更關鍵的是，在這過程中，完全沒有關於經濟目標的討論。某些影響力顯赫的經濟學家（由米爾頓・傅利曼〔Milton Friedman〕與芝加哥經濟學派主導）聲稱這是很重要的一步進展，顯示經濟學已成為自由價值區，擺脫任何規範式的、經濟學該是什麼的聲明，並且終於成為一門「實證」科學，著重於描述經濟學究竟是什麼。但這形成一道目標與價值觀的真空，讓經濟學核心的鳥巢疏於看守。於是，正如所有布穀鳥都知道的一樣，這樣的鳥巢該前往霸占了。

● 巢中的布穀鳥

1980年代晚期，我進入大學就讀，而迎接我的正是這種經濟學的實證觀點。就像許多經濟學新鮮人一樣，我當時忙著理解供需理論，因此決定埋首於各種貨幣的定義，以至於沒有察覺，霸占經濟學鳥巢的是什麼樣的隱含價值。

　　雖然宣稱不帶有既定價值，但傳統經濟學理論無法迴避的事實是，價值仍然深植於其核心：這道價值可以概括為**效用**的概念，定義為一個人消費了特定商品之後，他的滿意或者快樂程度。[⑨]衡量效用的最佳方法是什麼呢？在此姑且先不論世上有數十億人缺乏所需的金錢，無法在市場上表達他們的需求和欲望，而且許多我們最重視的事物也無法販賣。經濟學理論很快（實在太快）就表示，針對一項產品或服務，人們願意支付的價格就是市場上的好指標，足以計算獲得的效用有多少。除此之外，還有一個顯然合理的假設，那就是消費者永遠想要更多。而順著這條邏輯線，幾乎可以得出的結論就是，持續的所得成長（所以也就是產出成長）是合理的參考指標，能夠衡量人類日益增進的福祉。於是，布穀鳥也就孵化出來了。

　　就像遭受蒙蔽的母鳥一般，我們經濟系學生也一心一意滋養著GDP成長這件事，仔細研讀經濟產出為何成長的百家理論：究竟是因為國家採用了新科技，是機械、工廠的供給增加，還是人力資本供應的緣故呢？的確，這些都是了不起的提問，但是我們從未認真停下來質疑，我們是否永遠都需要GDP成長、想要GDP成長，或者GDP成長是否永遠都有可能。一直到我選擇研究當時被視為冷僻的題目：開發中國家經濟學，「目標」這個問題才浮現出來。我拿到的第一道申論題就直衝我而來：**就發展成功與否而言，最佳的評估方式為何**？我既錯愕又驚訝。念了兩年經濟學，關於目標的問題還是第一次出現。更糟的是，我之前甚至沒發現原來缺漏了目標。

　　二十五年之後，我不曉得經濟學教育是否已經有所進步，知道必須先從討論目標是什麼開始。因此2015年初，我出於好奇心，坐進一堂總體經濟學的開放課程，

總體經濟學將經濟視爲一個整體來進行研究。課堂上的學生是牛津大學最新一屆的經濟系學生，其中許多人毫無疑問，未來都將成爲首屈一指的政策制訂者與企業領袖，形塑2050年的世界樣貌。開場之際，這位資深教授投影出他所謂的「總體經濟學大哉問」。前四大是什麼呢？

- 是什麼造成經濟生產的成長、波動？
- 是什麼導致失業？
- 是什麼導致通貨膨脹？
- 利率是如何決定的？

他的清單越拉越長，但是問題的格局卻從未拉高，並沒有鼓勵學生思考經濟的**目標**是什麼。爲何GDP成長的布穀鳥如此成功霸占經濟學之巢呢？答案可以回溯到1930年代中期——經濟學家當時正取得共識，同意該學科無目標性的定義——當時美國國會首次委託經濟學家西蒙·庫茲涅茨（Simon Kuznets），邀請他設計一套衡量美國全國所得的方法。他發想的計算方式後來被稱作「國民生產毛額」（Gross National Product，GNP），基礎是一國居民在全球所產生的所得。多虧庫茲涅茨，這是有史以來第一次，美國的年度產出與所得能以美元價值表示，並且可以和前一年相互比較。事後證明，這樣的衡量方法十分有用，因此廣受各界歡迎。在經濟大蕭條期間，GNP讓小羅斯福總統能監控美國經濟的變化，並評估他的「新政」（New Deal）政策影響❶、效果如何。幾年之後，美國正準備進入第二次世界大戰，而GNP

---

❶：指1933年富蘭克林·羅斯福（小羅斯福）就任美國總統後所實行的一系列經濟政策，其核心是三個R：救濟（Relief）、復興（Recovery）和改革（Reform），因此有時亦稱三R新政。

背後的**數據**展現了無比價值，將美國競爭力強大的工業經濟**轉**化成計畫型的軍事經濟，同時維持足夠的國內消費，持續創造進一步產出。[⑩]

　　追求GNP成長的其他原因很快也被提出，而類似的全國統計也在各國紛紛問世，因此到了1950年代末期，產出成長已成爲工業國家主要的政策目標。美國眼看蘇聯崛起，於是透過軍事力量追求成長，以確保國家安全，而兩強便展開激烈的意識形態競爭，藉此證明誰的經濟意識形態（自由市場相對於中央計畫）最終能有較多的產出。根據美國總統的詹森（Lyndon Baines Johnson）經濟顧問委員會（Council of Economic Advisers）主席亞瑟．奧肯（Arthur Okun）的說法，成長似乎也終結了失業。他的分析發現，美國每年2%的全國產出成長相當於1%的失業率下降，兩者的關聯性非常高，後來更被稱作「奧肯法則」（Okun's Law）。很快，成長就被描繪成萬靈丹，足以治療許多社會、經濟和政治的病灶，比方能解決公共債務與貿易失衡、對國家安全而言至關重要、能化解階級對立，並且還可以在因應貧困的同時無須面對政治敏感的重分配議題。

　　1960年，還是參議員的甘迺迪宣布參選總統，並保證達成5%的成長率。當選之際，他詢問經濟首席顧問的第一個問題就是：「你覺得我們能兌現5%的競選承諾嗎？」[⑪]同一年裡，美國加入其他工業大國行列，創設「經濟合作發展組織」（Organisation for Economic Co-operation and Development，OECD），而該組織的第一優先要務就是達成「最高程度的永續經濟成長」——**永續的目標不是自然環境，而是產出成長。**這樣的企圖很快就獲得國際GNP聯盟報表的加持，該表會呈現哪一個國家的成長領先。[⑫]在二十世紀的最後幾十年裡，焦點從GNP轉向當前更爲熟悉的

GDP，也就是國境之內產生的所得。不過對於產出成長的執著並沒有改變。事實上執著反而還更加深化，因為政府、企業與金融市場都越來越預期、需要及仰賴持續的GDP成長──這種成癮現象延續至今，我們將會在第7章裡仔細探討。

　　GDP這隻布穀鳥如此巧妙地霸占經濟之巢，這點或許不該這麼令人意外。為什麼呢？因為如果想像持續成長的產出，這樣的概念正好切合我們廣為使用的一道類比，也就是進步是一種向前、向上的移動。如果你曾看過孩童學習走路，就會知道這整趟旅程有多麼駭人。首先是笨拙的爬行，通常先是往後爬，接著才能向前爬得令人滿意。孩子漸漸才能站穩腳步，並且踏出勝利的頭幾步。精通這樣的動作──向前與向上──往往標誌著孩子的發展里程碑，此外也呼應了我們人類物種述說的演化故事。我們從四隻腳、笨拙移動的遠祖演化成了直立人（終於站直了身體），後來發展成步幅中等的智人。

　　在1980年的經典著作《我們賴以生存的隱喻》（*Metaphors We Live By*）中，喬治·萊考夫與馬克·強森（**Mark Johnson**）生動描述了：方向性隱喻已經根植於西方文化當中，形塑我們思考、說話的方式，比方「向上是好的」「向前是好的」等。[③]「她為什麼心情如此低落？因為她遭逢逆境，人生跌入前所未有的低點，」我們可能會這麼說，或者是：「情況正在止跌回升：她的人生又能往前邁進了。」難怪我們如此樂意接受，經濟成功一定也得等同於不斷上升的國民所得。如同保羅·薩繆森在他的教科書中所言，這點呼應了一道深層信念，那就是：「即使有更多物質產品本身並非最重要，但是當一個社會往前邁進時仍然比較快樂。」[④]

　　如果畫在書頁上，這種成功的願景會是什麼樣子呢？奇特的是，經濟學家鮮少真的將自己採納的成長目標畫出來（在第7章裡，我們將回頭檢視爲何如此）。不過如果他們動筆的話，畫出的圖會是一條持續上升的GDP線：這是一條指數型成長的曲線，向前、向上橫跨書頁，完美呼應了我們最喜愛的人類演化、個人發展的隱喻。

　　然而庫茲涅茨本身大概不會選這張圖呈現經濟發展，因爲他從一開始便清楚意識到，他精妙的計算方式之中存在著局限。庫茲涅茨強調，國民所得只能掌握經濟中生產出的商品、服務之市場價值，因此排除在日常生活裡，家戶與社會也會產生商品、服務，而人們也會爲家戶產生商品、服務，並且這些商品、服務擁有龐大的價值。此外庫茲涅茨也體認到，他的計算方式無從顯示所得、消費如何在家戶之間實際分配。由於國民所得是一種流動量的衡量（只記錄每年產生的所得量），因此庫茲涅茨認爲，應該還需要一種貯藏量的衡量相輔相成，計算產生這些所得的財富，以及這些所得的分配情況。的確，在1960年代初期，隨著GNP受歡迎的程度達到高峰，庫茲涅茨同時也成了GNP聲量最大的批判者。他從一開始就警告：「一個國家的福祉很難從衡量國民所得就得出來。」[35]

　　這套衡量的創造者本身或許提出警示，但是經濟學家、政治人物卻悄悄將警語擱置一旁：擁有一個單一、年復一年的指標來衡量經濟進展，這種作法實在太有吸引力了。因此在半個世紀裡，GDP成長從原本的政策選項變成政治之必要，而且也是實際上的政策目標。我們是否永遠想要、需要進一步成長，或者持續成長是否真的永遠可能呢？細究這些問題已經變得無關緊要，或者說是政治自殺行爲。

　　有這麼一個人願意冒上政治自殺風險，她就是富有遠見的系統思想家唐內拉‧梅多斯（Donella Meadows）。她是1972年〈增長的極限〉（*Limits to Growth*）報告的主要作者之一，而且她說得毫不含糊。「在史上所有文化裡，成長是人類發想出最愚蠢的目標之一，」她曾於1990年代晚期如此宣告：「我們必須表達我們已經受夠了。」面對人們不斷要求更多的成長，她的回應是，我們永遠都應該問：「什麼的成長？為什麼？為了誰而成長？誰來負擔成本？成長能持續多久？地球所需付出的成本是什麼？還有，**成長多少才足夠？**」[16]過去數十年來，主流經濟學家對她的觀點嗤之以鼻，認為她是愚蠢的激進派，然而她的觀點其實呼應了庫茲涅茨，也就是國民所得本身神聖的創造者。「我們心裡一定要區分清楚，」庫茲涅茨早在1960年代就提出建議，「區分成長的質與量，區分成長的成本與報酬，以及區分短期和長期……目標應該要明確：『更多』成長的目標應該明確指出是什麼的成長，以及為了什麼而成長。」[17]

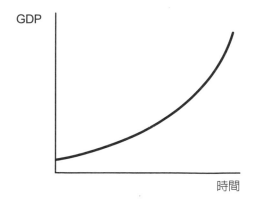

GDP成長：向前與向上

● 驅趕布穀鳥

2008年金融海嘯的重擊，2011年占領華爾街運動引發全球迴響的警訊，以及氣候變遷與日俱增的壓力……。難怪當今政治人物都紛紛採取行動，開始尋找不同的話術詞彙，表達更激勵人心的社會、經濟發展願景。然而，他們似乎永遠都回到同樣的答案：**成長**，這個無所不在的名詞，然後再裝飾一系列璀璨奪目、激盪人心的形容詞。在金融海嘯之後（當時世界仍面臨貧困、氣候變遷與貧富差距擴大等危機），政治領袖提出的願景開始讓我覺得，自己彷彿走進曼哈頓的熟食店：我只打算買個簡單的三明治，沒想到餡料卻充滿了無限選擇。「您今天想要什麼樣的成長呢？」梅克爾提出「可持續成長」；卡麥隆建議「平衡成長」；歐巴馬屬意「長遠、持久的成長」；前歐盟委員會主席巴洛索（José Manuel Barroso）支持的是「聰明、永續、包容且具有韌性的成長」；世界銀行（World Bank）承諾「具有包容力的綠色成長」。還有賣其他口味嗎？或許您還會想要公平成長、良好成長、更綠化的成長、低碳成長、負責任的成長或者是強勁成長。隨君挑選吧──只要您選擇的是成長就好。

我們應該笑還是哭呢？先哭吧，因為在人類史上這麼關鍵的時間點，人類竟然如此缺乏遠見。然後再笑一笑。因為既然政治人物覺得，自己必須用這麼多修飾語抬舉GDP，藉此提供GDP正當性，那麼這就很清楚顯示了，這道布穀鳥一般的目標該從鳥巢踢出去了。我們很顯然要的比成長更多，但是我們的政治人物找不到詞彙，而長久以來經濟學家也婉拒提供點子。所以現在是既該哭、也該笑的時刻，不

過最重要的是，我們更該重新討論什麼才是重要的事物。

　　誠如我們所見，多位政治經濟之父都十分樂於表達對他們而言重要的事物爲何，並闡述自身對經濟目標的觀點。然而到了十九世紀晚期，政治經濟被拆分成政治哲學、經濟科學兩門學科，於是在公共政策制定工作當中，出現了哲學家邁可・桑德爾（Michael Sandel）所謂的「道德空缺」（moral vacancy）現象。今天，經濟學家、政治人物以經濟效率、生產力和成長之名，自信、輕鬆地進行辯論，彷彿這些價值不證自明一般，然而卻猶豫是否該談正義、公平與權利。談論價值與目標是一門已然失傳的藝術，等待有朝一日復興。青少年初學如何表達自己的感受總是充滿尷尬，而經濟學家和政治人物此時就像他們一樣（所有其他人也是）尷尬尋找著詞彙（當然還有圖像），希望闡述比成長更宏大的經濟目標。我們要如何學習重新談論價值、目標呢？要如何將這些價值、目標放在經濟思維的核心，而且思維能夠符合二十一世紀呢？

　　有一個很好的起始點：檢視歷史上其中一脈沒沒無名的經濟思想家們，在當時就致力將人性回歸經濟思想的核心位置。1819年，瑞士經濟學家尙恩・西斯蒙迪（Jean Sismondi）在立定政治經濟的新觀點時，希望以人類福祉、而非財富的累積作爲目標。1860年代，英格蘭社會思想家約翰・拉斯金（John Ruskin）追隨西斯蒙迪的腳步，怒斥當時的經濟思維，並宣告：「沒有財富，只有生命……如果能滋養出最多快樂、有尊嚴的人，這個國家就是最富有的。」1900年代初期，甘地發現了拉斯金的著作，並開始將其中的理念實踐於印度的集體農場，藉此創造出能夠提升道

德層次的經濟。

到了二十世紀晚期，英國經濟學家修馬克（E. F. Schumacher）——他最知名的論述是「小就是美」，希望在經濟思維的核心放入倫理與人性的量尺。智利經濟學家曼弗瑞德·麥克斯尼夫（Manfred Max-Neef）則建議，發展焦點應該是滿足一系列的人類根本需求——溫飽、創意、參與感和歸屬感，同時依據每一個社會的脈絡、文化進行調整。[⑱]過去幾世紀以來，這些宏觀的思想家提供了不同願景，表達經濟的目的為何，然而他們的想法一直被排拒在外，距離經濟系學生的見聞範圍相當遙遠，並且被貶抑為多愁善感的「人文關懷經濟」學派（我們不禁要問：如果沒有人文關懷，其他經濟學派究竟是什麼？）。

終於，他們的人文關懷計畫獲得更為廣泛的關注與公信力。你可以說，進入主流的起點是哲學家阿馬蒂亞·森（Amartya Sen）的研究成果，他也因此獲頒諾貝爾經濟學獎。阿馬蒂亞·森主張，發展的焦點應該是「推進人類生命的富足，而非人類生活的經濟富裕。」[⑳]與其優先重視GDP這類衡量指標，目標應該要是擴大人的能力，比方有能力變得健康、有力量、有創意，如此一來才可以在人生中成為、從事自己重視的人事物。[㉑]而若要實現這些能力，人得先取得生活基本要件——依據每一個社會的脈絡進行調整——舉凡營養的糧食、醫療照護、教育、個人安全與政治發聲的機會等。

2008年，法國總統薩科奇邀請了二十五名國際經濟學思想家，由阿馬蒂亞·森和同樣榮獲諾貝爾經濟學獎的約瑟夫·史迪格里茲（Joseph Stiglitz）主導，評估當前

引導政策制定的經濟、社會發展衡量指標。在檢視了所使用的指標之後，他們得出直白的結論：「這些嘗試引領我們社會、經濟的人，他們就像飛行員一樣，想要控制方向，卻缺乏一個可靠的指南針。」[32]沒有人想坐上這架迷航的飛機，我們迫切需要想方設法幫助政策制定者、運動人士、企業領袖和公民大眾，讓他們在二十一世紀裡往明智的方向駛去。

● 二十一世紀的指南針

首先來暖暖身。讓我們先把GDP成長擺到一邊，重新思考一道根本問題：**什麼樣的世界能讓人們繁榮發展呢？**答案是，每個人都能過著有尊嚴、有機會、有社群感的生活——而且與此同時，不超過我們地球生命體系的能力範圍。換句話說，我們需要進入甜甜圈本體。這是我在2011年首次畫下的視覺概念，當時我還在樂施會工作，而這張圖的靈感源自尖端的地球系統科學。過去五年，透過與科學家、運動人士、學者和政策制定者的對話，我又進行一些更新、修改，藉此反映最新的全球發展目標與科學見解。現在就讓我來介紹甜甜圈，而且是一枚對我們有益的甜甜圈。

究竟這是什麼樣的甜甜圈？簡言之，這是全新的指南針，能在這個世紀引領人類。在甜甜圈所指引的未來裡，所有人的需求都能獲得滿足，同時我們每個人所仰賴的地球生態也能受到保護。甜甜圈社會基底盤的下方是**人類福祉的短缺**，面臨這些短缺的人缺乏生活基本要件，例如糧食、教育與住房等。生態天花板上頭則是**地**

球生態體系壓力的超限，原因舉凡氣候變遷、海洋酸化和化學汙染等。不過在這兩組邊界之間有一層理想空間——形狀不偏不倚就是個甜甜圈，對於人類而言，這道空間不僅在生態上安全，就社會的角度來說也符合正義。二十一世紀的任務可謂前所未見：我們必須將所有人類帶入這道安全、正義的空間。

　　甜甜圈的內環——也就是社會基底盤——呈現了生活的基本要件，這些要件所有人都應該不虞匱乏。這十二項基本要件包含：充足的糧食、乾淨水源與良好的衛生、能源和乾淨的烹飪設施、教育和醫療照護、良好的住房、最低基本所得與良好

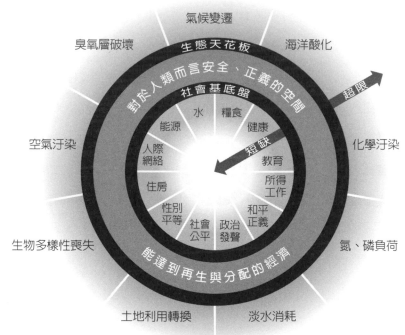

甜甜圈：二十一世紀的指南針。
裡頭是人類福祉的社會基底盤，外圍是地球壓力的生態天花板，中間則是對於人類而言安全、正義的空間。

的工作、資訊網絡和社會支持網絡。除此之外，還要透過性別平等、社會公平、政治發聲機會，以及和平與正義達成上述各點。自1948年以來，國際人權標準與法規就持續不斷努力，希望讓所有人都獲得絕大部分這些生存要件，無論本身擁有多少的金錢、權力皆然。如果要設定一道期限，為世上每一個人達成所有這些目標，這聽起來可能是非凡的野心，不過現在已經獲得官方背書。這些目標全部都包含於聯合國永續發展目標——2015年由193個成員國同意——而在這些目標當中，人們希望絕大多數都能在2030年前實現。㉓

自從二十世紀中葉以來，全球經濟發展已經幫助世界數百萬人脫離匱乏貧困。這些家庭成為長壽、健康且受過教育的第一代，擁有充足的糧食、乾淨的水源和家用電力，口袋裡還有錢可以花。而對許多人而言，如此的轉變也伴隨男女平等的提升，以及更多政治發聲機會。然而，全球經濟發展也大幅增加人類對地球資源的使用，一開始是由於高所得國家資源密集的生活方式，近期更因為全球中產階級快速成長而加倍。這個經濟時代被稱為「大加速時代」（Great Acceleration），原因在於人類活動的遽增。1950年至2010年間，全球人口幾乎成長為原來的三倍，而實質的世界GDP則增加七倍。在全世界，淡水的使用增加為原來的三倍以上，能源使用上升四倍，肥料使用則提高超過十倍。

在一系列監控地球生態的指標中，人類活動遽增的後果顯而易見。1950年以來，生態衝擊的升高也伴隨而來，包括溫室氣體在大氣中的累積、海洋酸化與生物多樣性喪失等。㉞「變化的規模與速度不容小覷，」研究這些趨勢紀錄的科學家威爾・斯特芬（Will Steffen）如此表示，「在短短數十年裡，人類已成了規模遍及全

球的一種地質力量……這是新的現象，顯示人類在全球層級上，對地球負有新的責任。」⑤

　　人類活動的大加速顯然讓地球承受壓力。然而，在滋養我們的生態體系崩壞之前，地球究竟還能承受多少壓力？換句話說，決定甜甜圈生態天花板的因素是什麼？如果要回答這個問題，我們就必須檢視過去十萬年的地球生命。十萬年裡，隨著早期人類長途跋涉、離開非洲，足跡遍及了各大洲，地球的平均氣溫總是上上下下。然而就在過去約一萬兩千年，氣溫變得相對溫暖、穩定許多。這段地球史的近代時期被稱之為「全新世」（Holocene）。這個名詞值得認識一番，因為全新世給予我們有史以來最美好的家園環境。

　　在全新世期間，農業同時在許多大洲問世，而科學家認為，這點並非出於巧合。由於地球氣候趨於穩定，狩獵採集者的後代於是可以定居下來，依循著季節生活：他們能預期雨季的到來，挑選種籽播種，最後再收成。㉗同樣也非巧合的是，所有偉大的人類文明，包括印度河流域、古埃及、中國商朝、馬雅人、希臘人與羅馬人，都是在這段地質時代出現、興盛。在我們的地球歷史上，這是唯一數十億人類得以蓬勃發展的階段。

　　更棒的是，科學家指出如果不受到干擾，全新世的良好條件很可能再持續五萬年，因為地球目前環繞太陽公轉的軌道異常之圓，而這樣的現象相當罕見，上一次發生已經是40萬年以前。㉘這件事實在值得坐下來仔細思考一番。我們身處於唯一已知有生命的行星上，而且生在該行星最宜人的時代，而且多虧地球目前環繞太陽公轉的奇特方式，這個宜人時代還會持續下去。我們除非是瘋了，才會想把自己踢

出全新世這塊理想空間，然而這顯然就是我們正在做的事。由於我們對地球造成的壓力與日俱增，人類已成爲地球變遷最大的單一驅動因子。由於我們帶來的衝擊規模龐大，因此我們現在已經離開全新世，進入未知之境，也就是所謂的「人類世」（Anthropocene）：這是由人類活動形塑的首個地質時代。[26]既然已經來到人類世，那我們應該要怎麼做，才能維繫全新世美好家園的條件呢？這些條件包括穩定的氣候、充足的淡水、繁盛的生物多樣性以及健康的海洋等。

　　2009年，有一群跨國的地球系統科學家由約翰‧勞克司創（Johan Rockström）和威爾‧斯特芬主導，他們接下了這項問題，並點出九道關鍵流程，比方氣候系統、淡水循環等，這九道流程加總起來便能調節地球，讓地球維持類似全新世條件的能力（所有這九道流程都會在附錄中更完整描述）。針對每一道流程，這些科學家都會詢問：該流程還能承受多少壓力，讓人類繁榮發展千年的穩定性得以維繫，

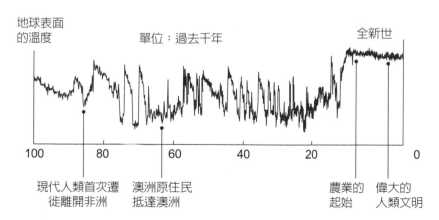

全新世的美好家園。
這張圖呈現了過去十萬年來地球的氣溫變化，所依據的資料為格陵蘭冰芯。過去**12000**年的溫度異常穩定。[36]

使地球不至於被推向未知的境界，導致可能發生陌生、意外的變化？當然難處在於，要確切點出危險的所在並不可能。此外，由於許多改變或許並不可逆，因此不探詢那些艱辛的道路可能還比較明智。因此，科學家提出九道界限，這些界限就像防護欄一樣，而他們認為這些正是每一塊危險禁區的起點——這麼做形同在上游設置警告標誌，顯示該河流存在著險惡卻隱藏的瀑布。

　　這些警告標誌說了什麼呢？舉例而言，為了避免危險的氣候變遷，大氣中二氧化碳的濃度必須維持在350百萬分點（ppm）以下。在限制土地利用轉換方面，要確保在曾為森林的土地當中，維持至少75%森林的狀態。而就使用化學肥料而言，每年在地球的土地上，最多增加6200萬噸的氮，以及6000萬噸的磷。當然，這些概括的數字背後存在許多不確定性，例如：這些全球整體的限制在各區域上的影響，而且科學也持續在演進。不過基本上而言，這九道地球界限打造了目前為止最好的全貌，告訴我們該如何維繫全新世的美好家園，而且得在由人類主宰的人類世中實踐。正是這九道地球界限，訂定了甜甜圈的生態天花板：如果我們想要維護家園的穩定，就不該在這些界限之外，對地球繼續施加壓力。

　　下方是人類權利的社會基底盤，上頭是地球界限的生態天花板，兩者共同打造了甜甜圈的內、外邊界。而當然，中間存在著深度的相互連結。如果你現在手癢，想拿起筆在甜甜圈上畫出箭頭，探索每一道界限可能如何影響彼此，那麼你就會懂了——甜甜圈很快就會變得像是一碗義大利麵一般。

　　舉例來說，山坡遭到砍伐之後會發生什麼事呢？這類土地利用轉換很可能加速生物多樣性喪失、削弱淡水循環，並使得氣候變遷惡化，而回過頭來這些衝擊又

會對剩下的森林造成更大壓力。除此之外，森林、穩定水源的流失可能削弱在地社群，使社群更容易遭受疾病爆發與糧食減產，並導致學童輟學。一旦學童輟學，所有形式的貧困都可能引發連鎖效應，並持續好幾個世代。

當然，連鎖效應也可以是正向的加乘效果。山坡森林再造往往能豐富生物多樣性，增加土壤肥沃程度與保水性，並協助封存二氧化碳。為在地社群帶來的助益可能不少：有較多樣的森林食物與材質可以採收；水資源供應比較穩定；營養、健康狀況改善；以及更具有韌性的工作生計。為求單純，有些人可能會想設計個別政策，分頭因應每一道地球生態與社會的界限。然而這麼做是不管用的：由於這些界限彼此連結的特性，所以我們在理解時，必須將每一道界限視為複雜社會、生態系統的一環，並且在一個大的整體當中加以因應。⑨

在聚焦甜甜圈裡諸多的相互連結性時，很清楚的是，人類的繁榮發展仰賴的是地球的繁榮發展。為所有人種植充足、營養的糧食需要健康、養分豐富的土壤，豐沛的淡水，具有生物多樣性的穀物，以及穩定的氣候。確保乾淨、安全的飲用水得仰賴從在地到全球的水文循環，產生足夠的雨水，讓雨水持續注入地球的河川、地下水。想擁有乾淨的空氣呼吸就必須停止排放有毒微粒，因為這些微粒形成的霧霾會傷害肺臟。我們喜歡在背上感受陽光的溫暖，但前提是我們必須受到臭氧層的保護，免於紫外線輻射的威脅；此外，也必須確保大氣中的溫室氣體不會把太陽的溫暖轉變成災難性的全球暖化。

如果說我們二十一世紀的挑戰是：進入甜甜圈內、外環的邊界之間，也就是進入安全、正義的空間，那麼顯而易見的問題無非是：**我們現在做得如何呢？**多虧人

類權利與地球科學兩方面的數據進步，我們現在比從前都更清楚實際情況。即便在過去七十年裡，人類福祉有了前所未見的進步，但我們仍大幅超越了甜甜圈兩端的界限。

在每一道社會基底盤的面向之下，仍然都生活著數百萬人。在全球，每九人就有一位填不飽肚子。四分之一人口每天仰賴不到3美元過活，而每八名年輕人就有一位找不到工作。三分之一人口仍然沒有廁所可以使用，而每十一人就有一位沒有安全的飲用水源。每六位12至15歲的孩童就有一位沒有上學，其中絕大多數是女孩。在幾乎40%世界人口居住的國家裡，所得分配十分不平均。而在超過半數世界人口居住的國家裡，人民嚴重缺乏政治發聲機會。不可思議的是，在二十一世紀中，這些生活基本要件的匱乏仍然持續存在，並且限制許多人的生命潛力。

與此同時，人類也讓地球生態體系承受前所未有的壓力。

事實上，我們至少超越了四個地球上限：分別是氣候變遷、土地利用轉換、氮磷負荷以及生物多樣性喪失。如今，大氣中二氧化碳的濃度已經遠遠超越了350 ppm的界限：目前已超過400 ppm，而且仍在上升當中，並將我們推向更炎熱、更乾燥且更為惡劣的氣候；此外，海平面上升也威脅著全球島嶼和沿岸城市的未來。內含氮、磷的合成肥料正不斷進入地球土壤，程度已經是安全劑量的兩倍以上。這些肥料的有毒物質已導致許多湖泊、河川與海洋的水生生態崩壞，其中包括墨西哥灣的死區，面積有美國康乃狄克州這麼大。在所有可以是森林的土地上，只有62%仍然是森林，而且面積依舊持續縮小，因此大幅降低地球的碳封存能力。生物多樣性喪失的規模相當嚴重，物種滅絕速度至少比安全界限快上十倍。這也難怪，自從1970

年以來，世界上哺乳類、鳥類、爬蟲類、兩棲類和魚類的數量已經減少一半。[41]雖然全球化學汙染的規模尚未被量化，但是許多科學家都相當憂心。人類對其他關鍵的地球系統流程所造成的壓力——比方淡水消耗和海洋酸化——也持續升高，逼近全球規模的危險境地，並且在過程中引發在地和區域上的生態危機。

在二十一世紀初期，我們人類與地球家園的景象一片晦暗。這正是一道強而有力的訴狀，控訴著人類至今所追求的全球經濟發展路徑。**數十億人仍遠遠無法滿足**

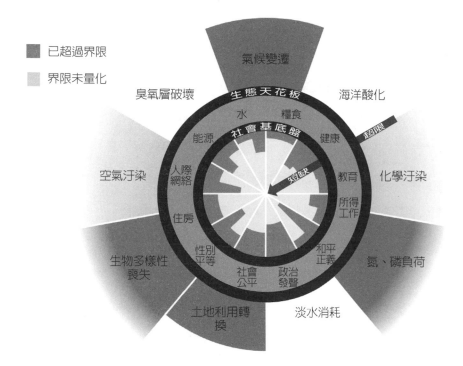

超越甜甜圈兩端的界限。
社會基底盤下方的灰底顯示，全世界有多少比重的人口缺乏生活基本要件。而在生態天花板上頭輻射狀的灰底則顯示，地球的上限已被超越（完整數據請參見附錄）。

最基本的需求，但我們卻已進入全球生態的危險禁區，極有可能破壞地球良好的穩定。在這樣的脈絡之下，進步、進展可能會是什麼樣子呢？

● 從永無止盡成長，到平衡繁榮發展

就進步、進展而言，「向前、向上」或許是人們非常熟悉的隱喻，然而就我們所知的經濟來說，「向前、向上」已將我們帶入危險之境。「人類能影響生態體系的運作，」海洋科學家凱瑟琳‧理查德森（Katherine Richardson）這麼說，「我們正朝向某些臨界點推進。這會如何改變我們對於進步的定義呢？」[32]

過去六十年來的經濟思維告訴我們，GDP成長是進步的好指標，而且GDP成長彷彿是持續上升的一條線。然而本世紀需要的進步有著截然不同的形狀、方向。在人類歷史的這個時間點，進入動態平衡最能描述我們所需的進步，也就是進入甜甜圈安全、正義的空間，同時消除短缺與超限。這點需要我們根本改變所使用的隱喻：**從「好，意謂著向前、向上」變成「好，意謂著維持平衡」**。這也會改變經濟進步的意象，從**永無止盡的GDP成長，變成甜甜圈中平衡的繁榮發展**。

甜甜圈的意象及背後的科學或許新穎，不過所涉及的動態平衡概念其實呼應了數十年來關於永續發展的思維。1960年代，地球像是一艘自成體系的生命太空船的想法廣受歡迎，這使得經濟學家羅伯特‧海爾布隆納（Robert Heilbroner）指出：「就像所有太空船一樣，若要維繫生命，就得小心翼翼保持平衡，一方面是船體支持生命的能力，另一方面則是船上居民的需求。」[33]1970年代，經濟學家暨永續發展

的先驅芭芭拉‧沃德（Barbara Ward）呼籲全球採取行動，同時因應人類需求、權利的「內在界限」，以及地球承受環境壓力的「外在界限」；其實她正是在描繪甜甜圈，只不過用的是文字而非畫筆。後來到1990年代，倡議組織地球之友（Friends of the Earth）提出「環境空間」概念，主張所有人都有權在地球可承受的能力範圍裡，平等共享水、糧食、空氣、土地與其他資源。

　　在某些文化中，平衡繁榮發展的概念可以回溯得更為久遠。古希臘人說：「一切適度為最佳。」在毛利文化裡，福祉的概念結合了精神、生態、親情與經濟的成分，這些面向彼此交織、相互依存。在安第斯文化中，「buen vivir」字面上是「活得好」的意思，代表一種世界觀，認為「生命的完整必須立基於和社群、自然的連結。」過去幾年來，玻利維亞已將「buen vivir」納入憲法，作為引領國家的倫理道德原則。而在2008年，厄瓜多憲法領先全球，首次認可了大自然的代表帕查瑪瑪女神（Pachamama）「有權存在、延續，並有權維繫其至關重要的循環、使之重生。」如此全面、平衡的福祉理念也同樣反映在許多古老文化的傳統符號中。道教的陰陽、毛利人的螺旋圖案、佛教的吉祥結，以及塞爾特人的雙重漩渦：在上述每一個設計裡，彼此相輔相成的力量都持續著動態的共舞。

　　當西方文化希望驅趕GDP成長這隻布穀鳥時，不可能直接以安第斯或毛利世界

動態平衡的古老符號：道教的陰陽、毛利人的螺旋圖案、佛教的吉祥結，以及塞爾特人的重漩渦。

觀取而代之，必須找到新的語彙和圖像，闡述相呼應的願景。這道新願景的語彙可能是什麼呢？先來個建議：**人類在欣欣向榮的生命網絡中繁榮發展**。的確，這說法有點長，而這也明顯呈現了我們缺乏精簡的說法，表達對我們福祉如此至關重要的事物。那麼新的圖像呢？我發現甜甜圈可以扮演這樣的角色。

2011年末，在聯合國一場關於永續發展的重大研討會之前，我前往紐約聯合國總部，希望將甜甜圈呈現給來自許多國家的代表，藉此了解他們的反應。我首先與阿根廷代表見面，因為當時阿根廷是七十七國集團的主席國，也就是聯合國裡開發中國家最大的談判集團。當我向阿根廷談判代表說明甜甜圈時，她用手指頭穩穩敲著圖片，接著說：「我對永續發展的想像一直都是這樣。如果能讓歐洲人也這樣思考永續發展就好了。」因此隔天，我出於好奇心決定前往歐洲官員的會議室呈現甜甜圈。當我將甜甜圈投射在螢幕上，並說明其核心概念時，英國代表發言了。「這很有趣，」他說，「我們聽拉丁美洲人談論帕查瑪瑪女神，總覺得有點空洞，」他的雙手在空中擺動，彷彿在畫圖一樣，「但我現在明白，你的方式是以科學為基礎，說明的內容其實大同小異。」有的時候，圖像能彌補文字無法跨越的鴻溝。

有鑑於我們目前失衡的情況嚴重，超越了甜甜圈上、下兩端的邊界，進入平衡的任務可謂艱鉅。「我們是第一個這樣的世代，知道自己正在削弱地球體系支持人類發展的能力，」約翰·勞克司創這麼說，「這是非常重要的新洞察，而且可能非常、非常令人害怕……這也是一項巨大的優勢，因為這意謂著我們也是第一個這樣的世代，知道自己現在必須進行變革，通往一個全球永續的未來。」[8]

接著想像一下，如果我們的世代可作為轉捩點，開始將人類送上通往前述未來

的軌道，那會如何呢？可以每個人都想像一下，把自己的生活放到甜甜圈上，並自問：**我購物、飲食、旅行、賺錢、融資、投票與從事志工活動的方式，是否會提升或降低對社會、地球界限造成的衝擊？**每間公司不妨也圍繞著甜甜圈制定策略，並自問：**我們的品牌是否為甜甜圈品牌？誰的核心業務能將人類帶入安全、正義的空間？**想像一下，二十大工業國財政部長——這些國家代表世界上最強大經濟體——圍繞著甜甜圈形狀的圓桌開會，探討如何設計出一套全球金融體系，協助將人類帶入甜甜圈本體。上述這些都將是能夠改變世界的對話。

在某些國家、企業和社群裡，這樣的對話其實正在進行。從英國到南非，樂施會都會發布「國家甜甜圈報告」（national Doughnut reports），內容顯示每個國家距離全國訂定的安全、正義空間還有多遠。[38]在中國的雲南省，研究員科學家進行一項甜甜圈分析，探討在該區域關鍵水源洱海的周邊，工業、農業對於社會和生態的衝擊為何。[39]從美國的戶外服裝業者Patagonia，到英國的森寶利（Sainsbury's）超市，許多公司都採用甜甜圈，藉此重新思考自身的企業策略。在南非夸祖納塔爾省（KwaZulu Natal）中成長最快速的城鎮科克斯塔德（Kokstad），當地政府與都市計畫員、社區團體合作，利用甜甜圈為該城鎮憧憬一個永續、公平的未來。[40]

這些作法、倡議都是具有企圖心的實驗，能夠重新引導經濟發展的方向，但甜甜圈的全球層次是否太過遠大，以至於經濟學沒有辦法處理呢？完全不會：這樣的層級已成趨勢。回到古希臘時代，當時色諾芬首次提出這項經濟問題：「家戶應該如何以最佳方式管理資源？」他當時思考的是單一家戶。在人生晚期，他將注意力投向另一個層次，也就是城邦經濟，並為他的家鄉雅典提出一系列的貿易、稅賦與

公共投資政策。接著時間快轉近兩千年、來到蘇格蘭，當時亞當‧史密斯決定性地將經濟學焦點再次提高一個層次，也就是民族國家經濟。他還問：「為什麼有些國家的經濟蒸蒸日上，有些國家的經濟則停滯不前？」在接下來的兩百五十多年裡，亞當‧史密斯的民族國家經濟觀點獲得政策關注，而每年各國GDP的統計對照又將其進一步深化。然而現今，面對全球緊密連結的經濟，新世代思想家是時候採取無可避免的下一步了。我們的時代是地球大家庭的時代，針對共同的家園，我們正前所未有地需要家戶管理的藝術。

● 我們有辦法活在甜甜圈裡嗎？

甜甜圈提供我們二十一世紀的指南針，然而，是什麼決定我們能否真正進入安全、正義的空間呢？有五項因素確實扮演了關鍵角色：**人口、分配、憧憬、科技**與**治理**。

人口很重要，原因顯而易見：我們人越多，要滿足所有人需求、權利所需的資源就越多，因此很重要的是，全球人口規模必須穩定下來。不過有個好消息：雖然全球人口仍在成長，但是從1971年以來，成長速度已經顯著下降。此外，這也是人類史上第一次，人口成長減速的原因不是飢荒、疾病或戰爭，而是正面因素導致的。數十年的公共投資改善了嬰幼兒童的健康、女孩子的教育以及女性生育健康醫療，並且賦予女性力量，而這些終於讓女性有能力管控家庭的規模。以甜甜圈的觀點來看，訊息相當清楚：要穩定人口規模最有效的方式，就是確保每個人的生活都

能免於匱乏，高於社會基底盤。

如果人口重要，那麼分配也同樣重要，因為極度貧富不均會將人類推出甜甜圈兩端的界限之外。由於全球所得嚴重不均，世界溫室氣體排放的責任也高度傾斜：前10%的排放者（這些是各大洲皆有的碳排大戶）產生約45%的全球碳排，而下層50%的人只貢獻了13%的碳排。[※]糧食消費也極為不平均。大約13%的全球人口營養不良，那需要多少食物滿足他們的熱量需求呢？只需要3%的全球糧食供應即可。如果放在更大的脈絡裡檢視，30%至50%的世界糧食會在收成之後流失、在全球供應鏈中浪費，或是從晚餐的碗盤倒入廚餘桶裡。[※]事實上我們只要在從未吃下肚的糧食中拿10%，就有辦法終結饑饉。這些例子清楚顯示，如果要進入甜甜圈，就需要更公平地分配人類如何使用資源。

第三項因子是憧憬，也就是人們認為構成良好生活的必要事物。而決定憧憬的一大影響要素，就是我們如何生活、在哪裡生活。2009年，整體人類正式成為了都市物種，因為這是人類有史以來，頭一回有半數以上人口居住在都市、城鎮，而到了2050年，預計將會有70%的人類住在都市。都市生活會放大周遭人群與廣告看板的影響力，而這些看板顯示了，美好生活只需要花錢購物就能滿足，於是人們便想擁有更快的車、更輕薄的筆電、更有異國情調的假期，以及最新款式的熱門電子產品。經濟學家提姆・傑克森（Tim Jackson）說得很精準：「我們被說服超支，購買自己不需要的東西，只為了給人留下無法持久的印象，而且還是我們根本不在乎的人。」[※]由於全球中產階級快速成長，我們所憧憬的生活方式將帶來顯而易見的影響，提高人類整體對地球界限造成的壓力。

　　都市化或許會助長消費主義，但也能提供機會滿足許多人的需求，比方住房、交通、水資源、衛生、糧食和能源，而且是以更有效的方式進行。在2030年預計成為都市的土地當中，有大約60%目前尚未建設，因此未來用於打造這些基礎設施的科技非常重要，將對社會、生態產生極為深遠的影響。新的交通系統能否消除自小客車造成的交通壅塞，並以速度快、價格合理的公共運輸取而代之？現代都市能源系統能否取代化石燃料，改採屋頂式的太陽能電力網絡？建築物的設計能否自主供應大部分的暖氣、冷氣功能？都市食品的生產方式能否讓更多碳封存於土壤中，同時提供良好的工作機會？這些很大一部分都取決於科技的選擇。

　　治理也扮演著關鍵角色，無論是在地、城市層級，還是國家、區域和全球層級皆然。如果要設計出符合眼前挑戰的治理架構，那麼就必須涉及深層的政治課題，對抗長期存在的利益與期待，不管是國家、企業還是社區皆然。舉例而言，全球層級需要治理架構，減少人類對地球界限造成的壓力，並以公平的方式分配其對區域、國家的衝擊。與此同時，這樣的治理架構還必須考量種種複雜的互動性，比方糧食、水資源與能源產業之間的緊密連結。此外，治理架構還必須能更有效地回應意外事件，例如全球糧價危機，同時還要在新興科技中選擇一條明智的道路。許多這些都會仰賴二十一世紀新問世的治理形式，而且在每一個層級上，這些治理形式都會比過去有效許多。

　　人口、分配、憧憬、科技與治理這五項因素，將大幅形塑人類的未來，決定人類能否進入甜甜圈安全、正義的空間。而這正是為什麼，這些因素都持續位居政策辯論的核心。但是除非我們也改變所採用的經濟思維，否則這些因素將無法帶來人

類所需的變革規模。我們已將這場變革拖得有點晚（有些人認為已經太遲），然而當今的經濟系學生可能也將是最後一個這樣的世代，還有機會實現我們二十一世紀的目標。他們至少應該要有機會，學習最可能幫助他們成功的經濟思維。而我們所有人也是一樣。

「GDP成長」這隻布穀鳥問世於經濟蕭條、世界大戰與冷戰對峙的時代，但是卻主宰經濟思維超過七十年。未來幾十年後，我們毫無疑問將回頭檢視，並且勢必感到古怪不解：我們曾經以GDP這個如此易變、偏頗且浮面的指標，試著監督、管理我們複雜的地球家園。這個時代的危機需要我們設定截然不同的目標，而我們才正開始重新想像、訂定這個目標究竟該是什麼。

如果這個目標是讓人類在欣欣向榮的生命網絡中繁榮發展，而且看起來相當近似甜甜圈，那麼我們如何能以最好的方式，思考（並畫出）經濟與整體一切的關係？我們將會發現，傳統上經濟學家畫出經濟的方式——決定經濟故事中包含什麼、排除什麼——往往顯著影響了後續的一切。

CHAPTER 2

看見全貌

從自成體系的市場
到嵌入於整體的經濟

　　過去四百年裡，莎士比亞的劇作征服世界各地的劇場觀眾，因為劇中角色令人難以忘懷、情節扣人心弦，而台詞又富含詩意。為了讓演員時時保持警覺，莎士比亞只提供劇團每位成員各自的台詞、提示，因此刻意不讓他們知道情節會如何發展下去。[①]然而在莎翁過世不久後，過分熱心的編輯就在劇本裡加入了完整角色清單，而在《暴風雨》（*The Tempest*）等劇作中，他們在介紹許多角色時還附上角色的人物側寫：[②]

　　普羅斯皮羅，米蘭法理上的公爵

　　安東尼奧，普羅斯皮羅的弟弟，米蘭篡位的公爵

　　貢薩羅，一位年邁、忠心的大臣

　　卡里班，一位野蠻、身形扭曲的奴僕

史提芬諾，一位酒鬼管家

米蘭達，普羅斯皮羅的女兒

艾力兒，空中精靈

當角色被描述爲「篡位的公爵」時，演員就已經開始猜想過往的冤屈即將獲得平反。而另一位角色是「年邁、忠心的大臣」，於是演員便知道他說的話值得信賴。還有一位角色的介紹是「酒鬼管家」，因此演員預見的是一場鬧劇。藉由這樣的角色清單，這齣戲的情節已經儼然成形，而接下來的故事發展幾乎不證自明。

這和經濟學有什麼關係？關係可大了。「全世界就是一座舞台，」莎士比亞曾寫下這段名言，「而所有的男人、女人都只是演員。」莎翁說得沒有錯，在國際舞台上，當今的經濟演員正扮演著他們的角色，於是演出我們這個時代的經濟劇目。但這舞台是誰搭建的？是誰制定主角們的人物側寫？而我們又如何能重寫故事情節呢？

本章節將會揭示，主導二十世紀的經濟故事背後，究竟是什麼樣的角色陣容、劇本和劇作家——而這則經濟故事已將我們推向崩解邊緣。不過本章也爲二十一世紀的經濟劇目搭建舞台，這齣戲的角色、劇本能把我們從崩解邊緣帶回來，進入平衡的蓬勃發展之中。

經濟學或許是一座劇場，但是在經濟學教科書的頭幾頁裡，劇目的主角卻從未被明確點出。反之，關鍵角色卻以不突出的姿態亮相，透過總體經濟學最具代表性的一張圖示：**循環流向圖**。保羅・薩繆森是畫下這張圖的第一人，原本的用意只是

要說明所得如何在經濟體中流轉。然而這張圖很快就定義了經濟本身，決定哪些經濟演員位居舞台中心，哪些則被冷落在旁。無論是有心還是無意，薩繆森當時畫出二十世紀經濟學的演員陣容清單。然而，後來薩繆森的新自由主義對手海耶克和傅利曼——他們就像是莎士比亞的編輯一樣——才為每個角色加入明顯的特徵，於是劇本剩下部分幾乎自行帶入。這則自行發展的故事講述著經濟的要角為何、如何讓他們最能有效運作，而打從一開始，故事情節就充滿張力。

我們都相當熟悉這些角色陣容。我們都知道，市場是有效率的，貿易是雙贏的，而共享的公共資源則是一場悲劇。基於這樣的卡司陣容，在情節的發展當中，市場的勝利看來幾乎無可避免。不過我們也都曾被告知，金融絕對可靠、不會出錯，然而在2008年金融海嘯期間，這部分的故事情節卻在眾人目光之下瓦解，以至於連劇作家都必須承認出了差錯。越來越清楚的是，新自由主義的經濟故事——相當諷刺地呼應了《暴風雨》本身——已將我們推入一場完美風暴，風暴中包括極端貧富不均、氣候變遷與金融危機。

這些全球危機開啟了罕見的契機，讓人類能夠重寫整套劇本，演出一場新的經濟劇目。我們首先需要做的，就是重新檢視循環流向圖中的角色陣容。**現在是時候翻轉總體經濟了**，你需要的不過就是一枝筆，藉此重畫總體經濟學最珍貴的圖像。

⬤ 搭建舞台

當薩繆森推出他1948年的經典：《經濟學》時，這本書眾多新穎的貢獻之一便

是循環流向圖。而事後證明，在教導普羅大眾時這張圖相當受到歡迎。也難怪打從那時開始，這張圖已經衍生出上百萬種模仿版本，而幾乎在每一本經濟學教科書中都有這張圖的變異版。

這張圖是每位經濟系學生碰到的第一個總體經濟模型，因此就如同薩繆森俏皮的說法一樣，這張圖享有讓初學者「第一口品嘗」的特權。那麼這套模型傳達了什麼訊息呢？根據這套模型，哪些角色對經濟分析而言重要，哪些角色又可以忽略呢？位居舞台中央的，是**家戶與企業之間的市場關係**。家戶提供勞力與資本，換取薪資和獲利，接著再使用這些所得購買來自企業的商品與服務。正是基於這種生產、消費之間的相互依賴性，所得循環流向圖便應運而生。而若不是因為外部的其他三道循環，所得循環流將永不間斷——這三道循環分別是**商業銀行、政府**與**貿易**，它們會將部分所得轉移至其他用途。這套模型顯示，銀行會吸納一些所得成為儲蓄，接著再以投資的形式返還。政府會吸收所得作為稅收，並以公共支出的形式回注。針對一個國家的進口，海外貿易商需要收取支付款項，然後再因為該國的出口而把錢回付。所有這三種移轉都創造了市場循環流的漏出、注入，然而整體來說，這個體系封閉而完整——就像是循環的管路一般，裡頭的水不停地流轉、流轉，誠如薩繆森最初的描繪。

事實上就在薩繆森教科書出版的隔年，如此的相似性啟發了一位天才，也就是由工程師轉行做經濟學家的比爾‧菲利浦斯（Bill Phillips），他真的打造出這樣的液壓機。他的機器被稱作MONIAC（這個縮寫的全名為Monetary National Income Analogue Computer，意思是「以國家貨幣所得作為類比的電腦」），由一系列透明

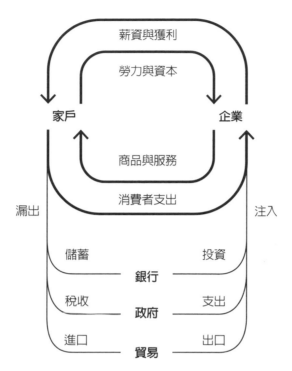

循環流向圖在過去七十年裡，決定了人類對總體經濟的描繪。

的水缸組成，這些水缸透過水管連結，水管裡流著粉紅色液體。MONIAC的設計是為了打造出實體的循環流向圖，水缸與水管代表英國經濟體中所得的流轉。這是史上第一座經濟電腦模型，而且製作得非常高明，也為菲利浦斯贏得倫敦政治經濟學院的教職。③然而這套模型也存在重大缺陷，這點稍後會再詳細說明。

　　工程師或許對管路的意象感到興奮，不過循環流向圖本身的確值得稱許，因為這張圖之所以成為經典確實有其原因。首先，循環流向圖首次嘗試將經濟描繪為

一個整體，因此協助建立了總體經濟模型領域。薩繆森當時希望這張圖能呈現出凱因斯的洞見，說明經濟如何陷入衰退之中：如果家戶支出開始下滑（例如因爲擔心接下來的苦日子），那麼企業需要的員工人數也會減少。隨著企業裁員，一個國家中人們帶回家的薪資也跟著減少，於是又進一步降低需求。最後的結果就是「自我應驗的衰退」，而凱因斯認爲，避免這種衰退的最好方式就是刺激政府支出，直到一切再次活絡、信心恢復爲止。除此之外，循環流向圖也提供一道基礎，根據這道基礎國民所得能夠以不同方式衡量，而相關會計框架至今仍應用於世界各地。很顯然，這是一張方便的圖示，呈現出許多關鍵的總體經濟概念。

比爾‧菲利浦斯與MONIAC液壓機。

　　然而問題在於這張圖所隱蔽的事物。根據系統思想家約翰‧斯特爾曼（John Sterman）的說法，「一套模型最重要的假設不是公式裡有的東西，而是公式裡沒有的；不是寫出來的內容，而是沒有寫出來的；不是電腦螢幕上的**變數**，而是**變數周邊的空白**。」在介紹循環流向圖時，這樣的但書、警語確實有其必要。循環流向圖並未提及經濟活動所仰賴的能源、物料，也沒有談到這些活動所發生的外在社會：角色陣容根本就缺少了這些。薩繆森是否刻意刪除這些面向呢？不太可能，畢竟他只單純想呈現所得流轉，因此這些面向並未進入這張圖示當中。然而舞台也就此搭建了起來。

● 撰寫劇本

　　1947年，也就是薩繆森發表代表性的循環流向圖的前一年，有一小群自由放任派、夢想成為經濟學劇作家的人，其中包括海耶克、傅利曼、路德維希‧馮‧米塞斯（Ludwig von Mises）和法蘭克‧奈特（Frank Knight），聚集在瑞士的度假聖地朝聖山（Mont Pèlerin），開始草擬他們的經濟故事，並希望故事有一天能夠成為主宰力量。他們的靈感源自古典自由主義者的市場派文章，作者包括亞當‧史密斯和大衛‧李嘉圖（David Ricardo）。基於這些靈感啟發，他們設立所謂「新自由主義」期程。他們表示，這項期程的目標是為了強勢抵抗國家極權主義的威脅，而這道威脅因為蘇聯的擴張正在蔓延。然而後來目標逐漸有了改變，成為強烈支持市場基本教義派，而「新自由主義」的定義也隨之演進。此外，當薩繆森的圖示出現時——描

繪哪些角色位居經濟核心，哪些被推到邊側——這張圖爲上述經濟學家的劇目提供完美場景。

　　劇本撰寫起始於1940年代末期，也就是朝聖山學社（Mont Pelerin Society）問世之際，該學社至今依然健在。⑤然而，傅利曼、海耶克和其他懷抱希望的劇作家知道，他們可能得等上好幾十年，自己的劇作才有可能獲得搬演。他們於是把眼光放得長遠：藉由企業、富豪的支持，他們資助教授職位與學術獎金，並一手打造「自由市場」智庫的國際網絡，其中包括位於華盛頓特區的美國企業研究院（American Enterprise Institute）、卡托研究所（Cato Institute），以及位於倫敦的經濟事務研究院（Institute of Economic Affairs）。⑥

　　重大時刻終於在1980年到來，柴契爾夫人與雷根總統並肩合作，將新自由主義劇本帶上國際舞台。當時他們兩位都剛獲選上任，身邊圍繞著朝聖山學社的內部人士：雷根的競選團隊有二十多名學社成員，而柴契爾的第一任財政大臣傑佛瑞·侯艾（Geoffrey Howe）也是學社一員。就像百老匯最長青的表演節目一樣，新自由主義劇目從那時起就持續上演至今，並以強而有力的方式框架了過去三十年的經濟辯論。⑦現在正是時候，讓我們一覽故事中的角色陣容。每位角色在此都附帶生平簡歷，以及短短一行的角色摘要，完全符合莎士比亞的風格，且從故事開頭便注定情節發展。

經濟學：二十世紀的新自由主義故事

（在故事中，我們走向崩解的邊緣）

導演：保羅・薩繆森

編劇：朝聖山學社

角色陣容，依出場順序：

・**市場**。具有效率，所以任其自由發揮。

亞當・史密斯曾經寫下這段名言：「我們之所以有晚餐享用，並不是因為屠夫、釀酒者或烘焙師的善心好意，而是因為他們關注自身利益。」[8]當市場隱形之手能夠自由發揮，展現其分配效率的魔法時，這隻手便能駕馭每一個家戶、企業的自身利益，提供一切所需的商品與工作機會

・**企業**。具有創新力，所以由其領導。

「企業的工作業務是商業事務（The business of business is business）。」這句話總結了傅利曼1970年代影響深遠的哲學。公司企業匯集了勞力與資本，生產新的商品與服務，藉此將利潤最大化。沒有必要檢視他們的工廠、農場裡發生什麼事，只要企業遵守法律上的遊戲規則即可。

・金融。 絕對可靠、不會出錯，所以信任其手段。

銀行取得民眾的儲蓄，並以負責任的方式將這些儲蓄變成有利可圖的投資。除此之外，根據尤金·法馬（Eugene Fama）1970年影響深遠的「效率市場假說」，金融資產的價格永遠會完整反映所有相關資訊。[9]因此，金融市場會不斷調整，但是永遠都是「對的」——而且金融市場的順暢運作不該遭到法規扭曲。

・貿易。 能夠促成雙贏，所以打開你的邊界吧。

大衛·李嘉圖十九世紀的相對優勢理論指出，各國應著重自己相對擅長的事物，並且從事貿易：如果這麼做的話，雙方都能從中受益，無論彼此不對等的程度有多高皆然。[10]因此貿易壁壘應該予以消除，因為這些障礙只會扭曲國際市場的有效運作。

・國家。 缺乏能力，所以別讓國家干預。

當政府試著干預市場時，通常都會讓情況變得更糟，扭曲了誘因機制，挑選出大而無用者而非真正的贏家。如果政府嘗試讓商業循環變得順暢，也就是經典的凱因斯作風，最好的時機點總是會被錯失，因此市場往往能先行預防其效果。[11]除了捍衛國家邊界與人民的私有財產之外，國家最好什麼都不要干涉，把一切交給市場即可。

其他無需出現在舞台上的角色：

・**家戶**。具有家庭的內部性，所以就留給女人。

家戶供應勞力與資本給市場，但是沒有必要掀開屋頂，探討屋子裡發生什麼事情：妻子、女兒會親切地操持家務，而她們屬於家庭的內部，就和家戶這個議題一樣。

・**公共資源**。具有悲劇性，所以賣了吧。

1960年代，美國生態學家加勒特・哈丁（Garrett Hardin）曾經提出「公地悲劇」概念。在公地悲劇中，共享資源如牧場和漁場，往往都會遭到個別使用者過度利用，最後消耗殆盡，導致所有人都無法使用。[12]因此如果要永續管理這些資源，就需要政府監管，或者更好的作法是私有財產制度。

・**社會**。並不存在，所以就直接忽視。

「沒有社會這種東西，」柴契爾夫人於1980年代曾說過這句名言：「只有個別的男人、女人，還有家庭。」[13]而連結這些的當然是市場，由市場讓他們扮演勞工和消費者的角色。

・**地球**。取之不盡，用之不竭，所以想拿多少就拿多少。

1980年代期間，放任主義經濟學家朱利安・西蒙（Julian Simon）曾經宣稱，如果市場能扮演其角色，那麼地球的資源就不會短缺。舉例來說，如果出現銅或石油

的短缺，那麼市場價格就會提高，促使人們節約使用、尋找新的來源，並探索替代選項。[14]

・**權力**。無關緊要，所以提都別提。

傅利曼主張，唯二需要擔心的經濟權力，就是國家干預市場時所賦予的壟斷權，以及工會具有扭曲效果的力量。與之對抗的最佳方法（毫無意外）就是自由市場和自由貿易。[15]

這真是亮麗的演出陣容，幾乎可說是操作出來的結果。新自由主義的劇本保證，市場是通往自由的道路，有誰會反對自由呢？然而，盲目相信市場，同時忽略地球生態、社會以及銀行已然失控的權力，將我們帶向生態、社會與金融崩解的邊緣。現在是時候讓新自由主義的劇目告別舞台了，有一則截然不同的故事正在浮現。

⬤ 新的世紀，新的故事

要述說這則新故事之前，我們先來檢視一張整體經濟的新圖像。1940年代晚期，薩繆森畫下他的代表性圖示。當時是在經濟大蕭條與第二次世界大戰之後，因此理所當然，他的焦點著重於如何讓所得再次流轉於經濟當中。這也難怪，薩繆森的圖對於經濟的定義只關注貨幣流動。

然而在這麼做的同時，這張圖為經濟思維提供一座非常小的舞台，並且只保

留最基本的陣容。所以讓我們重新開始吧！讓我們問一個更符合當今時代的經濟問題：**我們是仰賴什麼來滿足需求的呢？**針對這道提問，這裡有一張視覺性的答案。我把這張圖稱爲「嵌入於整體的經濟」，裡頭納入各個經濟思想學派的重要見解。[16]

　　這張圖呈現了什麼呢？首先是地球，也就是生命世界，而地球的能量源自太陽。在地球當中有人類社會，人類社會裡則有經濟活動，其中家戶、市場、公共資源和國家都是重要領域，能夠滿足人類的欲望和需求，並且由資金流動加以促進活

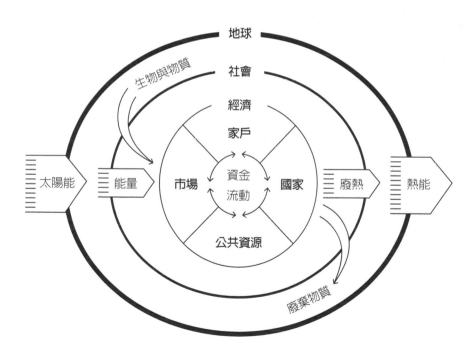

嵌入於整體的經濟，也就是將經濟放置於社會、地球生態之中，同時體認到經濟有許多不同方式能滿足人們的需求和欲望。

絡。如果這張圖搭建起一座新的舞台，這座舞台所召喚的就是以下角色陣容。

經濟學：二十一世紀的故事

（在故事中，我們創造了平衡的蓬勃發展）

導演與編劇：尚在進行中，成員為世界各地重新思考經濟的思想家

角色陣容，依出場順序：

地球。賦予生命，所以請尊重地球的界限。

社會。是基礎根本，所以請滋養社會的連結。

經濟。具有多元性，所以請支持其所有的體系。

家戶。是為核心，所以請重視家戶的貢獻。

市場。強而有力，所以請明智地將市場嵌入。

公共資源。具有創造性，所以請釋放其潛力。

國家。至關重要，所以請讓國家擔負起責任。

金融。以服務為本，所以請讓金融服務於社會。

企業。具有創新力，所以請給予企業目標意義。

貿易。是為兩面刃，所以請讓貿易公平。

權力。無所不在，所以請監督權力避免濫用。

接下來是這些角色各自的生平簡歷，比二十世紀的還要長，因為觀眾對於這些新角色還不那麼熟悉。現在正是時候，讓我們重新認識二十一世紀的經濟要角。

・地球。賦予生命，所以請尊重地球的界限。

經濟絕不是憑空、獨立的存在，而是存在於生物圈當中，也就是地球的土地、水和大氣層所構成的一道精緻區間。經濟持續從地球的物質和生態體系取得能源，同時將廢熱和廢棄物質返還回去。所有生產出來的東西，從大的磚頭到小的樂高積木；從虛擬網站到實體工地；從吃的肝醬到用的庭院傢俱；從低脂鮮奶油到雙層玻璃，一切都仰賴上述的能源、物質流程，從生物質、化石燃料到金屬礦、礦物質無一例外。這些都不是什麼新鮮事。但如果經濟很顯然嵌入於生物圈當中，經濟學何以如此明目張膽地忽略這項事實呢？

對早期的經濟學家而言，地球對於經濟的重要性不證自明。十八世紀當時，法蘭索瓦・魁奈（François Quesnay）和他的重農主義者伙伴相信，農地是了解經濟價值的關鍵所在。沒錯，這批早期經濟學家的生態思維僅以農地作為基礎，不過至少還是有提到生物世界。然而從那時起，情況就開始越走越偏，而原因有諸多理論加以解釋。

亞當・史密斯是古典經濟思想之父，他採納重農主義者的論述，相信一個國家的財富潛力最終取決於氣候與土壤。不過他也認為，生產力的祕訣在於勞力分工，因此便將注意力聚焦於此。同理，大衛・李嘉圖也相信，「土地那原始、無可破壞

的力量」讓稀少的農地成爲經濟價值的關鍵決定因子。[17]然而由於新耕作地都在英國的殖民地上，因此李嘉圖認爲，土地稀缺已經不再是威脅，於是他也像亞當‧史密斯一樣，把重心轉移至勞力上頭。約翰‧史都華‧**彌爾**也清楚看到了，在所有的經濟生產當中，地球物質與能源最爲重要，但是他想要將社會科學與自然科學加以區隔，因此建議政治經濟領域應該聚焦於心之法則，而非物之法則（這點建議相當沒有幫助）。[18]1870年代，激進的美國思想家亨利‧喬治（Henry George）點出，即使地主不爲土地進行任何改善，土地仍然會爲地主帶來價值，所以他倡議課徵地價稅——由於這點緣故，他影響力強大（且坐擁土地）的對手便從那時開始，淡化土地在經濟理論中的重要性。[19]

　　這一切的最終結果是什麼呢？由亞當‧史密斯和李嘉圖爲首的古典經濟學家們認爲，勞力、土地和資本是生產的三大因子。然而到了二十世紀晚期，主流經濟學已將焦點縮減至其中兩者：勞力和資本——而且如果偶爾提及土地，土地也只是另一種形式的資本而已，可以和所有其他資本相互替換。[20]因此當今在教授主流經濟學時，內容仍鮮少關注支持著我們的地球生態，以及賦予我們所需能量的璀璨太陽。[21]**主流經濟學將氣候變遷、森林砍伐和土壤破壞等生態壓力，貶低爲經濟思想的邊陲議題，直到這些議題已經相當嚴重，對於經濟所造成的負面衝擊才獲得關注。**

　　所以我們從一開始就得弄清楚、並且體認到，經濟完全不是封閉循環的迴路，而是**開放的系統**，持續存在著物質、能量的流入與流出。經濟需要地球作爲泉源——包括開採有限的資源，比方石油、黏土、鈷礦和銅礦；並駕馭可以再生的資源，例如林木、農作物、漁獲和淡水。同理，經濟也需要地球作爲其廢棄物的**儲**

槽——這些廢棄物舉凡溫室氣體排放、肥料流失,以及丟棄的塑膠等等。然而地球本身是座封閉系統,因為幾乎沒有物質能離開或者來到地球上,來自太陽的能量或許可以穿過地球,但物質卻只能在地球當中循環。[22]

　　在封閉的地球系統當中,應該將經濟重畫成一道開放的子系統:這是1970年代期間,赫爾曼‧戴利(Herman Daly)等生態經濟學家提出的重大概念轉換。如此的典範轉移如今變得越來越重要,因為經濟的規模持續在擴大當中。1776年,當亞當‧史密斯發表《國富論》(*The Wealth of Nations*)之際,全球人口還不到10億人,而若以金錢換算,當時全球經濟的規模比今天小了三百倍。1948年,當薩繆森的《經濟學》問世時,地球人口也還不到30億人,全球經濟規模也仍比今天小上十倍。二十一世紀,我們已經告別過去「空蕩世界」的年代。在那個年代裡,如果和大自然泉源、儲槽的量體相比,流經全球經濟的能量、物質規模相對較小。戴利表示,現今我們身處於「擁擠世界」,經濟已經超過地球能夠再生、吸收的量體,因為我們過度汲取泉源(例如漁獲、森林),並又過度裝填儲槽(例如大氣、海洋)。[23]

　　另外還有第二項觀點的轉換:經濟的基本資源流並不是金錢的循環,而是**一條能量的單行道**,而如果不使用這些能量,就沒有任何東西能夠移動、生長或運作。這正是為什麼,比爾‧菲利浦斯的MONIAC機器存在根本上的缺陷。儘管MONIAC聰明展現了經濟中的所得循環流,但卻完全忽略能量的流通。如果要啟動這台液壓電腦,菲利浦斯必須先在機器後方切換開關,藉此打開電動幫浦。就像任何真實的經濟體一樣,MONIAC得仰賴外部的能量來源才能運作,但無論是菲利浦斯還是同時代的人都沒有發現,如果要讓模型運作,機器的動力來源其實是非常重要的一

環。MONIAC的這點啓發適用於整套總體經濟學：在經濟學理論中，能量的角色應該享有更爲顯著的地位，如此一來這些理論才能解釋經濟活動的驅動力爲何。

在當今的全球經濟裡，絕大部分的能量都來自太陽。其中的一些太陽能量，比方陽光、風力，每天都會即時到來；有一些則是儲存於近期，例如農作物、牲畜與樹木中的能量；另外有一些則儲存於遠古時代，尤其是石油、煤炭和天然氣等化石燃料。經濟使用的是哪些太陽能量來源非常重要，而原因如下。在全新世期間，地球之所以能維持穩定、宜人的平均氣溫，都要歸功於兩股勢力之間的平衡：一端是進入地球大氣的即時太陽能，另一端則是返回太空的熱能。然而過去兩百年來，尤其是打從1950年以來，由於人類使用遠古的化石燃料能量，因此開始以前所未見的速度，將二氧化碳和其他溫室氣體排入大氣，並可能造成危險的後果。大部分的這些氣體自然留存於大氣之中，而如果再加上水氣，對地球而言彷彿像是環繞了一條毛毯，使得地球表面比原本溫暖許多。然而更多的二氧化碳排放增厚了毛毯，於是更進一步提高地球氣溫，導致人爲的全球暖化出現。[24]

在這道宏觀的視角當中，能量、物質的流通促使我們將經濟想像成一個超級有機體——比方像是一條超級大蚯蚓——這個有機體需要從地球泉源持續攝取物質、能量，並持續將廢棄物質和廢熱排入地球儲槽當中。地球擁有精密的生態系統與微妙平衡的氣候，於是此刻我們不禁要問：相對於生物圈而言，全球經濟的物質、能量究竟可以多大，而且還不至於擾亂人類福祉所仰賴的地球生命系統？針對這個問題，九道地球界限提供有力的初步解答。而在第6章裡，我們將探討經濟對於物質、能量的使用如何能被重新設計，因此得以符合、不違逆生命的循環，也就是地球界

限致力保護的事物。

· 社會。是基礎根本，所以請滋養社會的連結。

當年柴契爾夫人宣告：「沒有社會這種東西。」這點令許多人感到驚訝，當時的社會尤其有這種感覺。羅伯特・普特南（Robert Putnam）等政治理論家使用「社會資本」一詞，描述信任、互惠性背後的財富──在社會群體當中，如此的信任與互惠性因為人際關係網絡而應運而生。無論是透過在地的體育隊伍、國際節慶、宗教團體還是社會俱樂部，人類都會建立起典範、規則與關係，讓我們能夠彼此合作、相互依賴。這些連結創造出了社會凝聚，並幫助我們滿足人類的根本需求，舉凡參與感、休閒、受保護以及歸屬感等。「社群連結不單只是關於公民勝利的暖心故事，」普特南是這麼寫的：「社會資本透過可衡量且證據詳實的方式，讓我們變得更聰明、健康、安全、富裕，並且更有能力治理一個合宜、穩定的民主機制。」

很清楚的是，經濟的活絡仰賴社會所滋養的信任、典範常規與互惠性，就像每一種運動都需要選手依循共同的規則一樣。然而回過頭來，一個社會的活絡也取決於其經濟架構：比方該經濟所創建或削弱的關係，該經濟所鞏固或破壞的公共精神，以及該經濟所產生的財富分配，這點第5章將進一步探討。

此外，一個蓬勃發展的社會也比較能建立強而有力的政治參與，起始點可以是社區會議、草根組織、選舉投票以及對於社會、政治運動的投身，藉此讓政治代表擔負起責任。「當社會運動達到臨界點，力量足以驅動謹言慎行的政治人物，讓他們不再一如往常、墨守成規時，顯著的改變就會發生，」美國的歷史學家霍華德・

津恩（Howard Zinn）是這麼寫的，他並提及美國十九世紀的反蓄奴運動，以及二十世紀的民權運動。[21]社會、經濟的民主治理需要公民有權利、有能力參與公共辯論。所以在甜甜圈的社會基底盤中，**政治發聲**這一點相當重要。

・**經濟**。具有多元性，所以請支持其所有的體系。

　　經濟正嵌入在這座豐富的社會網絡之中。在經濟裡，人們生產、分配並消費商品與服務，藉此滿足欲望和需求。在基礎經濟學當中，有一項經濟的基本特色鮮少被提及：經濟通常是由四大供給領域所構成，也就是**家戶、市場、公共資源**與**國家**，正如嵌入經濟圖所呈現的一樣。這四大領域都是生產、分配的管道，但是彼此的方式卻截然不同。家戶生產「核心」商品給自身成員；市場生產私有商品，提供給有意願、有能力支付的人；公共資源生產的是共同創造出來的商品，提供給參與其中的社群；國家則生產公共商品給全體民眾。如果一個社會的經濟缺乏任何這四大供給領域之一，那麼我們就不會想要生活在其中，因為這每一大領域都具有不同特質，而且很大部分的價值來自彼此之間的互動。換句話說，這些領域最有效的運作方式就是一起運作。

　　除此之外，循環流向圖主要將人視為勞工、消費者與資本家，而嵌入經濟圖則鼓勵我們體認自身的其他社會及經濟身分。在家戶中，我們可能是家長、照顧者和鄰居。相對於國家而言，我們是民眾的一分子，使用著公共服務並納稅給國家。在公共資源裡，我們是共有財富的協力創造者與監護者。在社會上，我們是公民、選民、社會運動者以及志工。每天，我們都以幾近無縫的方式，在這些不同的角色、

關係之間來回切換：從顧客到創造者，從市場到會議空間，從討價還價到從事志工等。所以我們就來逐一檢視這些領域吧。

・**家戶**。*是為核心，所以請重視家戶的貢獻。*

在循環流向圖中，勞力被描繪成（彷彿是變魔術一樣）每天都煥然一新，準備好進入辦公室、工廠工作。那麼是誰煮飯、打掃，並且退居幕後，好讓這一切成為可能呢？亞當‧史密斯當年稱頌市場力量時曾指出：「我們之所以有晚餐享用，並不是因為屠夫、釀酒者或烘焙師的善心好意。」但是他忘了提到他母親瑪格麗特‧道格拉斯（Margaret Douglas）的善心好意，從亞當‧史密斯出生以來，便是由這位母親獨自撫養長大。亞當‧史密斯終身未婚，所以沒有妻子可以依靠（也沒有自己的小孩需要撫養）。43 歲之際，當亞當‧史密斯開始撰寫其巨著《國富論》時，他決定搬回家與親愛的老母親同住，如此一來每天便有人為他做飯。然而在亞當‧史密斯的經濟理論中，他母親的角色從來沒有被提及，所以在接下來的幾世紀中也持續不為人知。[28]

因此，主流經濟學理論執著於受薪勞工的生產力，但卻**完全忽視讓一切成為可能的無薪工作**，而這正是女性主義經濟學者幾世紀以來的論點。[29]這類型的工作有諸多名稱：無薪照顧工作、再生產經濟、愛的經濟、次級經濟等。然而如同經濟學家妮瓦‧古德溫（Neva Goodwin）所言，這類工作一點也不次級，而且其實是**核心經濟**，每天都優先扮演其角色，透過時間、知識、技能、照顧、同理心、教導與互惠性等人類普世的資源，維繫家庭、社會生活的基底。[30]如果你之前從來沒這麼想過，

那麼現在是時候見見你家中那位家庭主婦了（因為我們每個人身邊都有一個這樣的人物）。在每日生活中，她負責做早點、洗碗盤、整理住家、購物、教孩子學會走路並懂得分享、洗衣服、照顧長輩、倒垃圾、接孩子下課、幫忙鄰居、做晚飯、掃地，並且擔任傾聽者。她從事所有這些工作，有時敞開胸懷，有時咬緊牙關，而這些工作奠定個人與家庭的福祉，並且維繫社會生活。

我們所有人多少都參與了核心經濟，但是有些人（比方亞當・史密斯的母親）花的時間遠比其他人要多。雖然時間或許是人類普世的資源，但我們每個人如何體驗與利用時間、能掌控時間到什麼程度，以及時間的價值如何判定等，這些都存在極大差異。[31]在南亞與撒哈拉沙漠以南的非洲，花費在核心經濟的時間尤其明顯，因為當國家失能、市場又無從觸及時，家戶就必須直接滿足更多需求。每天，有數百萬女性、女孩得花好幾個小時徒步行走，身上帶著糧食、飲水，或者頭上頂著木柴，背後時常還纏著嬰兒褓褓，而這一切都沒有給薪。不過，這種給薪、無薪的性別差異每個社會皆存在，只是在某些社會不那麼顯而易見而已。由於核心經濟中的工作不給薪，因此便時常被低估價值、遭到剝削，導致社會地位、工作機會、收入所得與男女權利方面終其一生不平等。

主流經濟學由於普遍漠視核心經濟，因此也忽略了給薪經濟仰賴核心經濟的程度。如果缺少所有這些煮飯、洗衣、照顧和打掃，那麼無論是現今還是未來，就不會有健康、飽足的勞工，每天早上準備好出門工作。 在企業一級主管的高層聚會上，未來學家艾文・托佛勒常喜歡這麼問：「如果你的員工沒學過怎麼使用廁所，那麼生產力能有多高呢？」[32]核心經濟的貢獻規模也不應被輕易忽視。一份2002年

的調查研究了瑞士的富裕城市巴塞爾，而其內容指出，若檢視巴塞爾城市家戶所提供的無薪照顧工作，估值其實超越巴塞爾所有醫院、托育中心和學校所支付的薪資總額（包括從管理階層到工友人員的薪資）。[33]同樣地，2014年有一份調查檢視美國15000位母親，而該調查估計，如果女性能針對所扮演的各種角色收取時薪──包括管家、日間教師、汽車駕駛和清潔人員等角色──那麼家庭主婦賺的錢大約是每年12萬美元。即便是每天外出工作的母親，在既有的薪水之上都可以多賺額外的7萬美元，因為在家中，她們也提供各式各樣的無薪照顧工作。[34]

　　為什麼核心經濟應該要在經濟學中被看見呢？因為對人類的福祉而言，家戶提供的照顧非常重要，而且給薪經濟的生產力也直接仰賴核心經濟。之所以該被看見是因為，當政府以撙節和公部門節約為名，刪減托育中心、社區服務、育嬰假和青年俱樂部的預算時，照顧的需求並不會因此消失不見，只是被推回家中罷了。這種壓力對女性時間的衝擊尤其龐大，可能因此迫使女性放棄工作，並增加整體社會的壓力與脆弱性。這還將同時削弱人類福祉與女性的力量，並且為社會、經濟帶來多重連鎖效應。簡言之，在總體經濟的新圖像中納入家戶經濟是首要步驟，藉此認可其核心地位，並能減少且重新分配女性的無薪工作。[35]

　　・市場。強而有力，所以請明智地將市場嵌入。

　　亞當・史密斯的重大見解在於，他展現了市場能夠有效動員，將人們的欲望與滿足這些欲望的成本資訊加以擴散、傳播，藉此透過全球的價格體系，統合數十億買家與賣家──這一切不需要集中式的全盤計畫。市場如此的分配效率確實不可思

議，而如果想嘗試在沒有市場之下運作經濟，通常都會導致供給短缺、大排長龍。新自由主義劇作家們正是體認到這股力量，才將市場放在經濟劇目的舞台中心。然而，市場的力量存在一體兩面：**市場僅重視經過定價的事物**，而且**只服務有能力付錢的人**。市場就像火一樣，能夠有效率地達成自身任務，但如果失控的話卻很危險。當市場不受約束時，地球的泉源與儲槽便會承受過度壓力，導致生命世界的破壞。此外，市場也無法提供關鍵的公共財：舉凡教育、疫苗、道路和鐵路等，然而市場的成功與否卻十分仰賴這些事物。與此同時，如同第4章將會呈現的一樣，市場本質上的動態往往會擴大社會不均等，並造成經濟不穩定。這正是為什麼，市場的力量必須明智地嵌入於公共規範裡，同時嵌入整體的經濟當中，如此一來才能界定、限制其疆域。

　　這也是為什麼，每當我聽人讚揚「自由市場」時，我都會懇求對方帶我親臨現場，因為在我造訪過的國家當中，我從來沒看過自由市場實際運作。制度經濟學家，從托斯丹・范伯倫（Thorstein Veblen）到卡爾・波蘭尼（Karl Polanyi），長久以來都指出，市場（還有市場價格）的形塑，很大一部分都取決於法律、制度、規範、政策與文化的脈絡。如同韓國發展經濟學家張夏準（Ha-Joon Chang）所寫的一樣：「一個市場看起來自由，原因不外乎是因為我們無條件接受了其深層的限制，所以表面上看不到這些限制。」[※]從護照、藥物到AK47步槍，許多東西若沒有官方許可並無法合法買賣。工會、移民政策和最低薪資法規都會影響一個國家的現行工資，而公司財報的要求、股東至上的文化以及國家紓困方案也都會影響企業利潤多寡。忘了自由市場吧！該思考的是**嵌入型市場**。雖然聽起來有點怪，但是這意謂：

並沒有完全去除法規這種事情，只有將市場嵌入於不同政治、法律和文化規則的法規，純粹就只是轉換了誰承擔風險、成本，而誰又收割了改變的好處而已。㉟

　·**公共資源**。具有創造性，所以請釋放其潛力。

　　公共資源是自然或社會的共享資源，而人們選擇透過自我組織的方式使用、治理這些資源，並非仰賴國家或市場。想像一下：一個村莊如何管理唯一的淡水井和鄰近的森林？或者全球網路使用者如何協力經營維基百科？傳統上，在自然公共資源存在的社群裡，人們往往致力於監護地球的「共用資源」，舉凡牧場、漁場、集水區和森林。文化公共資源的目標則是為了保留一個社群的語言、遺產、儀式、神話傳說、音樂、傳統知識與習俗。至於目前快速成長的數位公共資源，人們則是在網路上以協力方式進行監護，因而共同創造了開源軟體、社群網站以及資訊和知識。

　　加勒特·哈丁針對公共資源的描述是「具有悲劇性」——如此吻合新自由主義的劇本——原因是他認為，如果開放讓所有人皆能取得，那麼草原、森林和漁場就會無可避免遭致過度利用、消耗殆盡。但成功的公共資源完全不是以「開放」的方式進行實際治理。1970年代，鮮為人知的政治科學家伊莉諾·歐斯壯（Elinor Ostrom）開始尋找真實生活中，管理良善的自然公共資源範例，藉此探討成功背後的要素為何，而她後來因為研究的發現，獲得諾貝爾經濟學獎殊榮。這些成功的公共資源並非「開放」，而是由清楚定義的社群加以治理，依循集體同意的規則，而針對違反規則者則會施以懲罰制裁。㊱歐斯壯發現，公共資源一點也不具悲劇性，反而可以成功致勝，表現超越國家與市場，達成永續監護、平等使用地球資源。這些

都將在第5、第6章說明。

在數位公共資源當中，公共資源的勝利確實顯而易見，而數位公共資源正快速成為全球經濟最活躍的場域。經濟分析學家傑瑞米・里夫金（Jeremy Rifkin）主張，這樣的轉變之所以成為可能，原因在於數位通訊網路、再生能源與3D列印正持續匯流，於是創造出里夫金所謂的「協作式公共資源」。這些科技的匯流顛覆力之所以如此強大，原因在於分散式所有權、網路協作與最低運行成本等潛力。當太陽能面板、電腦網絡與3D印表機紛紛到位時，每多生產一焦耳能量、每多一次下載，或是每多一項3D列印的組件，成本都是趨近於零，因此里夫金才將其命名為「零邊際成本革命」。[39]

結果有越來越多各形各色的產品、服務能夠問世，而且幾乎免費，因此釋放了諸多潛力，比方開源設計（open-source design）、免費線上教育及分散式製造。在某些關鍵產業裡，二十一世紀的協作式公共資源已開始與市場相輔相成、彼此競爭，甚至取而代之。此外，產生的價值直接由公共資源的共同創造者享受，可能永遠都不會金錢化——這對GDP成長的未來將產生有趣影響，第7章會進一步探討。

即便具有創造性的潛力，有時也正因具有創造性潛力，幾世紀以來，公共資源一直遭到市場與國家侵犯，比方封閉公有土地、將企業分化為勞工和業主，以及市場相對於國家的敵對關係上升等。這一切又受到經濟學理論的加持，因為這些理論聲稱，公共資源注定將會失敗。然而多虧歐斯壯，她廣泛記錄下了公共資源的成功佐證，人們對公共資源復興的興趣才重新被點燃，而這正是為什麼，公共資源必須被清楚畫入嵌入經濟圖中。

·**國家**。至關重要，所以請讓國家擔負起責任。

身為新自由主義劇本的主要作者，傅利曼決心要限制國家的經濟角色，主張國家角色僅止於國防、治安與執法。傅利曼表示，國家的正當目標不外乎確保私有財產與法律合約，而他認為這些是市場順利運作的先決條件。⑩事實上，傅利曼希望在經濟學劇目中，將國家貶低為沒有台詞的角色：該角色會在故事中被提及、在舞台上稍縱即逝，但是只有鮮少的行動。傅利曼的對手薩繆森強烈反對此一觀點。「在一個相互依賴而擁擠的世界裡，政府在經濟生活中具有重大的創造性角色，而且無可迴避。」他在新版教科書中是這麼寫的，但是對於有意將國家「退出」的人而言，傅利曼的立場仍舊占了上風。⑪

對二十一世紀的經濟故事而言，國家的角色必須得重新思考。這麼說吧：如果劇本拍成電影，那麼國家應該盡其所能贏得奧斯卡最佳配角獎──擔任經濟上的夥伴，同時支持家戶、公共資源與市場。首先，透過提供公共財──舉凡公立教育、醫療照護、道路、街燈等──國家便能服務所有人，而不單只是有能力支付者，藉此可以促進社會、經濟的蓬勃發展。再者，國家能支持家戶的核心照護角色，例如：制定造福父母雙親的育嬰假政策、幼年教育投資，以及年長者的照護支持等。第三，國家可以釋放公共資源的動能，藉由法規、制度促進公共資源的協作潛力，並防止這些資源遭受侵犯。第四，將市場嵌入於促進共同利益的制度、法規，藉此駕馭市場的力量，舉凡禁止有毒汙染物排放和內線交易，以及保障生物多樣性與勞工權益等。

　　就像所有最佳配角一般，國家有時也可能走入舞台中央，承擔市場、公共資源無法應付的創業風險。蘋果這些科技公司極為成功，而有時人們認為，這恰恰證明了市場的活力。然而政府主導創新經濟領域的專家瑪里亞娜‧馬祖卡托（Mariana Mazzucato）指出，智慧型手機之所以具有「智慧」，每一項創新背後的基礎研究——全球衛星定位（GPS）、微晶片、觸控螢幕以及網際網路本身，都是由美國政府所資助。真正創新、承擔風險的伙伴其實並非市場，而是國家，國家並沒有「排擠」私人企業，反而產生「活絡」的效果，而這樣的趨勢在其他高科技產業也比比皆是，例如製藥和生物科技產業。根據張夏準的說法：「自由市場的意識形態告訴我們，只有私部門篩選贏家的機制才能成功。如果我們仍受到這種意識型態的蒙蔽，最後我們終將忽視各式各樣的可能性，錯失由公部門領導、或是公私部門合作的經濟發展契機。」現今，全球都需要如此的國家領導力，藉此催化公部門、私部門、公共資源與家戶的投資，藉此迎向再生能源的未來。

　　國家能作為帶來力量、促進發展的經濟伙伴：這聽起來真好——是否太過美好而不真實呢？經濟學家達隆‧阿齊默魯（Daron Acemoglu）和政治科學家詹姆斯‧羅賓森（James Robinson）主張，取決於在每一個國家的經濟、政治制度是具有**包容性**或**抽取性**。簡言之，包容式的制度能讓許多人發聲、參與決策過程；抽取式的制度則偏好少數人的聲音，並且讓他們剝削、主宰他人。極權國家的威脅非常真實，但市場基本教義派的危險亦不容小覷。為了同時避免國家和市場的霸權，民主政治相當關鍵，因此能強化社會的根本角色，讓社會產生所需的公民互動，促進公共、政治生活的參與和當責。

・**金融**。以服務爲本，所以請讓金融服務於社會。

有三點長久存在的迷思構成了傳統的金融故事：首先，商業銀行的運作機制是將人們的儲蓄轉換爲投資；再者，金融交易能弭平經濟的波動；第三，因此金融產業爲經濟生產提供了相當有價值的服務。2008年金融海嘯之際，這三點迷思全部都在眾所矚目之下破滅。銀行遠遠不僅只將儲蓄貸出，而且還彷彿變魔術一般，創造出「信用」這種金錢形式。金融市場完全不是在促進穩定，而且本質上還會產生波動。金融也完全並非爲經濟生產提供有價值的服務，反而還喧賓奪主，變成主宰狗的狗尾巴。

首先，與教科書故事和循環流向圖相左的是，銀行不單只是貸出存款人的儲蓄而已。每一次放款之際，銀行都能無中生有、創造金錢——同時在帳上記錄下一筆負債（因爲這筆放款會由借款人提取）和一筆信貸（因爲這筆放款的歸還會隨著時間產生利息）。這種創造信貸的方式一點也不新，數千年前就開始了，而且能扮演頗有價值的角色。然而自從1980年代以來，信貸的規模便大幅成長。如此的擴張源自金融法規鬆綁（所以後來才有再次管制），包括英國1986年的「金融大改革」（Big Bang），以及美國於1999年廢除〈格拉斯斯蒂格爾法案〉（Glass-Steagall Act），這些鬆綁終結原本對銀行的要求，使銀行不再需要將顧客的存款、放款與銀行本身的投機性投資區分開來。

再者，金融市場並不傾向穩定經濟，即便聲稱本身有意這麼做。2004年美國聯準會主席葛林斯潘（Alan Greenspan）表示，多虧金融法規鬆綁，「不只個別金融機構降低了脆弱性，更能應對底層風險因子造成的震盪，金融體系整體也提高了韌

性。」⑥四年之後，金融海嘯以相當決定性的方式，推翻了他早先的聲明。與此同時，尤金‧法馬的效率市場假說——也就是金融市場本質上具有效率——也喪失信譽，並遭到海曼‧閔斯基（Hyman Minsky）的金融不安定假說的回擊，該假說主張金融市場本質上具有波動性，我們將在第4章進一步檢視。

最後，金融完全並非扮演配角，支持經濟生產，反而是主宰了經濟。在許多國家裡，一小群通常僅存在於少數的銀行、金融公司的金融界菁英，往往掌控金錢創造這項公共財，並從中獲得龐大利潤，而且在過程當中時常破壞整體經濟很大一部分的穩定性。現在該是時候將這種上下錯置的情況導正過來，並重新設計金融，好讓金融的流動能夠服務經濟、社會。如此的重新設計也需要人們重新思考：金錢可以被如何創造出來——不只透過市場，還能藉由國家與公共資源——而第5、第6和第7章將會探討其中的若干可能性。

・**企業**。具有創新力，所以請給予企業目標意義。

在市場範疇之中運作時，企業能夠非常有效率，結合人才、科技、能源、物料和金融，打造出新的事物。新自由主義的論述主張，讓企業有效率的是市場機制，因此該論述忽視了企業內部的種種，就像忽視家戶的內部一樣。然而，此處我們同樣也必須掀開頂蓋，檢視這枚從事生產的黑盒子內部情況。

在公司的受薪員工與擁有者之間，永遠都存在權力的角力，因為兩者間的不平等十分顯著，而這也是在維多利亞時期的英國裡，恩格斯（Friedrich Engels）和馬克思（Karl Marx）於汙穢不堪的工廠中見證的景象。如今，這樣的條件依舊存在於

世界各地的工廠、農場，而管理者往往以獲利爲名無視法律，例如把員工關起來、禁止如廁休息時間，或者是當女性員工懷孕時便將其解雇。不過即便是在合法的情況下運作，在許多國家當中，企業還是能透過缺乏保證的零工時合約聘雇員工，同時支付法定最低薪資，使得員工生活在貧窮線以下。[46]

想彌補如此嚴重的權力失衡，其中一種方法是確保員工擁有集體組織、談判的權力。另一條途徑則是改變公司本身的持有結構，終結長達好幾世紀的勞資分化，這點我將會在第5章探討。此外，傅利曼對於企業業務的狹隘觀點也喪失了可信度：面對二十一世紀的挑戰，**企業需要一個更具有啓發性的目標意義，而不再僅止於將股東價值最大化**。正如第6章即將說明的一樣，現在已經有越來越多企業正在尋找方法，爲自己賦予這樣的目標意義。

・**貿易**。是兩面刃，所以請讓貿易公平。

嵌入經濟圖可以用於描繪單一國家的經濟，但也同樣可以描繪全球經濟，因此也包含了國際貿易。過去二十年裡，全球化促使跨境貿易快速擴張，而這都要歸功於海運集裝箱與網際網路，因爲國際運輸與通訊的成本因此降低。此外還有一大驅動力，那就是1995年以來，世界貿易組織貿易自由化的議程目標。

李嘉圖雙贏貿易的理論影響力顯著。該理論以紅酒、布料等產品爲基礎，並假設生產要素：土地、勞力、資本，無法跨越國界移動。現今，除了土地之外一切都能跨境移動了，其中包括產品與服務貿易（舉凡新鮮水果、法律諮詢服務）、外國直接投資（投資企業與房地產）、金融流通（例如銀行放款、企業股票等），以及

爲了追求生計的跨國移民。

　　所有這些跨境流動都有潛力帶來效益，但是這些流動也同樣帶有風險。如果進口稻米、小麥等主食比自行栽種來的便宜，那麼貿易便能爲消費者大幅降低糧食價格。與此同時，貿易也可能削弱國內的糧食生產，導致國家面臨國際價格飆漲時極度脆弱，如2007至2008年的糧食價格危機就是很好的例子，當時全球小麥、玉米和稻米的價格飆漲至原來的三倍，引發從埃及到布吉納法索的麵包暴動事件。當技術勞工展開移民時，例如醫生、護士從撒哈拉沙漠以南的非洲前往歐洲工作，他們會帶入有價值的技能，並寄回家人迫切需要的金錢，但這也可能導致本國核心服務的技術短缺。當企業將製造外移時，往往能提供比較便宜的產品給消費者，同時創造海外新的工作機會。然而，這也可能造成國內工作的流失，並衝擊整體的在地社群──正如美國從前的工業心臟地區「鐵鏽帶」所經歷的一樣。同理，資金流入可能會刺激新興經濟體剛萌芽的股市，但是當國際資金撤離的速度比進入還快時，可能就會引發貨幣幾近崩盤的狀況，而這正是1990年代晚期、亞洲金融風暴期間，泰國、印尼和南韓所遭遇的艱困情勢。跨境流動永遠都是兩面刃，因此需要加以管理才行。

　　李嘉圖想得沒錯，截然不同的國家之間或許能透過貿易截長補短，但相對優勢不單只是與生俱來的天賦而已，相對優勢也是可以打造、建立出來的東西。然而，如同張夏準所言，現今的高所得國家已經「踢開了自己曾攀爬過的梯子」，建議中、低所得國家敞開邊界，並要求他們遵循自己過去曾有意迴避的貿易策略。即便高所得國家目前都暢談「自由貿易」，但是每當有貿易談判進行，幾乎所有當今世

上的高所得國家，包括英國和美國都會反其道而行，藉此確保自身產業的成功，例如：在對國家本身有利時，採取關稅保護、產業補助以及國營企業等作法。而直到今天，這些國家仍然嚴格管控關鍵的貿易資產，例如智慧財產權。[⑩]

正如並沒有所謂的自由市場一樣，事實上也沒有自由貿易這種東西：所有的跨境流動都有各式各樣的背景脈絡，比方國家歷史、當前的制度以及國際權力關係等。2007至2008年的糧食價格危機、以及2008至2010年的金融海嘯都顯示，各國政府需要有效的合作，才能確保跨境流動的好處可以廣為共享。

・**權力**。無所不在，所以請監督權力避免濫用。

在當今經濟學教科書的索引中，試試看搜尋「權力」這個詞——如果真的找到條目的話——結果大概會把你帶往電力產業改革的分析（因為英文的「權力」與「電力」都是「power」這個字）。然而在整體經濟和社會當中，權力可謂無所不在，包括：日常家戶中關於誰照顧小孩的決定，老闆、員工之間的薪資談判，國際貿易和氣候變遷的對話，以及人類對地球其他物種的主宰等。只要哪裡有人，那裡就有權力關係：不妨把權力關係想成貫穿整幅嵌入經濟圖、遍及圖中的每個領域，同時也布滿領域之間的介面。

在所有這些權力關係當中，如果談到經濟運作，其中有一項特別值得關注：有錢人重塑經濟規則、使這些規則符合自身利益的權力。薩繆森的循環流向圖無意間粉飾這項議題，將家戶描繪成同質群體，每一個家戶都提供勞力、資本，藉此換取薪資和部分的獲利，而這些薪資與獲利又是由一批高同質性的公司支付。然而如同

占領華爾街運動（Occupy Movement）「1%之於99%」的口號所示，上述高同質性的樣貌並不盡符合我們所知的眞實。過去幾十年來，在許多國家裡，家戶之間與公司之間的不均等都在升高。所得與財富極端集中——集中在億萬富豪與企業董事會手上——而這點快速轉化成了權力，決定經濟如何運作、爲了誰而運作。

在政治領域中金錢會說話，在公開場合如此，私底下更不例外，舉凡幕後寒暄、閉門會談，以及檯面下的賄賂情事等。政治科學家湯瑪斯・佛格森（Thomas Ferguson）表示，根據他長期對美國政治獻金的分析，這些金錢關係都依循一道強而有力的「黃金準則」。企業會投資於政治候選人，並期待投資有所回報，藉此獲得對自身有利的政策。「若想知道誰才是主導者，跟著黃金走就對了，」他這麼建議：「如果追蹤一下主要候選人背後的資金，就會明白該團隊的政策驅動因子爲何。」[⑧]

美國從1976年以來，個人與企業的選舉獻金已經成長了二十幾倍，而在2012年歐巴馬、羅姆尼的總統大選之際，數字更來到25億美元巔峰。[⑨]自從2005年以來，光是化石燃料產業就在美國花了17億美元投入遊說工作與選舉獻金，而這正說明了他們根深柢固的政治傾向從何而來。在歐洲，歐美之間的「跨大西洋貿易及投資伙伴協議」（Transatlantic Trade and Investment Partnership，TTIP）——該貿易協議承諾，如果歐美企業有意控告對方政府時，得以採行閉門聽證會形式——在草擬之際，大型企業就施展強大影響力。2012至2013年，當協議討論正在進行時，歐盟舉辦的會議有超過90%（560場中的520場）都是與企業遊說人士進行。[⑩]這些例子只是進一步說明，爲什麼在二十一世紀的故事當中，經濟的設計必須**更具有分配性**，而且不單

只是所得的分配，還包括財富的分配，如同第5章所探討的一樣，如此一來才能藉由公民的力量對抗菁英權力。

● 揭開二十一世紀故事的序幕

先後退一步，檢視整座舞台，以及本章所引介的新角色陣容：究竟產生了什麼樣的差別呢？光是把循環流向圖擺到一邊、用嵌入經濟圖取而代之，就已經能夠切換經濟分析的起始點。這麼做終結了市場自成體系、自我維繫的迷思，取而代之的則是由家戶、市場、公共資源與國家一同供給的概念──這一切都嵌入於社會之中，並且仰賴社會，而社會又進一步嵌入在生命世界裡。這轉換了我們的注意力，從原本只是追蹤所得的流動，變成對許多不同財富來源的了解：自然的、社會的、人的、實體的與金融的財富，而我們的福祉正仰賴著這一切。

這道新願景也帶來新的疑問。與其立刻聚焦於讓市場更有效率運作，我們可以先考量的是：在這四大供給領域當中（家戶、公共資源、市場和國家），哪一個領域、在什麼時間裡最能滿足人類多樣的欲望和需求呢？科技、文化與社會常規的什麼變化可能造成答案有所改變？這四大領域如何能以最有效的方式共同運作，比方市場結合公共資源；公共資源結合國家；或者是國家結合家戶？同理，與其先入為主、聚焦於如何增加經濟活動，我們應該先問的是，經濟活動的內容和結構可能會如何形塑社會、政治和權力。此外還有，有鑑於地球生態的量能，經濟究竟可以成長到多大的規模？

在莎士比亞《暴風雨》的最終，一切冤屈皆已獲得平反，普羅斯皮羅的女兒米蘭達（她一直以來都住在小島上，和父親過著與世隔絕的生活）首次撞見一群工於心計的米蘭貴族，他們因為暴風雨而發生船難，最終來到島上。「噢，太不可思議了！」米蘭達驚歎著：「這裡有這麼多漂亮的人們！人實在太美了！噢，美麗新世界，擁有這樣的人生存於其中！」二十一世紀的經濟學家或許也有著米蘭達一般的驚歎，但是並沒有她在政治方面的無知。

過去七十年來，我們同樣與世隔絕，受限於薩繆森封閉的循環流向圖，以及朝聖山學社狹隘的新自由主義劇本。現在我們可以開始撰寫新的故事，需要做的只是拿起一枝筆，並先畫下嵌入經濟圖。由於這道宏觀視角將經濟嵌入整體脈絡之中，因此我們現在更容易看見，二十一世紀的經濟學家可能得因應哪些大問題。目前只缺少一樣東西，那就是這齣劇的主角：人類。

◎ CHAPTER 3

培養人性

從理性經濟人到
具社會適應力的人類

　　人類史上最著名的肖像畫是哪一幅？答案一定是《蒙娜麗莎的微笑》，這是達文西謎樣的一幅畫作，並且已在世界各地被重製成無數明信片與冰箱磁鐵。達文西是油畫大師，不過在素描方面，他也是一位先行者。達文西在米蘭街頭觀望行人的過程中，發明了諷刺畫這門藝術。諷刺畫是一種「風格強烈」的肖像，會刻意誇大一個人最明顯的特徵，無論是球型的大鼻子，還是突出的下巴，藉此產生詼諧、古怪的形象，與本人之間的相似性絕對不會讓人搞錯。

　　《蒙娜麗莎的微笑》或許是著名肖像畫之冠，但絕對不是最具影響力的一幅。這項殊榮同樣歸屬於一位謎樣人物，但是這位人物截然不同，其實更近似於達文西的諷刺畫。該人物當然就是理性經濟人了：這是在經濟理論的核心當中，人類以自我為中心的描繪，其拉丁文為Homo economicus（值得注意的是，拉丁文名稱為理性經濟人更增添一分科學可信度）。過去兩百年來，好幾世代的經濟學家反覆描繪理

性經濟人的形象，而隨著時間演進，這個形象變得如此誇張、美化，因此原本的肖像畫成了諷刺畫，最後更變成一幅卡通。[1]然而即便荒腔走板，理性經濟人的影響力卻遠遠不僅止於冰箱磁鐵。他是每一本主流經濟學教科書的主角；他是全球政策決策的考量；他形塑我們談論自身的方式；他以無聲無息的姿態告訴我們應該如何行動。這正是為什麼理性經濟人如此重要。

在經濟學理論中，理性經濟人或許是最小的分析單位，形同牛頓物理學的原子，但是正如原子一般，理性經濟人的構成也帶來深遠影響。到了2100年之際，全球人口很可能超過100億人。如果我們朝向未來前進的同時，仍然繼續想像自己是理性經濟人，並以此作為行為依據、自我解釋的話——各自獨立、長於計算、具有競爭性、永遠不滿足——那麼我們將不太有機會，在地球的能力範圍之內滿足所有人的權利。因此現在正是時候，我們得重新認識自我，並且在經濟學的畫廊中，拿掉理性經濟人卡通般的圖像，取而代之的則是人類的一幅新肖像。這將成為二十一世紀最重要的一幅肖像，不只對經濟學家而言重要，對我們所有人皆然。目前，這幅畫的草圖正在創作當中，而就像在達文西的工作室裡頭一樣，現在許多藝術家也正齊心協力拼湊這張草圖，其成員包括心理學家、行為科學家、神經學家、社會學家、政治學家，當然還有經濟學家。

本章節將回溯理性經濟人的演進。這幅肖像如今已然定義我們在經濟學中的面貌，並揭示理性經濟人對我們帶來的深遠影響。不過本章也將向前看，檢視我們正在浮現的新肖像，探討人類的自我描繪中出現的五大轉變。在這五大轉變裡，每一項都釐清一個人性的重大面向，而在更了解這些面向之後，我們就能培養這些人性

面向，藉此幫助我們進入安全、正義的甜甜圈空間。

● 關於人類自畫像的故事

　　理性經濟人位居主流經濟學理論的核心，但是教科書卻粉飾了他從何而來的歷史。他的肖像是以文字、公式描繪而成，而並非圖像。然而如果眞要畫出來的話，他看起來應該像是這樣：自己獨自一人站著，手裡拿著錢，腦中打著算盤，以及有很高的自尊心。

　　這位惡名昭彰的角色從何而來呢？早期，他最爲近身的畫像源自亞當・史密斯的兩部重要著作，其一是1759年的《道德情操論》（*Theory of Moral Sentiments*），其二則是1776年的《國富論》。時至今日，亞當・史密斯最爲人稱道之處在於，他點出人類「互通有無、彼此交易」的傾向，以及自利在市場運作中的角色。[2]然而雖然他認爲，自利之心「在所有德行當中對個人最有助益」，但是他也表示，自利絕非性格上最令人景仰的屬性，排名在其上頭的還有「人道、正義、慷慨、公共精神……這些是對他人最有助益的特質」。亞當・史密斯是否認爲，人類的動機都是出於自利之心呢？完全不是如此。「無論人類有多麼自私自利，」亞當・史密斯這麼寫：「在人性之中，很顯然存在某些原則，使一個人對他人的福祉也感到興趣，並且視他人的幸福爲對自己之必要，即便自己除了見證他人幸福而感到喜悅之外，其實並沒有得到什麼。」[3]除此之外，亞當・史密斯認爲，一個人的自利之心與對他人的關懷還會結合其他事物，舉凡這個人多樣的才能、動機、偏好，最後產生出一

個複雜的道德人格，其言行舉止無法輕易的預測判斷。

　　如果缺乏簡化、可預測的核心角色，那麼政治經濟似乎將注定只是一門藝術而非科學。這股挫折感促使彌爾開始將敘述簡化，最後追隨達文西的腳步，成為一位經濟學的諷刺畫家。政治經濟「不處理整體的人性……也不看人在社會中的整體行為，」彌爾於1844年如此主張：「政治經濟關注的只是人想要擁有財富的面向。」就想要擁有財富這方面，彌爾還添加兩點誇張的特質：極度厭惡工作、極度愛好享樂。彌爾承認，最終的描述其實是一種「對於人任意、獨斷的定義」，立基於「可能毫無根據的先決條件」，使得政治經濟得出的結論「只有在**抽象層次**才顯得真實」。不過他也為自己的諷刺畫辯解，並很有信心地表示：「沒有政治經濟學家會如此荒唐，真的以為人類就是如此構成，」而他還補充：「這是科學要向前進步的

理性經濟人：位居主流經濟學理論核心的人類角色。

必要模式。」④

　　但並非所有人都同意，1880年代，政治經濟學家查爾斯‧斯坦登‧迪瓦斯（Charles Stanton Devas）創造了一個如今在英文裡著名的罵人之詞。當時他嘲笑彌爾「為可笑的理性經濟人梳妝打扮」，並且只看到一隻「死要錢的動物」（dollar-hunting animal）。⑤不過藉由呈現簡化、可預測的角色，彌爾的諷刺畫打開了經濟理論與科學方法的範疇，所以也就存續了下來。

　　在經濟學家當中，最希望推進彌爾諷刺畫成就的是威廉‧斯坦利‧傑文斯。他受到牛頓啟發，牛頓成功將物理世界簡化成原子，接著再從單一原子出發，建構起他的運動定律，因此傑文斯也嘗試以類似途徑，將一個國家的經濟模型化，把經濟活動簡化成他所謂的「單一平均個人，也就是人口組成的最小單位。」⑥為了達成這一點，他必須將諷刺畫變得更誇張，如此一來人類行為才能以數學描述，而這對傑文斯而言便是終極的科學可信度了。他注意到，哲學家傑瑞米‧邊沁（Jeremy Bentham）一直努力論述「效用」的概念，這是一道「快樂微積分」，背後的基礎頗具野心，將十四種人類的快樂與十二種人類的痛苦進行分級，藉此提供可量化的基礎，打造出普世的道德、法律規準。傑文斯發現，這個概念很有數學潛力，於是他畫出「精於計算的人」：由於這個人希望將自己的效用最大化，因此他總是不斷在衡量，衡量各種可能的選項排列組合，以及他可以藉此獲得多少消費的滿足。⑦

　　傑文斯於是將效用放入經濟理論核心──這個位置直到今天都還由它占據──而從效用出發，傑文斯發展出「報酬遞減法則」：一個東西消費得越多（比方香蕉或是洗髮精），還想要更多的欲望就會越低。然而，即便這位經濟人的每一種欲望

都依循此一法則，他仍然沒有最終滿足的一天。在1890年影響深遠的文本《經濟學原理》（*Principles of Economics*）當中，阿爾弗雷德・馬歇爾的描寫最是生動。「人類的欲望與嚮往數也數不盡，種類則是五花八門，」他是這麼寫的：「的確，文明尚未開化的人和野蠻動物還沒有差太多；但是每當人類進步一點，他的需求種類也會隨之增加……他想要有更多的東西可以選擇，而這些東西能滿足他內心越來越多的新欲望。」[8]因此到了十九世紀末期，諷刺畫上已經清楚描繪了一位獨善其身的人，他不斷精算著自己的效用，而欲望永遠無法得到滿足。

這是一道簡明有力的描述，也爲新的經濟思考敞開大門。然而這還不夠，十九世紀的這位經濟人或許無時不刻都在計算，但是他並非全知，而他本質上的不確定性（這點迫使他必須根據意見而非知識採取行動）也導致數學模型化的工作無法完成。於是到了1920年代，芝加哥學派的經濟學家法蘭克・奈特決定，他要爲經濟人增添兩項神一般的特性：完美的知識與完美的眼光，好讓經濟人能橫跨所有時間，比較所有的商品與價格。對於舊肖像而言，這是一次決定性突破，奈特不再只是誇大可識別的人類特質，而是動用超能力來美化他的經濟人，他也因此將原本的諷刺畫變成卡通人物。他自己也明白這一點，他承認，他對人類的描繪充斥「一連串駭人的」人爲想像，結果導致這位經濟人「在對待他人時，彷彿別人都像是賭博遊戲機一樣」。[9]然而他認爲，經濟科學需要的正是如此理想化的人物，居住在理想化的經濟世界裡，藉此發揮數學模型化的潛力。於是奈特成爲史上第一位經濟學卡通大師。

到了1960年代，由於傅利曼爲這位卡通人物進行辯護，因此更強化奈特的解

釋。傅利曼主張,在眞實生活中的行爲裡,人們「彷彿」進行理性經濟人自利、全知的精算,因此簡化的假設——以及這些假設所描繪出的卡通人物——具有其正當性。[10]重要的是,大約在同一時期這位卡通人物開始被許多首屈一指的經濟學家視爲典範,指引了眞實人類**應該**如何行動。經濟歷史學家瑪莉‧摩爾根(Mary Morgan)表示,理性經濟人於是定義了何謂理性,並且變成「一道行爲典範模型,而眞實的經濟行爲者還得依循此一典範」。[11]

● 當經濟學告訴我們人必須是什麼樣子

在兩個世紀裡,從1770年代至1970年代,也就是經濟人的描繪從細緻肖像變成粗糙卡通的這段期間,原本一開始是人的眞實模型,到最後變成人必須依循的模型。經濟學家羅伯特‧法蘭克(Robert Frank)表示,上述這點相當重要,因爲「我們對人性的思考會形塑人性本身」。法蘭克與其他學者的研究顯示,首先經濟學這門領域似乎會吸引自利心強的人。舉例來說,德國的實驗研究發現,經濟系學生和其他學生比起來比較有貪腐傾向:如果提供經濟系學生金錢,他們會比較願意提供偏頗的答案。[12]美國的研究也同樣發現,經濟系學生比較能認同自己和他人的自利行爲,此外和許多其他學科的教授比起來,相對高薪的經濟系教授慈善捐款卻低了許多。[13]

然而除了吸引自利心較強的人之外,經濟系中對於理性經濟人的研讀也會改變我們,重新形塑我們自認爲是誰,以及我們應該如何採取行動。在以色列,和一年

級經濟系學生相比，三年級經濟系學生認爲，博愛、利他等價值，舉凡熱心助人、誠實與忠誠等，在人生中的重要性遠遠較低。在修習了經濟賽局理論的課程之後（經濟賽局理論是一門策略研究，其模型的假設基礎爲每個人的自利之心），美國大學生的行爲變得相對自私，同時也預期他人如此。[14]「自利理論所帶來的害處最是令人憂心，」法蘭克做出這樣的結論：「該理論鼓勵我們對他人抱持最糟的期待，於是也帶出我們自己最糟的一面：由於擔心對方是個壞蛋，所以我們往往也不願聽從自己更爲高尚的本能。」[15]

　　這對所有經濟系學生而言都是一記清楚的警鐘。然而，理性經濟人對行爲的影響遠遠不僅止於教室之內。芝加哥選擇權交易所（Chicago Board Options Exchange）於1973年開幕，後來成爲全球最重要的衍生性金融商品交易所。在那裡，人們發現一道驚人的例證。就在交易所開放交易的同年，兩位頗具影響力的經濟學家費雪·布萊克（Fischer Black）和邁倫·休斯（Myron Scholes）發表了所謂的「布萊克休斯模型」。這套模型利用公開的市場數據，計算市場上交易的選擇權預期價格。一開始，這道公式的預測偏離程度相當之大，高達30%至40%，與芝加哥選擇權交易所的實際市場價格相去甚遠。不過在短短幾年之內（而且模型並未改變）和實際市場價格相比，預期價格平均只偏離了2%。布萊克休斯模型很快就被譽爲「最成功的理論，而且不只是在金融領域，而是對經濟學整體而言」，模型的創造者也獲頒諾貝爾經濟學獎。

　　唐諾·麥肯其（Donald MacKenzie）與尤瓦爾·米羅（Yuval Millo）是兩位經濟社會學家，他們決定深入探討這項議題，並親自訪談某些衍生性金融商品交易員。

他們發現原來，理論之所以精確度越來越高，原因在於交易員的行為開始有所改變：理論**彷彿**像是真的一樣，於是交易員利用理論模型的預期價格作為標竿，藉此設定他們自己的出價。兩位學者得出結論：「在真實世界裡，金融經濟學打造出原本理論中假定的市場樣貌。」※後來金融市場也明白，當人們發現這些理論原來存在瑕疵時，後果可能不堪設想。

　　如果理性經濟人可以重新形塑我們在金融市場的行為，那麼很有可能的是，他大概也能重新形塑我們生活其他面向的行為，尤其他所認知的優先事項如今已常見在我們的日常語言。美國一項實驗發現，如果要求企業高階主管解答簡單的謎語，其內容包含「利潤」「成本」和「成長」等字眼，那麼他們之後在回應同事的需求

芝加哥選擇權交易所。在這裡，市場逐漸開始仿效市場理論。

時，同理心會有降低傾向。而且他們甚至擔心，在工作上對他人表達關心並不專業。[17]另一項實驗調查則發現，如果邀請大學生參與「消費者反應研究」，那麼這些大學生會強烈認同財富、地位與成功等概念；但如果只是告訴大學生要參與的是「公民反應研究」，那麼他們對前述概念的認同就不會這麼強。[18]只是改了幾個字，人們就能幽微卻深層地改變態度、行為。在整個二十世紀裡，「消費者」一詞的使用在公共生活中穩定成長、擴散，最終遠遠超越「公民」一詞：在英語的書籍和報章雜誌中，這件事發生的時間點是1970年代中期。[19]這件事為何重要呢？媒體與文化分析師賈斯汀・路易斯（Justin Lewis）解釋，原因在於「消費者不同於公民，自我表達的手段有所局限：公民可以應對文化、社會與經濟生活的每一個面向⋯⋯消費者卻只能在市場上自我表達。」[20]

● 二十一世紀的肖像

我們為自己畫的肖像，清楚形塑我們將變成什麼樣貌。這正是為什麼，經濟學必須重新描繪人類。透過更了解人類自身的複雜性，我們可以培養人性，並給予自己更好的機會打造經濟，讓我們能在甜甜圈安全、正義的空間裡蓬勃發展。針對這張新版的自畫像，初稿的繪製工作已經開始進行，並且揭示了五大轉變，告訴我們如何能以最佳方式，描繪人類的經濟自我。首先，人類並非局限於狹隘的自利之心，我們其實也具有社會性、互惠性。再者，我們的偏好並非一成不變，而是擁有流動的價值觀。第三，我們並非各自孤立，而是相互依存。第四，與其說是精算，

我們時常只是抓個大概。還有第五點，人類距離主宰大自然可差得遠，應該說我們緊密嵌入於生命網絡之中。

　　新肖像的這五大**轉變**令人驚豔，但是還有一個困難：藝術家的模特兒選擇。過去四十年來，行為心理學實驗揭示許多人類實際行為的種種──不過都是哪些人呢？這些實驗皆是由北美、歐洲、以色列和澳洲的學術研究者所進行，而基於方便的理由，這些研究絕大多數皆使用校內大學生作為受試者。因此，2003至2007年間，在這些行為實驗的受試者當中，96%所來自的國家人口加總起來僅占世界人口的12%。如果這些受試者的行為在世界上具有代表性的話那倒也不是問題，但事實上他們並不具有代表性。在其他少數國家、文化中進行的研究顯示，這些便於研究的大學生行為其實非常不同於多數人。原因很可能在於，他們有別於絕大多數人類，居住的社會「與眾不同」：屬於西方國家、受過教育、工業化、富裕並且民主。[21]

　　對於理解新肖像而言，如此的樣本偏頗存在什麼樣的意涵呢？了解不同文化、社會之間各式各樣的行為差異（以及背後原因），很顯然是亟需研究的一道主題，不過目前我們已經可以相信兩點事實。

　　首先，雖然人類行為可能因社會而不同，但是人類擁有一項共同點：我們沒有任何人近似於狹隘、陳舊的理性經濟人模型。第二，除非能畫出更細緻、多樣的人類形象，否則以下五大**轉變**所描述的新肖像，仍將近似於上述「與眾不同」社會中的人。

● 從自利之心到社會互惠性

亞當‧史密斯點出，自利心是人類很有效的一項特質，能夠促進市場運作。但是他也知道，如果要讓社會與整體經濟也運作良好，自利心絕非唯一所需的要素。然而在《國富論》當中，亞當‧史密斯高度聚焦於市場中自利心的角色，這使他關於道德、動機的其他豐富觀察都相形失色。而自利心這項特質更被後人單獨挑出，成為理性經濟人的DNA。在往後的兩個世紀裡，經濟理論的根本假設變成：具有競爭性的自利心不僅是人類的自然狀態，更是獲得經濟成功的最佳策略。

然而，如果先退一步檢視人類的實際行為，我們就會發現上述假設開始變得薄弱。除了自我關注之外，人類其實也關注他人。我們會幫助行李沉重的陌生人，進出樓房時會替彼此扶著門，會分享食物和飲料，會捐錢給慈善團體，並且捐血（甚至捐贈身體器官）給我們素昧平生、永遠不會見面的人。14個月大的嬰兒就已經會彼此幫忙，協助取得對方拿不到的東西，而年僅3歲的孩童已懂得分享好東西。

當然，孩童與成年人在分享時往往同樣掙扎，人類確實也有搶奪與囤積的本能，不過令人驚訝的事實是，我們終究還是會分享。[22]事實上，智人是地球上最懂得協作的物種，在與非近親共同生活的能力方面，智人超越了螞蟻、鬣狗，甚至還勝過裸鼴鼠。

簡言之，除了具有交易傾向之外，我們也想要給予、分享和報答。原因可能在於，合作能提高自身群體的存活機率。用最簡單的話來說，人類彼此傳達了一項清楚的訊息：如果你想生存下來，那就得學習與他人相處。而且我們學會以非常特殊

的方式和他人相處。

根據經濟學家山姆‧包爾斯（Sam Bowles）與赫爾布‧金提斯（Herb Gintis）的說法，我們「與眾不同」（屬於西方國家、受過教育、工業化、富裕並且民主）的一群通常實踐的是所謂的「強互惠性」：我們是有條件的合作者（只要其他人合作，我們也願意合作），但也是無私的懲罰者（即便會對我們個人產生影響，我們也傾向懲罰叛徒與投機者）。而正是這兩項特質的結合，造就了社會上大規模合作的成功。^㉓也難怪，在匿名的網路市場上，評分、評價機制是如此受到歡迎。從eBay到Etsy^❶，他們將每一位參與者的紀錄變成交易的聲譽，顯示出誰才值得信任，於是讓有條件的合作者尋找到彼此，在投機者存在的環境中依舊能蓬勃發展。^㉔

在「最後通牒賽局」（Ultimatum Game）中，人類願意彼此合作、懲罰叛徒的傾向獲得最突出的展現。最後通牒賽局在許多社會都進行過，不單只是在西方國家、受過教育、工業化、富裕且民主的社會而已。兩位玩家——一位提議者和一位響應者，彼此都不知道對方是誰——獲得一筆錢可以共享，金額通常相當於兩天的所得。提議者會建議如何分配這筆錢，而如果響應者也接受，那麼兩人就會各自取得分配好的款項；然而如果響應者不接受提議，那麼兩人都會空手而歸。而且兩人只有玩一次賽局的機會。如果和主流理論假設的一樣，也就是如果人都只有自利心的話，那麼響應者應該會接受任何金額：如果不接受就等於回絕意外之財。實際情況如何呢？響應者往往會回絕他們認為不公平的分配，即便自己因此空手而歸也不例外。^㉕我們人類傾向懲罰他人的自私，即使對自己會造成影響也在所不惜。

不過，最有趣的結果來自不同社會賽局結果的對比。在北美的大學生中，

也就是前述「與眾不同」的典型，提議者通常會提供另一位玩家45%的金額，而低於20%的比例通常會遭到拒絕。另一方面，在秘魯亞馬遜叢林的馬奇根加人（Machiguenga）當中，提議者通常提出的比例都低了許多（大概只有25%），而無論金額多低，響應者幾乎都會接受。反之，在印尼拉美拉若人（Lamelara）當中，提議者則往往提供將近60%的金額給對方，而且鮮少遭到回絕。

在這些關於互惠性的文化常規之間，為何存在如此巨大的差異呢？很大一部分原因在於，我們所生存的不同社會、經濟十分多樣。北美的經濟具有高度相互依賴性，並且以市場為基礎，而這樣的經濟就得仰賴互惠文化才能運作。反之以狩獵、採集為主的馬奇根加人通常是少數幾個家庭群居，大部分需求都能透過自己的家庭滿足，家戶間鮮少進行交易，因此他們對於社群互惠性的仰賴相對較低。另一方面，拉美拉若人依靠群體捕鯨維生，出海時通常乘坐大型獨木舟，每艘獨木舟載著十幾位男子，因此他們得共享每天的漁獲，強烈的共享精神對他們集體的成功而言非常重要，而這也反映在他們賽局中所提供的高比例。

在不同文化中，關於互惠性的社會常規顯然因經濟結構而異，尤其是取決於家戶、市場、公共資源與國家在供應社會需求方面的相對重要性。[38]人們的互惠意識似乎會與經濟結構共同演進。在任何社會裡，對於希望重新平衡家戶、市場、公共資源與國家角色的人

來說，這都是一項重大發現，同時也具有舉足輕重的影響意涵。

● 從固定偏好到流動的價值觀

　　眞有趣，經濟學理論打從18歲才開始接觸。但初次見面時，理性經濟人就已經是一位成年人，而不是個男孩。但這是爲什麼呢？因爲該理論背後有一道基礎，那就是**假設人們已有既定的品味、偏好，而且該品味、偏好的形成獨立於經濟之外。**很少人會否定，企業廣告往往形塑、影響著孩童，今天先將他們糾纏父母的能力發揮得淋漓盡致，同時再滋養孩童的偏好和欲望，打造出他們未來的購買力。不過成年人或許可以被視爲獨立自主的消費者，而企業的目標不外乎是提供產品與服務，滿足成年人既有的偏好。在這樣的設定之下，當人們的消費習慣出現任何改變時，原因很大一部分勢必是因爲新的產品資訊、相對價格的轉換，或是當事人本身的收入有所改變。

　　當然，這樣的故事一點都不眞實可信。1920年代，佛洛伊德的侄子愛德華・伯內斯（Edward Bernays）就發現，成年人也像孩童一樣，絕無可能免疫於行銷話術。「我們都受到主宰，我們的心皆被左右，我們的偏好被人形塑，我們的想法受到影響，而從事這些事情的人我們大部分卻都從未聽聞，」伯內斯在其著作《宣傳》（*Propaganda*）中是這麼寫的：「……正是他們拉動著引線，掌控了民眾的心。」㉗伯內斯創造出「公共關係」產業，並且很快便成爲美國主要的幕後拉線人。伯內斯說服女性（他代表的是美國菸草公司〔American Tobacco Corporation〕），讓她們相信香菸是「自由的火炬」，同時他也說服全國（這次他代表的是比納肉類加工公司〔Beech-Nut Packing Company〕的豬肉部門），讓民眾相信培根加蛋是一道令人暖心

的百分百美式早點。[38]透過舅舅佛洛伊德對人心運作的洞察，伯內斯了解到，影響人們偏好的祕訣不在於宣傳產品的特性（更大、更快、更閃亮！），而在於將產品連結深層的價值觀，例如自由和權力。

　　從那時起，這些伯內斯加以善用的深層價值便獲得了系統性的研究，而研究結果也相當可觀。自從1980年代以來，社會心理學家謝洛姆・施瓦茨（Shalom

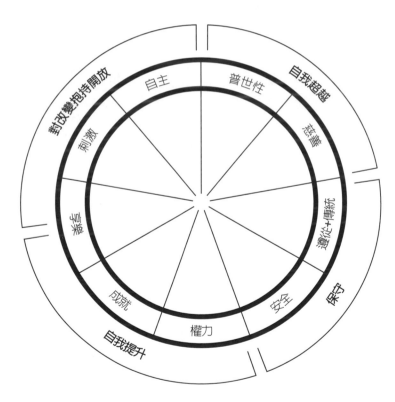

施瓦茨的環狀模型顯示了十組基本個人價值，而這些價值在各文化中皆十分常見。

Schwartz）與其同僚前往八十幾個國家，調查所有年齡、背景的受試者，最後得出十組各文化皆認同的個人基本價值：自主、刺激、享樂、成就、權力、安全、遵從、傳統、慈善與普世性。就培養人性而言，他們的發現當中有三大要點。

　　首先，所有十組基本價值我們每個人皆有，而我們也都受到所有十組價值的驅動，但是驅動的程度卻大不相同，取決於不同文化、個人之間的差異。舉例來說，權力和享樂對某些人而言可能位居主導地位，不過對其他人來說，慈善與傳統則更顯重要。再者，如果得到觸發，那麼每一組價值都可以在我們心中「開啟」：舉例來說，如果旁人提醒了我們安全的重要性，我們可能就會冒比較少風險；如果權力與成就浮上心頭，我們就比較不會照顧到他人的需求。第三點，而且也是最有趣的一點：這些不同價值的相對強度會在我們心中改變，而且不只是長時間逐漸改變，在一天當中也會多次改變，因為我們切換了社會角色、脈絡——從工作場所移動到社交空間、從餐桌轉換到會議桌，或者是從公共資源切換成市場、再切換成家戶。而且就像是肌肉一般，任何一個價值開啟得越是頻繁，該價值就會變得越是強壯。

　　施瓦茨進一步發現，這十組基本價值可以透過兩大軸線加以分類，就像他的環狀結構圖所呈現的一樣。第一條軸線的兩端分別是「**對改變抱持開放**」（關注獨立性與新穎性）與「**保守**」（關注自我局限和對改變的抵抗）。第二條軸線的兩端則分別為「**自我提升**」（聚焦於地位與個人的成功）和「**自我超越**」（關注所有人的福祉）。自我提升和自我超越之間的區隔，呼應了「**外在動機**」與「**內在動機**」的對比：外在動機會驅使我們採取行動，取得進一步成果，例如獲得地位、金錢或是其他好處；內在動機驅使我們行動則是因為，動機本身就能令人投入或滿足。

⑳此外，這十組價值也會在這兩條軸線當中，彼此以推力、拉力的方式相互影響。當一組價值開啓時（比方刺激），周邊鄰近的價值也會獲得啓動（也就是享樂和自主），並同時抑制相反的價值（也就是安全、遵從與傳統）。㉚

這些價值都驅使著我們的行動，而當我們對這些價值的反應、流動性有了上述洞察之後，我們也能爲人類新肖像帶入更多幽微的細節，不同於理性經濟人所預先設定的品味、偏好。而這也將顯著影響我們如何培養人性，誠如以下的描述。

● 從各自孤立到相互依存

將理性經濟人描繪成不受他人選擇影響的孤立個體，其實對於建立經濟模型而言十分方便，然而即便是在經濟學科領域，這點長久以來都一直飽受質疑。十九世紀末期，社會學家暨經濟學家托斯丹・范伯倫（Thorstein Veblen）嚴正駁斥了經濟學理論，認爲經濟學理論不應將人類描繪成一顆「自成體系的欲望之球」。而另一方面，法國的博學家昂利・龐加萊（Henri Poincaré）則指出，如此的描繪忽略了「人像綿羊一般的從眾傾向」。㉛龐加萊說的沒錯，人類與羊群之間並沒有我們想像的那麼不同，我們依循社會常規，通常做的事也是預期他人會做的事，而且特別是在充滿恐懼或懷疑之際，我們往往傾向跟著人群走。

有一項具指標性的實驗研究了「與眾不同」（西方國家、受過教育、工業化、富裕並且民主）年輕人的音樂品味，而研究結果恰恰顯示，社會常規的影響力十分強大。實驗參與者（總共14000位）透過一個青少年網站募集。他們聆聽了一系列48

首歌曲（全都是不知名的旋律，來自許多不知名的樂團），並且必須為這些歌曲評分，而如果他們願意的話，還可以下載自己最喜歡的幾首作品。在一組控制組中，參與者只能得到樂團的名稱、曲名以及歌曲的錄音檔案，接著他們就得進行評分。然而在另外其他八個彼此分開的對照組別裡，參與者還可以看到每首歌曲已經被同組成員下載了多少次。

　　結果如何呢？在所有八個實驗對照組中，每一首歌曲的受歡迎程度一方面取決於品質（也就是控制組獨立進行的評分）：品質「最佳」的歌曲在實驗對照組中鮮少表現不佳，品質「最差」的歌曲在實驗對照組也鮮少表現良好。然而，每首歌曲的受歡迎程度仍有很大一部分取決於社會性的影響力：參與者會偏好其他人也喜歡的歌曲。而當其他參與者對某首歌曲的評分在網站上呈現得越明顯時，每一組當中出現「超熱門」歌曲的機率也越高，然而有趣的是，此時也越難預測「超超熱門」歌曲將會是哪一首。[⑳]這種從眾行為具有高度擴散性與高度不確定性。這點正解釋了為什麼下一支排行榜冠軍單曲總是難以預料，而明年夏季的時尚風潮也是不得而知，更遑論驅動股市大起大落的「動物本能」，可見社會網絡在形塑我們的偏好、行動與購買行為方面力量有多麼可觀。

　　這種社會性的影響力勢必會有所成長，因為人類生活的網絡連結越來越緊密，程度前所未見，而方式也和過去不同。網絡理論學家保羅‧奧梅羅德（Paul Ormerod）就指出，如今我們比以往都更意識到他人的意見、決定、選擇與行為。1900年，全球大約10%的人口居住在都市裡；到了2050年，這個數字將達到70%。除了都市居民彼此鄰近生活之外，全球通訊也不斷傳輸著新聞、觀點、數據和廣

告。於是，一個動態的全球人際網絡儼然成形。[33]

　　對於范伯倫而言，這種社會性影響力最有害的效應之一在於他所謂「炫耀性消費」的崛起：希望購買奢侈產品與服務，向他人展現自己的地位，藉此「較量一下行頭」。美國經濟學家約瑟夫·史迪格里茲指出，在當今高度貧富不均的脈絡之下（包括國內與國家之間的不均等），這種效應尤其令人憂心。他表示：「從生活方式來看，這種效應存在的證據頗為充分。頂端百分之一以外的人們生活越來越入不敷出。」經濟利益的下滲作用或許是癡人說夢，然而行為的下滲卻是再真實不過。[34]

　　對於致力影響我們行為的經濟政策而言，上述這些有什麼意涵呢？傳統上，經濟學家想要改變人的行為時，都是透過改變事物的相對價格，舉凡課徵糖稅，或是提供太陽能面板的折扣。然而奧梅羅德指出，這些作法往往無法達成預期成果，因為可能有更強大的網絡效應將其淹沒──這都要歸因於社會常規，以及對網絡中其他人會怎麼做的預期。[35]與此同時，我們其實有辦法駕馭如此的相互依存性，藉此掌握行為的改變。我將在本書稍後進行說明。

● 從精算到抓個大概

　　智人很顯然無法像理性經濟人一樣萬無一失、絕不出錯。自從1950年代以來，這點已經獲得廣泛共識。當時，赫伯特·賽門（Herbert Simon）決定與經濟學家同儕分道揚鑣，開始研究人的實際行為如何。而他發現，人類的理性其實存在嚴重的「局限」。到了1970年代，他的研究發現獲得心理學家丹尼爾·康納曼（Daniel

Kahneman）和阿莫斯・特沃斯基（Amos Tversky）的擴充，後來造就今天所知的行為經濟學領域。行為經濟學領域研究許多種類的「認知偏誤」，這些偏誤以系統性的方式，導致人類偏離理想的理性模型。

　　相關例子不勝枚舉。我們（或者至少是在西方國家、受過教育、工業化、富裕並且民主的一群）通常會展現的偏誤如下：**現成偏誤**──做決定的基礎為相對近期、比較可取得的資訊；**損失規避**──寧可避免損失，也不願以此交換同等的獲利；**選擇性認知**──挑選的事實、論點已符合我們既有的框架；還有**風險偏誤**──低估極端事件發生的機率，同時高估我們處理這些事件的能力。除了這些還有許多其他例子，而維基百科有個頁面甚至羅列超過160種認知偏誤。這彷彿像是一場大規模遊戲，其中的玩家試著找出理性經濟人與不完美人類之間的種種差異。[※]

　　面對這些不理性的各種缺陷，我們該怎麼做呢？理察・塞勒（Richard Thaler）和凱斯・桑斯坦（Cass Sunstein）表示，我們必須導入「助推」（Nudge）政策，而他們將助推政策定義為「在選擇過程當中，以可預測的方式影響人的行為，同時不禁止任何選項，也不會顯著改變經濟誘因。」[※]多虧愛德華・伯內斯，品牌、零售業者已經助推了我們將近一個世紀，無論是廣告中隱晦的訊息，還是置入於商店、電視節目的產品，又或者是透過銷售心理學的手法。不過公共政策的設計也能對我們產生助推效果，例如：將學校餐廳的水果呈現在雙眼直視高度，這是健康飲食的助推政策；將公司退休金制度設定為預設加入，而非有意選擇之後才加入，這是邁向長期所得穩當的助推政策。基本上而言，助推政策可以用來鼓勵我們模仿自己理性經濟人版本的行為。

　　助推政策顯然管用。不過由於認知偏誤的清單日益增長，人類也開始顯得相當無能。的確，我們竟然能存活至今，這件事開始變得像是奇蹟一般。演化心理學家捷爾德‧蓋格瑞澤（Gerd Gigerenzer）主張，事實正好相反：人類之所以存活下來、蓬勃發展，正是因為我們的認知偏誤所致；認知偏誤並非阻礙。這些所謂的偏誤是我們進行直觀推斷的基礎，也是下意識中的心理捷徑，每當我們採取「經驗法則」做決定時都會通過這道捷徑。數千年來，人類大腦在經歷演化之後，越來越仰賴快速決策的工具，藉此因應快速變化、充滿不確定的世界。而在許多情境脈絡當中，這些直觀推斷都能引導我們做出較佳決策，效果更勝精準的計算。

　　舉例而言，「選擇最佳」的直觀推斷就提供一種「快速、簡約」的方式，能讓人在不確定之下進行決策。蓋格瑞澤與醫院的醫護人員合作，協助他們打造一棵簡單的決策樹狀圖，圖上只有三個問題。這張圖能讓醫生利用最佳或最相關的資訊，快速評估病患是否有心臟病發的風險，以及是否應該送進冠心病加護病房。首先問第一道問題：心電圖是否有不規律的現象？如果有，請送冠心病加護病房。如果沒有，繼續問第二道問題：胸痛是否為主要症狀？如果是，請送冠心病加護病房。如果不是，繼續問第三道問題：有沒有出現其他五項特定症狀的任何一項？如果有，請送冠心病加護病房；如果沒有，提供一般病房的床位即可。有趣的是，人們發現這套方法勝過一套醫學電腦程式，能做出更為準確的預測，而且該程式還集結、分析每位病人大約五十筆的資訊。[※]由於這種快速、簡約的直觀推斷價值顯著，因此我們或許不該把自己想像成理性的人，而應該是擅於直觀推斷者，並且引以為傲：這乍看之下似乎是理性的失敗，但或許更該被視為演化的勝利。

　　基於這種直觀推斷的力量，蓋格瑞澤並不同意行為經濟學家所開的處方。他表示，行為經濟學家認為，「在理解風險方面，人類基本上毫無希望可言，因此從出生到死亡，我們都需要不斷助推人類行為」。蓋格瑞澤主張，與其透過助推來取代我們的經驗法則，我們更應該培養這些直觀推斷的能力，同時再加入評估風險的基本技巧，讓直觀推斷能力獲得提振。「我們身處在二十一世紀裡，身邊圍繞各種複雜的科技，而且有些事物我們無法預見，」蓋格瑞澤如此主張：「我們需要的不只是更好的科技、更大的官僚系統和更嚴格的法規……而是嫻熟風險的公民。」而他也展現了，我們確實能透過教導日常的統計推理技能，讓人們學習更加了解風險，無論對象是德國的醫生、美國的法官還是中國的學童都不例外。蓋格瑞澤相信，與其被動地受到助推、採取明智的行動，我們其實可以利用經驗法則、學習更加了解風險，藉此讓自己選擇採取明智的行動。[39]

　　這種作法相當具有吸引力、也能夠帶來力量，但是仰賴直觀推斷所產生的問題並不會消失：直觀推斷運作最有效的時刻，背後往往伴隨著與之共同演進的脈絡。然而過去一萬年來，人類的脈絡已經有所改變，而在過去兩百年裡變化更是格外劇烈。舉例來說，氣候變遷帶來了毀滅性的影響：一開始的時候，影響往往難以察覺、遲緩、漸進而且遙遠，而這四點正是我們直觀判斷決策工具最不擅於因應的特徵。既然如此，如果政策制定者希望促成行為改變，聰明的作法或許是鼓勵將兩者恰如其分結合，也就是嫻熟風險的直觀推斷，加上行為方面的助推措施，同時也非常需要知道哪一種作法在什麼時間點可能最是有效。

● 從主宰到仰賴

新的經濟自畫像必須反映：我們如何看待人類在世界上的位置。在傳統西方對人的描繪裡，大自然往往位居人的腳下，任由人類主宰。「讓人類重獲對大自然所擁有的權利吧。大自然屬於人類，這是上天神聖的餽贈。」十七世紀的哲學家培根（Francis Bacon）是這麼寫的。[⑧]這樣的觀點後來得到了發展經濟學之父威廉・亞瑟・劉易斯（W. Arthur Lewis）的呼應。在他1949年的著作《經濟學：人類和其物質手段》（*Economics: Man and His Material Means*）中，劉易斯致力於研究「人類試著從地球上謀生的方式」，而謀生的手段正是「稀缺資源最有效率的使用」。這一脈人類主宰自然的假設可以回溯至西方文化的早期，至少能溯及聖經的開場。此外，這樣的假設也奠定了環境經濟學的語彙：環境經濟學將生命世界視為一個「自然資源」的倉儲，彷彿這些資源——就像一堆樂高積木一樣——等著被人轉化成對人類有用的事物。

然而人類並非高居大自然這座金字塔的頂峰，而是深深與自然網絡交織。我們嵌入在生命世界之中，而非獨立在外或者凌駕在上：我們生存於生物圈裡，而不是在星球之上。美國生態學家奧爾多・利奧波德（Aldo Leopold）說得很好，我們需要轉變看待自己的方式，「從陸域的征服者，變成單純的地球公民、世界的一分子。」[⑨]多虧四十年來地球體系方面的研究，我們的科學理解正快速精進，明白了全新世時期——由於穩定的氣候、充足的淡水、具有保護功能的臭氧層，以及豐富的生物多樣性——如何讓人類蓬勃發展，而我們又如何仰賴著地球持續的欣欣向榮。

　　如此的觀點轉換——從金字塔到網絡，從高高在上到參與其中——也是在鼓勵我們遠離人類中心主義的價值觀，並體認、尊重生物世界的內在價值。思想家奧托·沙爾默（Otto Scharmer）表示：「我們真正需要的，是深層意識的轉換，好讓我們開始在意、採取行動，不單只是為我們自己與其他利害關係人，而是為了整體生態體系的利益，也就是經濟活動發生的場域。」在西方國家、受過教育、工業化、富裕且民主的社會裡，如此意識轉換的需求格外強烈：舉例來說，在當今的美國，都市長大的小孩對生命世界的理解往往過於簡單、擬人化，不如在鄉村地帶、美洲原住民社區長大的孩子。務實的應對方法就是在所有學校當中教導並體現生態素養。如此一來，未來世代的世界觀便能立基於對生命世界的了解，並且明白正是因為生命世界相互依存的體系，地球上的生命才有可能存在。

　　在改變我們看待自己與世界的關係之際，我們也需要找到更好的詞彙加以描述。政治理論家漢娜·鄂蘭（Hannah Arendt）曾經指出，流浪狗如果被取了名字，存活下來的機率會比較高。或許是出於這樣的精神，主流環境經濟學家現今在描述生命世界時，會說生命世界提供了「生態服務」，以及生命世界包含了「自然資本」財富。不過我們所選擇的名稱相當重要：把一隻流浪狗取名為Champ（英文裡是「冠軍」的意思）、而非Scamp（英文裡是「惡棍」的意思），儘管只差幾個字母，但卻可以完全改變牠在世上如何被看待。這正是為什麼，「自然資本」和「生態服務」這些說法宛如兩面刃：雖然流浪狗有了名字，但是所選的名字只是單純把生命世界從人類的物質手段，變成了人類資產負債表上的資產而已。北美印地安人、易洛魁奧農達加聯盟（Iroquois Onondaga Nation）的領袖奧倫·黎昂斯（Oren

Lyons）曾受邀前往柏克萊大學，對自然資源學院的學生發表演說，當時他就強調了這項風險。「你們所稱的資源，對我們來說是至親好友，」他這麼解釋：「如果能用人際關係思考的話，你們就會比較善待這些事物，對嗎？……你必須重新回到這些關係當中，因為那是生存的基礎。」[6]

也難怪新經濟思想家都在尋找新的語彙，藉此更貼切地描述，我們究竟是以什麼樣的方式屬於這個世界。仿生學專家珍妮・班亞斯（Janine Benyus）——我們將在第6章探討她的想法，為地球做了精闢的描述：「這個家園是我們的，但也不只是我們的而已。」對生態作家查爾斯・愛森斯坦（Charles Eisenstein）而言，現在是時候將我們自己視為「具有連結性的生命體，和地球有著共創式的伙伴關係」。[7]這樣的語彙令某些人渾身不自在，但原因或許在於我們承認了自己最深層、卻又最遭到忽視的關係。我們如此不習慣以這樣的方式談論自己，有點像魚兒尋找詞彙來描述水一樣。我們是以什麼樣的方式屬於這個世界？而我們的角色又是什麼？找出對的詞彙加以表達可能比我們所想的還要重要：因為這將會決定，人類身為一個物種，是否能學會與其他物種共存共榮。

這五大轉變提供了草圖，為人類二十一世紀的肖像最好了準備，但是距離工作完成還遙遠得很。首先，我們必須更了解經濟上的自我，而不單只是了解我們關於金錢的行為。

就像那些「與眾不同」（西方國家、受過教育、工業化、富裕且民主）的學生行為有別於多數其他人一樣，金錢對我們行為的影響可能也非常不同，有別於大部分對我們而言重要的事物。如果最後通牒賽局的玩家分享的不是金錢，而是食物、

水、健康醫療、時間或者政治發聲的機會，那麼賽局可能會如何進行呢？我們幾乎不可能看到，金錢和其他這些我們高度重視的事物，會激發出同樣的公平意識。

此外，我們也必須更了解，「我們」究竟是誰，而不單只是了解上述「與眾不同」的一群而已。如果實驗研究能有更高度的多元性，那麼毫無疑問的是，更多不同民族、文化之間，某些有趣的差異便能顯現出來。不過我們最終可能會發現，如果套用已故英國國會議員喬・考克斯（Jo Cox）的話來說，我們「彼此之間的共同點遠遠多於差異之處」。⑰

既然如此，這五大關於自畫像轉變的見解如何能被掌握，好讓所有人類都進入甜甜圈之中呢？在接下來的章節裡，這個問題將會反覆出現。不過在此有一項議題特別值得關注：**在各種政策當中，有越來越多金錢的誘因出現，致力於終結人類的匱乏與生態的破壞**。而初步證據顯示，金錢誘因往往會排擠既有的動機，因為激發的是外在而非內在價值。誠如以下個案研究所揭示的一樣，或許其實有更明智的方法——透過我們現在對於價值觀、助推措施、網絡與互惠性的了解——能夠培養人性，藉此邁入甜甜圈安全、正義的空間。

● 市場與火柴：必須謹慎因應

傳統經濟政策假設，如果要改變人的行為，那麼可靠的方法之一是改變相對價格，無論是透過創造市場、賦予財產權還是執行法規皆然。「把價格弄對就是了，」典型的經濟學家會這麼告訴你：弄對價格之後，一切都會水到渠成。

　　價格當然重要。自從1990年代晚期開始，馬拉威、烏干達、賴索托與肯亞不再收取公立國小的學費，於是學校註冊率開始顯著提升，尤其是女孩子與赤貧家庭的孩童，使得這些國家大幅趨近了全民教育的目標。2004年，德國政府針對生產再生能源的家戶、機構，制定了躉購電價政策，承諾支付高於零售電價的價格。該政策促進了國內大幅投資於風力、太陽能與生質能源技術，而短短十年之後，德國已經有30%的再生能源發電比率。[48]

　　然而儘管價格至關重要，但「弄對」價格並不像原本所承諾的一般，是一道如此簡單的解答：由於二十世紀的理論使然，經濟學家高估了價格作為手段的效果，同時低估了價值觀、互惠性、網絡與直觀推斷的角色。重要的是，該理論忽略了一項事實，那就是當某些事物被賦予價格時，這些事物可能因此遭到破壞。在人際關係方面這點格外真實，在傳統上我們往往是透過道德管理人際關係。

　　設定價格就像是劃一根火柴，這麼做會點燃強烈的興趣，也同時存在著力量與危險。就像第2章所描述的一樣，市場彷彿火焰，可以極有效率地達成其任務，但也可能造成必須克服的挑戰。而如果市場變得鋪天蓋地，甚至還有可能燒毀原本乘載它的地面。

　　在1970年的著作中，英國社會政策學者理查・德蒂姆斯（Richard Titmuss）首次提出這項憂慮。這本著作的標題為《禮物關係》（*Gift Relationship*），內容比較了美國與英國的捐血服務：在美國，捐血者可以獲得酬勞，然而英國的捐血服務卻成功許多，因為義務捐血者免費提供了更多、更健康的血液。[49]此一對比引發一道有趣的

疑問：金錢誘因是否強化、召喚了人們的內在動機並採取行動？還是反而排擠了內在動機，並以金錢的外在動機取而代之？自從德蒂姆斯的研究以來，這道疑問變得越來越重要，因為在國際上，為了因應社會與生態挑戰，金錢誘因、酬勞方案的使用也越來越常見。

舉例來說，哥倫比亞針對教育計畫進行了一項實驗，實驗期間有條件提供獎助款項給中學生家庭。2005年，該實驗隨機選擇了來自波哥大低收入家庭的青年學生，一同參與這項先導計畫。如果這些學生在學校的出席率高於80%，而且通過期末考試，那麼先導計畫就會提供每月3萬披索（大約是15美元）給學生家長。在世界銀行中，負責設計、監督該計畫的經濟學家發現，和其他學生比起來，獲選參與計畫的學生按時上學的機率高出3%，而隔年註冊的機率也高出1%。雖然幅度不大，但仍然是符合預期的正向回應。

然而經濟學家也發現了實驗的令人不安之處，而且事先並未預料有此結果。有些學生自己並未獲選，但是有兄弟姐妹獲選參與計畫，與來自類似家庭、但沒有兄弟姐妹獲選的學生比起來，這些學生按時上學的機率變得比較低，輟學的機率也提高。最令人驚訝的是，這個現象在女孩子身上格外顯著：如果女學生有兄弟姐妹獲選參與計畫，那麼與來自類似家庭、但沒有兄弟姐妹獲選的女學生比起來，她們輟學的機率高出10%。[50]

此外，如此出乎意料的負面輟學效應後來遠遠勝出，超過了出席率、再註冊率這些正面效應，也就是計畫原本希望達成的目標。進行該研究的世界銀行經濟學家表示，這些發現（對他們的研究而言實屬意外）相當「令人憂心」也「不可思

議」，因為這些發現以令人費解的方式，違背了理論和預期。

　　或許他們意外發現的，正是**金錢可能侵蝕社會常規的角色**，這些常規包括了學生的自豪感與家長的責任心，取而代之的則是市場常規，舉凡以努力換取酬勞、以合規換取獎勵等。哲學家邁可・桑德爾曾針對這些影響提出疑慮：他主張金錢酬勞可能排擠內在動機，以及內在動機背後的價值。他以「透過學習賺錢」（*Earning by Learning*）計畫為例。該計畫的地點是美國德州達拉斯的後段小學，而根據計畫的安排，六年級學童每閱讀一本書，計畫就會支付2美元。

　　研究人員發現，一年下來學童的識字能力確實有所進步，但是長期而言，這樣的酬勞可能對學習動機產生什麼樣的影響呢？「市場是一項工具，但是這項工具並非完全無害，」桑德爾如此解釋：「最明顯的疑慮在於，酬勞會讓孩童養成習慣，認為閱讀是賺錢的方式，因而侵蝕、排擠或腐化了純粹對於閱讀的喜愛。」[51]

　　即便存在這樣的疑慮，在各個社會領域當中，金錢誘因如今變得越來越常見，因此讓我們的市場身分：消費者、顧客、服務提供者與勞動者，成為了關注焦點。而當市場常規取代社會常規時，其影響力有時可能很難加以逆轉。1990年代，以色列海法（Haifa）的一項實驗研究就顯示了這點。

　　當時有十間托兒所都制定新規範，只要家長接小孩回家的時間晚超過10分鐘，托兒所就會收取一筆小額罰款。家長如何回應呢？他們並沒有更準時抵達，反而有多出一倍的家長也開始遲到。金錢罰款事實上排除了所有罪惡感，並且被理解為超時照顧服務的市場價格。三個月之後，當實驗結束、罰款取消時，晚到接小孩的人數變得更高：價格不見了，但是罪惡感並沒有恢復。短暫存在的市場已經抹除了原

本的社會契約。[52]「當市場進入傳統上由非市場常規主導的生活場域時，市場不會碰觸、弄髒交易商品的說法變得越來越不可置信，」桑德爾如此警告：「市場不只是單純的機制，還展現了某些價值。而有些時候，市場價值會排擠掉值得重視的非市場常規。」[53]

光只是提到市場角色就可能排擠我們的內在動機。有一項線上調查要求受試者想像一道情境：旱災影響了一口共用水井，導致水資源短缺，而受試者自己正是受害的四個家庭之一。重點來了，這項調查在描述整體場景時，對一半受試者使用「消費者」一詞，對另一半則使用「人」的說法。

單改變這一個詞產生了什麼樣的變化呢？和被指涉為「人」的受試者比起來，被指涉為「消費者」的受試者覺得自己必須採取行動的責任相對較低，也比較不相信他人會同樣採取行動。[54]這麼看來，光是像消費者一樣思考就會驅動自私、自利的行為，並且在同樣面臨短缺的群體中造成分化，而非團結彼此。

二十一世紀將對地球的泉源、儲槽帶來壓力，從淡水、魚類、海洋到大氣層皆然。因此，上述見解可能相當重要，將影響人類在共同面臨的挑戰中如何自我描述。忽然之間，「鄰居」「社群一分子」「國家群體」和「全球公民」這些詞彙似乎顯得格外珍貴，能確保安全、正義的經濟未來。

在使用估值、價格、酬勞與市場形塑人們的生態行為方面，相關研究也顯示了類似的結果。在坦尚尼亞莫羅戈羅（Morogoro）附近的村莊裡，社區成員必須花上半天時間，一起在當地的校園裡割草、種樹。有些村莊提供社區成員一小筆酬勞，結果與完全沒提到錢的村莊比起來，願意參與的人反而還少了20%。

除此之外，在獲得酬勞（約等同於日薪）的人中，大部分的人在工作結束之際皆表示，自己既不滿意工作、也不滿意薪水。反之，在完全未提及金錢的村莊裡，絕大多數的人都表示滿意，認為自己為村莊做了有益的事。[35]同樣地，在墨西哥的恰帕斯州（Chiapas）有一項森林保育計畫：許多農民如果能不砍樹、不打獵、不盜獵，或是不擴增自己牲畜的數量，就能獲得一筆現金作為補償。

然而隨著農民參與該計畫的年分越長，他們保育森林的動機也變得越來越金錢導向、不再出於內在動機，而且他們未來從事保育的意願也越來越取決於將來的酬勞保證。不過在恰帕斯州的其他地區，如果森林是透過社區計畫和專案進行管理，那麼一開始確實需要比較長的時間激發農民參與，但農民打造出來的社會資本也會可觀許多，而且他們的動機會持續圍繞著長期森林保育的本質效益。[36]如此看來，把金錢納入考量可能會顯著改變我們看待生命世界的眼光。

這些例子並非規則的例外。截至目前為止，在使用酬勞提振生態保育上，無論是多撿拾垃圾、多種植樹木，還是少砍伐木材、少捕撈漁獲。最完整的一項研究調查發現，大部分的計畫往往都在出奇不意之下，排擠（而非召喚）了人們採取行動的內在動機。[37]有些計畫不僅未能呼應既有的內在動機（比方對文化遺產的自豪、對生命世界的尊敬，以及對社區群體的信任），反而不經意破壞了這些價值，並以金錢的動機取而代之。「用金錢作為動機可能導致出乎意料的結果，」這項研究的作者之一艾瑞克・戈麥斯拜戈登（Erik Gómez-Baggethun）表示：「我們時常不夠了解，人類價值與動機之間存在著錯綜複雜的相互作用，因此我們無法預料會發生什

麼事，而這點必須謹慎小心。」有鑑於市場確實像火一樣，以下是總結這則故事的一種方式：

在你劃下一根火柴、開啓一個市場之前必須小心：
你永遠不曉得什麼樣的財富可能會被燒成灰燼。

　　來自各種政策措施的證據，從學校註冊到森林保育，皆提出了警訊，提醒我們將金錢誘因帶入社會場域時必須謹慎：人們對這些誘因的深層影響理解仍十分有限，而目前爲止的證據顯示，這些誘因往往可能產生問題。除此之外，其實還有其他驅動行爲改變的方法：利用互惠性、價值觀、助推措施和網絡，而且這些方法在金錢與後果的衡量方面，成本或許都低廉了許多。

⬤ 善用助推措施、網絡與常規

　　就像新自畫像所清楚呈現的一樣，我們的動機遠遠不僅止於成本和價格。所以與其訴諸市場，藉此調解我們的社會、生態關係，二十一世紀的經濟學家會更爲明智，先行了解有什麼樣的社會動態、機制已然存在。有什麼樣的價值、直觀推斷、常規和網絡目前正形塑著人的行爲，而這些又能如何獲得培養、助推，而不是遭到忽視、破壞？若以這道問題爲出發點，經濟學家能變得更爲精明，懂得結合市場的猛烈力道與道德的幽微效果。而實證也指出，這樣的策略有機會幫助我們進入甜甜

圈之中。

　　助推措施能透過少量成本發揮可觀的效果，而數位科技也能讓聰明的助推措施變得比以往更容易施行、成本更低廉。以處方藥物為例：人們時常忘記按時用藥因而影響自身健康，也可能削弱藥物的長期效果。在英國，每年估計有3億英鎊花費在沒有使用的處方藥物上，而研究人員發現，一封簡短的提醒訊息，就可以大幅提高病患準時用藥的比率。[58]在肯亞，有一項類似實驗針對的是愛滋病患者，而該實驗發現如果每周寄一封簡訊，嚴格按時服用藥物的病患也能提高25%。[59]沒有發錢，只是寄了一封簡訊而已。

　　環保的助推措施也能發揮效果。「我們時常洗澡洗太久，家電用品忘了關，每天會將一些有用的物資當作垃圾丟棄。這些都是日常例行事項，人們往往不會多想。」丹麥助推措施網絡主席佩爾·漢森（Pelle Hansen）是這麼說的。人們可以輕易在家中設計一些基本的助推措施，彌補上述這些不良習慣，如：使用自動水龍頭、洗澡定時器，以及採用動作感應式電燈等，藉此大幅減少水和能源的使用。這些措施也能應用在公共空間。在哥本哈根街頭，漢森和他的學生發送甜食給路人，並記錄下有多少包裝最後被丟在人行道上、垃圾桶裡，或是放在別人的腳踏車籃中。接下來，他們在人行道上畫出綠色腳印，腳印通向了垃圾桶，而他們發現亂丟垃圾的比率降低46%。不需要罰錢或獎勵來鼓勵人們遵守規則：小小的綠色腳印便能有技巧地突顯既有的社會常規。[60]

　　網絡效應也會影響社會行為，以下是一個具代表性的案例。2011年10月，巴西前總統魯拉·達席爾瓦（Lula da Silva）公開宣布自己罹患喉癌，並表示他認為

原因出在吸菸。在接下來的四周裡，巴西國內關於戒菸的Google搜尋大幅增加，幅度遠遠高於世界無菸日，甚至還超過新年期間的數量（許多人的新年新希望都是戒菸）。同樣地，2009年英國的電視實境秀明星潔德·古蒂（Jade Goody）宣布被診斷出子宮頸癌，之後約診進行檢測的女性增加43%。[61]上述這些都是警示的例子，但是網絡效應也可以具有啓發性。

多虧了勇敢的巴基斯坦教育倡議者馬拉拉（Malala Yousafzai），全球數百萬女孩都受到「馬拉拉效應」的激勵，開始要求並珍惜自己受教育的權利。這樣的效應在地方上也能奏效。印度西孟加拉邦的研究人員發現，當女性首次獲得聘任、開始領導村莊的議會時，當地女孩子也對自身的教育和未來懷抱更高的期許，而她們的家長也是一樣。沒有價格、沒有酬勞，有的只是一份引以爲傲的自豪。[62]

助推措施和網絡效應之所以能夠運作，原因在於善用了**深層的常規與價值**，比方責任感、尊重和關懷，而這些價值可以直接獲得激發。美國的研究人員希望探討如何提倡環保行爲。他們在加油站設立告示，邀請路過的駕駛進行免費輪胎檢查，並在告示上提出金錢、安全或環保三種不同的檢查原因。

他們發現當告示上寫的是「在意您的荷包嗎？來一趟免費的輪胎檢查吧！」，路過的駕駛完全不感興趣；當告示上寫著「重視環保嗎？來檢查您愛車的胎壓吧！」，此時最能吸引駕駛。很顯然，激發對的價值可以爲行動帶來可觀的變化。[63]

在所得低但社會資本高的社區裡，激發社會常規能促成長遠的影響。烏干達的研究人員就有這樣的發現：他們希望單純透過新的社會契約意識，改善鄉村地區的健康醫療。在50個診所條件不佳的地區裡，研究人員將在地社區成員與診所工作人

員召集起來，藉此評估當前的種種作法，並且草擬出雙方協議，內容訂定了社區所預期的標準。

接著，每個社區都建立了一套機制，監督自己在地的診所，比方工作人員值勤表或是意見信箱，並統計候診單的數量，最後將每個月的結果發布於公告欄上。一年下來，初級醫療保健的質與量都獲得顯著改善：看診病患增加20%，候診時間也縮短了；醫生和護士缺勤的狀況大幅下降；此外最令人驚訝的是，在這些社區當中，5歲以下孩童的死亡人數減少33%。這一切成就都沒有費用、罰款或是更高的預算，而是要歸功於社會契約的期許，以及背後公共責任感的支持。[60]

這些善用人類價值觀的小規模例證皆頗具說服力，但是有人可能會嗤之以鼻，認為這些成功在本質上都微不足道，只能在人類巨大挑戰的邊陲進行些許微調。然而湯姆・克朗普頓（Tom Crompton）和提姆・凱塞爾（Tim Kasser）這兩位環保價值、態度與行為方面的專家，大概不會同意這樣的說法。

他們主張，如果要創造深層、持久的社會與環保行為改變，最有效的方式正是連結人們的價值與身分認同，而不是訴諸荷包和預算。他們的研究發現，如果對一個人而言，自我提升的價值與外在動機扮演了主導角色，這樣的人也比較傾向追求財富、資產和地位。同時，他們也比較不會關心生命世界，不會努力減少自己的生態足跡，不會使用大眾運輸工具，也不會回收家中的廢棄物。

在面臨生態環境威脅時，例如氣候變遷的前景，這樣的人也會傾向轉移自身的注意力，因此可能進一步提高地球所承受的壓力。反之，如果對一個人而言，自我超越的價值與內在動機扮演主導角色，那麼這樣的人會比較關注生態環境議題，並

擁有比較強烈的動機，參與在地行動或全球倡議，積極應對眼前存在的這些議題。[66]當今的挑戰在於，我們必須探索：甜食包裝和提醒簡訊這些小規模的成功如何能夠擴大，藉此成為整個城市、國家與國際談判的助推措施和網絡效應，讓所有人都進入甜甜圈當中。

● 重新遇見我們自己

如果一張圖勝過千言萬語，那麼我們應該如何畫出新的自畫像呢？之前在許多國家的甜甜圈討論會上，我都曾以玩笑卻又嚴肅的方式提出這道問題，對象包括學生、企業高階主管、政策制定者與運動倡議人士，每次我都會邀請所有人先在腦中想像、視覺化一番，接著再真的畫出最能取代理性經濟人這位角色的人物。其中有三張圖像反覆不斷出現：人類是一個群體，人類是播種者與收割者，以及人類是特技表演者。

群體圖像提醒了我們，人類是最具有社會性的物種，在我們生命的各個周期當中彼此仰賴著。**播種者和收割者**則將我們嵌入了生命網絡之中，並且清楚顯示了，我們的社會與我們所仰賴的生命世界會共同演進。**特技表演者**則展現了我們彼此信任、互惠與合作的技能，藉此成就我們個別都無法達成的目標。毫無疑問，我們有許多其他方式能畫出各自的草圖：這張肖像距離完成還遙遠的很。

不過這張圖也已經帶我們走得很遠了。我們之前浪費了兩百年的時間，盯著一張人類錯誤的自畫像：理性經濟人，也就是那位形單影隻的人物，他手裡拿著錢，

　　腦中不停計算，大自然臣服於腳下，而他心中的欲望永遠無法獲得滿足。現在是時候重新描繪人類：我們的蓬勃發展必須透過彼此的連結，以及和這個生命世界的連結才能達成。這個世界是我們的，但也不單只屬於我們。

　　昂利‧龐加萊是第一位說出以下這席話的人：「我們比自己想像的還更像綿羊。」如果今天我們可以向他更新進度，告訴他行為心理學的見解洞察，並交給他一具浮潛設備和一雙蛙鞋的話，我想他一定會樂於延伸他的動物類比。

　　由於人類多重的價值觀與動機，我們其實也與章魚存在著幾分奇異的相似。就像章魚的許多觸手一樣，每支觸手都和章魚本身的性格有些呼應，我們之於經濟也扮演了許多不同角色：我們是員工、公民、企業家、鄰居、消費者、選民、家

人類的新肖像：初步草圖。

長、協作者、競爭者以及志願者。此外，章魚擁有不可思議的能力，可以不斷變換顏色、形狀與質地，藉此反映牠本身的心情，回應瞬息萬變的周遭環境。人類也能具備同樣的流動性，可以在一天當中多次啓動一系列不同的價值，讓我們在持續變化的經濟場域中，扮演談判、給予、競爭和分享等種種角色。⁶⁶

　　如果我們準備向「理性經濟人」這個名稱說再見，那麼應該要用什麼取而代之呢？目前有許多新的名稱已經獲得提議，包括直觀推斷人、互惠人、博愛利他人以及社會人等。但是把我們局限於單一身分是沒什麼道理的：我們都同時具備所有這些身分。

　　亞當‧史密斯說得對，人類確實喜愛互通有無、彼此交易，不過他的另一段話也沒有錯，那就是當我們展現出「謙遜、正義、慷慨和公共精神時」，我們的社會最能夠蓬勃發展。與其只爲我們新的自畫像挑選其中一個名稱，我們應該要能在名稱當中傳達所有一切。在畫廊裡，當我們從牆上取下了理性經濟人的卡通人物之後，或許最適切的作法是，以人類的全像投影取而代之，並且讓投影在光線中不斷變化。

　　經濟舞台已經搭建了起來，角色陣容底定，而劇目的主角──人類也獲得了充分引介。因此現在正是時候開始探索：在這座舞台上，我們的集體、共同行爲將以什麼樣的方式展現，就像是這些行爲如何反映在經濟動態當中一樣。而要取得這方面的洞察，我們就必須檢視一棵蘋果樹。

◎ CHAPTER 4

理解系統

從力學平衡到動態複雜

　　很多事情跟當初擊中牛頓的蘋果脫不了關係。話說1666年，在母親的林肯郡宅園中，一顆從樹上掉下來的蘋果引發這位才智過人的年輕科學家思考：蘋果為什麼總是筆直往下掉，而不往上或往左右掉？這顆蘋果後來促使牛頓發現萬有引力及運動定律，為科學界掀起革命性的滔天巨浪。但兩個世紀後，牛頓的運動定律在經濟學的世界裡引發盲目追從物理學、不當的經濟比喻，及狹隘的經濟思維。

　　如果那天蘋果沒有掉下來，如果當時的牛頓對蘋果如何長成感到好奇，例如蜜蜂、陽光、樹葉、樹根、雨水、開花與種籽等這些因素在蘋果生長中所扮演的神奇角色，或許牛頓會對這個複雜的自然系統提出革命性法則或定律，因而改寫科學史。如此一來，經濟學的歷史或許亦會改寫，那些敬佩牛頓的經濟學人可能因為牛頓的啓發而提出較有實質助益的比喻，且今日我們所探討的或許不是機械式的市場機制，而是將市場視為一個生命體，因此我們將對市場產生更具智慧的見解。

多麼希望這樣的白日夢成眞。但事實卻是蘋果那天從樹上掉下來，引起牛頓注意，且還造就牛頓的劃時代發現。爲了讓自己所提出的理論具有科學權威，於是經濟學家效法牛頓，亦在他們的理論中提出經濟學上的運動定律，將經濟描述成**一個平穩的機械力學系統**。但現在我們已經知道應將經濟視爲一個**具有調適力的複雜系統**，其組成是生活在動態世界中、彼此牽動的人類。

因此，如果我們有任何機會可實現甜甜圈經濟，那麼很重要的一件事是經濟學家的注意力必須從蘋果掉下來，轉向蘋果如何長成，亦即，**必須將注意力從線性力學，轉向複雜的動態學**。現在不該繼續再將市場看成是某種機械力學，我們應脫下工程師的安全帽，因爲挽起袖子、戴上園丁手套的時候到了。

● 脫下緊箍咒

歷經十萬年的人類演化後，身爲人類的我們並不覺得思索複雜系統是件容易的事。千年來，人類的壽命短暫，生活在小聚落之中，從迅速易懂的經驗中學習教訓（例如把手伸入火堆中，手會燒傷），對周遭環境幾乎沒有影響力。因此，我們所發展出來的大腦只善於處理周遭、短期性且會產生回應的人事物，且在同時我們期待改變的發生是逐步的、線性的。除此之外，我們渴望平衡與解決問題：我們在生活中尋求這樣的保證，期待事情有快樂的結局，我們在消除煩惱的輕音樂中尋找所要的平衡與問題解決方法。但一旦我們發現所在的世界其實是動態的、不穩定的且難以預測時，我們的這些特質便難以招架世界的挑戰。

　　我們知道事情不一定符合直覺，因此以不同的成語告誡自己，例如：「滴水足以穿石，蟻穴足以潰堤」「不要把全部的雞蛋放在同一個籃子裡」「小洞不補，大洞吃苦」「善有善報，惡有惡報」。這些全是至理名言，卻不足以讓我們預測及解讀眼前的這個複雜世界。如果十萬年來的人類演化妨礙我們對複雜的了解，那麼一百五十年來的經濟學理論可說雪上加霜，因為其以機械力學模型與比喻，強化了我們的誤解。

　　十九世紀晚期，若干兼具數學頭腦的經濟學家，企圖將經濟學變成如同物理學般知名的一門科學。他們使用可充分說明蘋果掉落軌跡及月球運行軌道的微積分，連同諸多的公理與公式來說明經濟。牛頓發現物理學上的運動定律，從小至原子、大至地球的運動來說明這個世界，這群經濟學家嘗試效法牛頓，企圖發現經濟學上的運動定律，從小至一位消費者，大至整個國家的產能來說明市場。

　　1870年代，在英國經濟學家傑文斯的帶頭下，這股比喻風潮如雪球般越滾越大，當時他宣稱「經濟理論非常類似靜態力學，交換法則類似槓桿平衡法則」。[1]在瑞士，工程師出身的經濟學家里昂·瓦爾拉斯（Leon Walras）提出類似看法，宣稱「經濟學理論是門科學，其在各方面類似物理數學」。為了證明，他指稱市場交換是種「競爭機制」。[2]他們，連同其他人，指稱促使鐘擺靜止的地心引力，就像是促使市場達到均衡的價格。如同經濟學家傑文斯所說：

　　透過鐘擺，我們可以觀察到地心引力。因此，我們也可以透過一個人所做出的決定，判斷該人心裡的值得或不值得感。我們心中的意向就是鐘擺，而市場價格的

波動就是這股意向的鐘擺擺動。我不知道我們何時才會有完美的統計系統，但在經濟學成為一門科學的道路上，缺乏完美的統計系統是唯一無法克服的障礙。[3]

　　從槓桿到鐘擺，這樣的機械力學比喻在當時的年代中，想必非常前衛、新穎。無怪乎這些經濟學家將他們理論的重點放在個體及企業的行為上，因而形成所謂的微觀經濟學。但為了讓這樣的新理論呼應牛頓的運動定律並符合微積分的要義，傑文斯、瓦爾拉斯，連同當時走在前端的數學家，必須對市場與人的行為做出**某些非常簡化的假設**。重要的一點是，初期理論假設無論消費者的喜惡性質為何，買賣雙方所合意的價格就只有一個，他們將以該價格，買入或售出買賣標的物。換句話說，**每個市場都必須有一個安定的平衡點**，就像鐘擺也只有一個靜止點。

　　為維持市場均衡，市場內的買方與賣方必須全是「價格接受者」，沒有一方大到足以左右價格，且全須遵循報酬遞減法則。這些假設支持微觀經濟學最知名的一張圖表，也是每位經濟學新鮮人必須熟知的第一張圖表，亦即，**供需圖**。

　　從右頁供需圖中的兩條線，我們可以看出什麼？基於說明，讓我們以鳳梨為例（換成任何商品都可以）。圖中的需求線代表在每個價格上，在追求最大效用下，各有多少顧客想要購買鳳梨。需求線之所以往下走，是因為每多買一顆鳳梨，所獲得的效用就越少——這稱為**邊際效用遞減法則**，因此顧客只願意以更低的價錢購買下一顆鳳梨。相較之下，供應線則代表在給定的價格，在追求最大獲利的動機驅使下，賣方準備供應的鳳梨數量。

　　那麼為什麼供應線往上走？因為就理論來說，假如農人的鳳梨田面積是固定

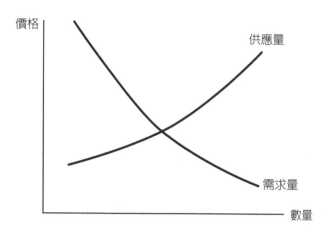

供需圖：供應量與需求量交集的該點即是市場均衡點。

的，那麼種越多鳳梨，所發生的種植成本就越高——這稱為**邊際報酬遞減法則**，因此鳳梨的供應量每增加一顆，賣鳳梨的農人所要求的賣價就會高一些。

1870年代中，繪出這張供需圖確定版的阿爾弗雷德‧馬歇爾將圖中兩條線的交集點比喻成一把剪刀的樞紐點（唉啊，又是一種機械式比喻），藉以說明市場價格的決定奧祕。一把剪刀有兩片刀片，單是其中一片刀片都無法剪紙，必須靠著在樞紐點交集的兩片刀片才能剪紙。因此，馬歇爾指稱決定市場價格的並不單是供應商的成本，也不單是消費者的效用，而是**成本與效用的交集點**，這個交集點即是**市場均衡點**。

對這些剪刀，瓦爾拉斯提出大膽的學說：他相信可將分析從一樣商品擴大至每樣商品，因而創造出一個全市場經濟模型。此外，他還認為如果市場中的買方與賣

方全都是完全知情的小規模且彼此競爭的買方與賣方，那麼市場所達成的均衡點將使總效用最大化。換句話說，就像被尊稱爲經濟學之父的英國經濟學家亞當‧史密斯所說的「看不見的手」，對任何特定的收入分配來說，這將爲整個社會帶來可能實現的最佳結果。

當時並沒有數學方法可讓瓦爾拉斯證明他的這項大膽學說，但後來的肯尼斯‧阿羅（Kenneth Arrow）與傑拉德‧德布魯（Gerard Debreu）引用這項大膽學說，並在他們1954年的一般均衡模型中提出數學公式。這似乎非常具有歷史意義，爲宏觀經濟學分析提供了微觀經濟學支撐，展開似乎一致的經濟理論，並爲之後的「現代宏觀經濟學」（modern macro）奠定基礎。[④]

這個理論看似完整，聽起來令人印象深刻，頗有物理學的姿態，且有權威的數學公式予以表達。但其實它有重大的瑕疵。在一個經濟體內，市場之間其實彼此牽動。因此要彙整所有個體的需求線並整理出一整個經濟體的一條往下走的需求線，根本是不可能的事。但若沒有這條往下走的需求線，就不可能達成市場均衡。

對經濟學家來說，這早就不是什麼新聞（至少對他們來說，應是如此）：在1970年代，若干有智慧的理論學家驚訝地發覺均衡理論的支撐基礎根本不足以成立。但奠定在機械力學比喻的市場均衡理論（桑仁斯基–曼特爾–德布魯定理〔Sonnenschein-Mantel-Debreu〕）已經深深啃食其他學派的理論，使那些反駁市場均衡理論的經濟學說在課堂與教科書中毫無立足之地，致使之後的學子不知道將市場比喻爲滑輪與鐘擺等機械的市場均衡理論，根本就是錯誤的。[⑤]

因爲如此，在整個二十世紀的下半葉，一般均衡理論一直支配著宏觀經濟學分

析，直到2008年的金融危機。從均衡理論演變出來的「新古典學派」指稱市場會隨著波動而立即作出調整，但其主要理論競爭對手「新興凱因斯學派」則指稱由於薪資與價格的「牢固性」，市場調整不會立即發生。這兩個學派都未察覺出當時步步逼近的金融危機，因為兩者都以均衡理論作為基礎。此外，這兩個學派也都小看了金融業的角色，且沒有預測經濟興衰起伏的能力，更別說是應變的能力。

眼見諸多不合時宜的經濟模型在宏觀經濟學的分析上位居主流與支配地位，若干頗具聲望的經濟學家開始抨擊他們過去所支持的理論。長久以來與保羅‧薩繆森共事、且被尊稱為新古典經濟成長理論之父的羅伯特‧索洛（Robert Solow）直言不諱的大力抨擊，他在2003年「宏觀經濟學中的阿呆與阿瓜」（Dumb and Dumber in Macroeconomics）演說中開出第一槍，之後又在分析中嘲笑均衡理論的荒謬論點。[6]

他指出一般均衡理論的模型其實建立在一位消費者──勞工──業主上，且在一般均衡理論中，這位消費者──勞工──業主永遠不會死，且他們的腦袋裝著完美無缺的遠見，心中抱持理性的期待，而且還有彼此完美競爭的公司為他們提供服務。究竟是什麼原因，這麼荒謬的經濟模型竟會躍居主流的支配地位？2008年，索洛道出其看法：

我的眼前是令我困惑的謎團，或者應說是挑戰。「現代宏觀經濟學」居然能夠讓才智過人的經濟學者舉起大拇指，這究竟是什麼原因？……在經濟學內，不乏希望事事全然符合貪念、理性與均衡理論的純化論者，在他們眼中，「如果」「或者」及「但是」並不存在……他們的理論乾淨俐落，不難理解，也不艱澀，但僅剛

好沾上「科學」的邊而已。此外，提出支持自由放任主義的經濟建言似乎是比較保險的作法，且恰好又迎合1970年代興起、且目前仍不知是否會結束的政治權浪潮。[7]

可以確定的一件事是一般均衡理論的信用終將破產。一般均衡理論所提出的種種比喻與模型企圖仿效牛頓的機械力學，但其將價格比喻為鐘擺，將市場比喻為機械，以及認定價格終將如鐘擺靜止在一點，根本就不適合用來探索經濟體的行為。為什麼？因為它是錯的科學。

在這個問題所引起的百家爭鳴中，以洛克菲勒基金會（Rockefeller Foundation）自然科學總監瓦倫・偉弗（Warren Weaver），在1948年所發表的〈科學與複雜〉（*Science and Complexity*）一文最具震撼力。回顧過去三百年來的科學進展，再看看人類世界目前所面臨的諸多挑戰，偉弗彙整出科學可幫助我們了解的三類問題。位在其中一端的是簡單的問題，僅牽涉到一、兩個變數與線性因果關係，例如，滾動的撞球、從樹上掉下來的蘋果、星球的運行軌道等。

牛頓的古典力學可充分解答這類問題。在另外一端則是混亂的複雜問題，牽涉到數十億變數的隨機運動，例如，氣體分子的運動。在這類問題的解答與分析上，以統計學與機率最佳。

位在兩端之間的浩瀚空間裡是眾多神奇且存在某種組織的複雜問題，牽涉到大量彼此相關的變數，這些變數形成複雜但有組織的系統。偉弗舉出擊中牛頓的蘋果未能解答的若干問題：「為什麼月見草會開花？為什麼鹽水不能止渴？……病毒是活的有機體嗎？」他指出經濟學上的問題位在這個浩瀚空間內：「哪些因素決定小

麥的價格？在多大的限度內，可安全放任供需等市場力量運作？在怎樣的情況下，必須利用經濟控制來阻止經濟衰退？」事實上，偉弗發現人類所面臨的生物、生態、經濟、社會與政治挑戰，多數屬於這個浩瀚空間內的組織性複雜問題，也是人類最不了解的問題。「人類的明日世界取決於多數的這些問題。要解答這些問題，科學需要勇敢且積極的跨出第三步。」偉弗說道。[8]

偉弗口中的第三步在1970年代發生了。當時，研究系統內眾多要素之間的關係如何影響整個系統行為的複雜科學開始起步。自此之後，許多領域的研究發生轉變，從生態系統、電腦網路、氣候模式到疾病傳播等領域。雖然第三步的重點在於對複雜的研究，但其核心概念其實相當容易了解，亦即，雖然身為人類的我們與生俱來擁有直覺，但我們可以透過教育、訓練與經驗來學習，因而成為更棒的「系統思想家」。越來越多的經濟學家亦加入思考系統的行列，致使複雜經濟學、網絡理論與演化經濟學成為最富活力的經濟研究領域之一。

但由於傑文斯與瓦爾拉斯的影響實在太過強大，多數的經濟學授課與教科書仍然向學生灌輸經濟市場是線性的、可預測的，以機械力學來比喻市場，最後再以市場均衡作為總結。這樣的教學內容所培養出來的下一代經濟學家，恐無力處理今日現代世界的複雜。

經濟學家大衛・科蘭德（David Colander）在其活潑有趣的〈站在2050年回顧世界〉（*look back from 2050*）中指出，到了2020年，多數科學家，無論是物理學家或生物學家，都將明白一件事——對複雜的思考能力攸關我們對這個世界的了解。但在這股浪潮中，經濟學家卻反應慢半拍，必須等到2030年，「多數經濟研究者才會

相信經濟是個複雜系統，屬於一門複雜科學。」[9]科蘭德對未來所作的預測如果成

真，則經濟學界的覺醒可能太晚了。何須等到2030年？我們現在就可以煞車，不要

再因為牛頓而將經濟市場比喻為機械力學。我們現在就可以導正我們的方向，脫下

緊箍咒，以正確且精闢的方式了解經濟系統。

● 與複雜共舞

在系統思維的核心處存在三大看似簡單、但其實不簡單的概念。這三個概念

分別是：**存量與流量**（stocks and flows）、**反饋環**（feedback loops），以及**延遲**

（delay）。從這三個概念的字面不難看出它們的意義，但一旦它們開始相互牽動，

困惑就開始出現。

在這三個概念的相互牽動中，許多令人吃驚的、特殊的、無預警的事件一一湧

現。這三個概念令我聯想起日落時分，成千上萬的椋鳥群起飛起，夾帶嘰嘰喳喳的

鳥聲，聲勢浩大，如史詩般。每隻椋鳥在空中飛翔、盤旋或轉彎，動作異常敏捷，

跟鄰鳥之間的距離只有短短的翅膀寬，且牠們還可以俯衝。當成千上萬的椋鳥聚集

在一起，以一致的動作飛行，如同受過軍紀訓練，在日落黃昏的天空中，看起來簡

直就像是龐大的驚人生物體，似乎隨時都可能展開襲擊。

那麼，「系統」究竟是什麼？簡單說，**系統是由彼此牽動的人事物所形成的一**

個動態體，具有鮮明的行為模式。生物體中的細胞、抗議群眾、一大群鳥、親人所

組成的家族，或銀行，都可以是個系統。系統因其組成體之間的牽動而產生某種特

定行為。前述「存量與流量」「反饋環」與「延遲」，是影響組成體相互牽動的因素之一。

　　「存量與流量」是任何一個系統所具有的基本特質：任何東西的數量都可能增加或減少，就像浴缸中的水、海裡的魚、地球上的人類、社區的信任感，或存在銀行的錢。由於數量會增減，因此存量會隨著時間改變。以浴缸來說，水流入及流出浴缸的速度決定浴缸內的水量，亦即「存量」。雞舍內的雞數量增加或減少，取決於誕生的小雞數與死亡的雞隻數。存入撲滿的硬幣如果多於拿出的數量，撲滿的硬幣存量就會增多。

　　如果存量與流量是一個系統的核心要素，那麼反饋環就是它們之間的牽動。在每個系統內，反饋環分成兩種：**正反饋環**及**負反饋環**。以正反饋環來說，其效應為「好的會更好，壞的會更壞」。正反饋環會擴大、強化或促進正在發生中的好事或壞事，使好事或壞事宛如一波波漣漪般增強，如果不察，可能最後是如同火山爆發般的成長或崩壞。母雞生蛋，蛋孵化成小雞，因此雞的數量增加——這是好事變得更好的一例。

　　如果是運動場上的打鬥事件，單是一個推擠動作可能在幾秒內就演變成全武行——這是壞事變得更壞的一例。存款帳戶中的利息會使帳戶中的存款金額增加，而這會增加下一期的存款利息金額，於是財富將增加。但正反饋環亦會導致崩壞：「少會更少」。例如，一間銀行如喪失了存戶的信心，存戶提光他們存在該銀行的錢，於是該銀行資金開始不足，進一步惡化存戶的信心，最後造成銀行關門大吉。

　　正反饋促使好事變得更好、壞事變得更壞；相對地，負反饋環則阻止好事變

得更好、壞事變得更壞。負反饋環會逆轉或抵消正在發生的事，因此往往可調節系統。人體利用負反饋環來維持體溫：體溫過高，我們會開始流汗，以降低體溫；當我們覺得冷時，身體會發抖，藉以暖和身體。家裡的自動調溫器以類似方式維持房內的室溫。在發生扭打的運動場中，某人可能插手，充當和事佬。就效應來說，負反饋環可透過其逆轉力量而讓系統回穩。

在正負反饋環一來一往下，「複雜」於焉產生；當「複雜」動起來時，系統的行為便應運而生，且往往難以預測。正負反饋環之間的拉扯最能扼要說明系統思維的核心概念。在這裡，我們使用簡單的雞、雞蛋與過馬路作為說明，見下圖。[10]

每個箭頭代表因果方向。每個箭頭都有一個正號（＋）或負號（−）。正號代表正向的因果關係（例如雞越多，過馬路的雞就越多）；負號代表反向的因果關係（例如過馬路的雞越多，雞的數量將減少）。每對箭頭形成一個反饋環；R代表正反

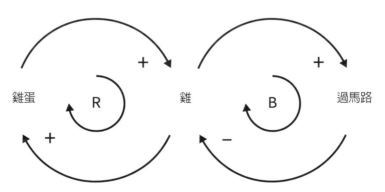

反饋環：複雜系統的基礎。
正反饋環（R）強化正在發生的事，負反饋環（B）則逆轉正在發生中的事。在正負反饋環的拉扯中，複雜於焉產生。

饋環，B代表負反饋環。在左邊的是正反饋環：雞越多，生出的雞蛋就越多，因此孵出來的小雞也越多。右邊是負反饋環：過馬路的雞越多，雞數量將越少，因為遭車撞死的雞將增多。

在我們舉出的這個簡化系統內，當兩個反饋環發揮它們的作用力時，雞群的數量將隨著時間發生怎樣的變化？（假設雞群中至少有一隻公雞，且雞群沒有糧食不足問題）。依據兩個反饋環的力量消長，亦即母雞生出小雞的速度，以及雞過馬路遭車撞死的數量，雞群的數量可能指數式成長，或減少，或持穩（如果小雞孵化與小雞過馬路遭車撞死的時距拉長，亦即前文提到的「延遲」拉長的話）。

造成數量增減的流入與流出之間的時距，亦即前文所提到的「延遲」，這存在每個系統內，它們可以產生很大的影響力。有時候，系統因為「延遲」而保持穩定，讓存量得以累積，或讓存量發揮緩衝或吸收衝擊的效用，例如電池內的電力、櫥櫃內的備糧，或是銀行內的存款。但「延遲」亦可能讓系統停滯，因為不管多麼努力，都需要時間才能實現所要的結果，例如造林、建立社區的信任，或改善學校的考試評分。如果系統反應遲緩，「延遲」可能拉長來回震盪的時間，就像一個人在初次使用的浴室裡沖澡，因為不熟悉蓮蓬頭的冷熱水調節，因而上上下下反覆扳轉冷熱水龍頭。

在「存量」「流入」「流出」「反饋環」與「延遲」的交互作用下，具有調適力的複雜系統於焉產生。之所以複雜，原因在於系統難以預測的突發性行為；之所以具有調適力，原因在於系統會隨著時間不斷演進。從椋鳥、雞、浴缸與蓮蓬頭等

舉例說明中,讀者應可清楚明白系統思考大大有助我們了解人類的萬千世界,從企業帝國的崛起到生態系統的崩壞。

許多事乍看之下,似乎是突發性的外源事件——主流經濟學家往往將這類事件稱爲「外生衝擊」(exogenous shocks),但其實它們源自內在變化。政治經濟學家奧里‧加爾(Orit Gal)指稱「複雜學的理論告訴我們重大事件是熟化的一種外顯,在諸力量的推動下爆發:它們反映出系統內早已發生的變化。」[11]

從這點來看,1989年柏林圍牆瓦解、2008年雷曼兄弟破產,以及因爲地球暖化而急速縮小的格陵蘭冰原,都有類似的共通點。在媒體報導中,這三個事件宛如一夕之間的事,但其實早已蟄伏許久、有跡可循,引爆原因是因爲系統內日積月累的壓力——東歐長久以來的政治陳抗,沉痾已久的銀行次貸,以及詬病許久的溫室效應。

如同系統思想運動的早期推動者唐內拉‧梅多斯所說的:「我們應正視問題,我們的宇宙雜亂無章。宇宙不是線性的,它既狂暴又混亂。它是動態的。在它的行進道路上,它將時間花在產生瞬變行爲上,並不符合數學公式所表達的均衡。宇宙可自我組織,它不斷演進。它創造出來的是分歧,不是統一。這正是世界有趣的原因,世界因而美麗且世代運行。」[12]

● 經濟學中的複雜性

經濟需要擁抱動態分析,絕對不是近年來才產生的覺醒。過去一百五十年來,各學派的經濟學家力圖不再仿效牛頓的物理學,但由於均衡理論及其簡潔俐落的數

學公式一直位居支配地位，讓他們的努力往往徒勞無功。傑文斯亦認為經濟分析應是動態的，但由於缺乏可共同努力的數學家，他轉向比較兩個時間點的「比較靜態學」（comparative statics）：這項妥協非常令人扼腕，因為其促使傑文斯遠離而不是走向他所要尋找的知識寶庫。[13]

在1860年代中，馬克思說明勞工與資本家之間的所得占比，將如何因為產能與雇用關係的永久自我循環而持續擺盪。[14]十九世紀結束時，經濟學家托斯丹・凡勃倫（Thorstein Veblen）抨擊經濟學「無力地走在時代後頭，不求精進」，因此，無法解釋變化或發展，[15]而阿爾弗雷德・馬歇爾則反對以機械力學來比喻市場，主張應將經濟學視為是「生物學的一門分支而予廣泛解讀」。[16]

在二十世紀，立場深深對立的反對學派，亦同樣試圖承認經濟固有的動態性，但卻仍然不能拋棄均衡理論的舊思維。1920年代，凱因斯對經濟學家使用比較靜態學提出抨擊，指出真正重要的是兩個經濟事件之間所發生的事。「經濟學家派給自己太過於簡單，又太過於無用的任務，」他寫道，「就好像在暴風雨季節，他們只能在暴風雨早就過去，海面又風平浪靜時，才跟我們說暴風雨發生了。」[17]在1940年代，約瑟夫・熊彼得在動態論中引用馬克思的思想，藉以說明資本主義的「創造性破壞」，如何透過一波又一波的創新與破壞而使企業周期不斷循環再生。[18]

在1950年代，比爾・菲利浦斯發明MONIAC貨幣國民收入模擬計算機，其用意是希望以系統動態學來取代比較靜態學。透過該計算機的水流入與流出水槽，可觀察貨幣的波動與時滯（time lags）等。在1960年代中，喬安・羅賓遜（Joan Robinson）嚴厲抨擊均衡理論的經濟思維，其堅信「符合人類真實歷史的經濟模型

必須脫下市場均衡理論的緊箍咒；事實上，徹底脫下市場均衡緊箍咒的模型才是正常的」。[19]在1970年代，被尊稱爲新自由主義之父的海耶克，指稱經濟學家「一窩蜂的盲從物理學界大放異彩的理論，是經濟學上的一大錯誤」。[20]

因此，我們應聽取他們睿智的建言，將均衡理論的思維拋諸腦後，開始將經濟視爲一個系統而予以思考。在思考供需時，不要再受限於僵化又死板的供需線交集，應從正負反饋環之間的牽動來思考。同時，拋下經濟學家喜愛的「經濟外部性」概念。所謂經濟外部性，係指**行爲者的舉動致使旁人所蒙受的好處或壞處**，例如工廠排放有毒的廢水至河川中致使下游居民受害；或是都市中的單車騎士吸入汽車所排放出來廢氣。生態經濟學家赫曼·達利（Herman Daly）指出負外部性係指「我們歸類爲『外部』代價的東西，原因無他，因爲我們沒有在經濟理論中爲它們提出良策」。[21]

系統動態學專家約翰·史特曼（John Sterman）亦提出類似觀點，「其實並沒有所謂的副作用，只有效應而已，」他說道，指出副作用「只彰顯出我們的心理學模型的界線太過於窄短，或是我們的時線過短。」[22]由於全球經濟的規模與相互牽動性，在二十世紀理論中被視爲「外部性」的許多經濟效應，轉而被用來說明二十一世紀中的社會與生態危機。這些效應不再是經濟活動門外不痛不癢的憂慮。若要打造能讓全體人類繁榮富裕的經濟體系，探討這些效應並提出良策是極重要的。

從這點來說，均衡經濟學可說是種系統分析（雖然這似乎不符合我們的直覺），不過卻是極端受限的系統分析。透過對市場系統如何作動制定非常狹隘的假設，均衡理論因而獲得其所要獲得的結果——這些假設包括完美的競爭、報酬遞

減、全盤知情，以及理性的行為者——致使價格機制得以充分扮演負反饋環，在不受到任何錯誤效應的阻撓下，促使市場恢復均衡。

　　還記得前文提到的椋鳥嗎？如果各位希望讓牠們每一隻都靜止不動，會怎麼做？各位可能將每隻鳥各自關在一只小小的籠子裡，然後將籠子放在一間安靜的暗房，因為這可讓牠們安靜待在籠子裡。但一旦將牠們放出籠子，讓牠們返回天空，別期望牠們會像待在籠子般安靜。牠們會在天空中盡情飛翔、翻轉，儼然就是一個作動中的複雜系統。在均衡模型中，經濟體內的作動者就像關在籠子裡的椋鳥，均衡模型所制定的諸假設就是籠子。但一旦撤掉這些假設，進入真實世界裡，現實的殘酷將接踵而來。金融危機、貧富差距拉大，以及氣候變遷惡化，僅是其中幾例。

● 經濟泡沫、經濟繁榮及經濟蕭條：金融的動態學

　　如果金融產品的交易員是鳥，想必他們所展現的奇特行為就像在天空中翱翔的椋鳥（差別在於椋鳥不會搞出金融危機）。金融交易員之所以行為怪異，原因出在投資家喬治・索羅斯（George Soros）所說的「市場反射」：市場參與者對市場的看法會影響金融事件的發展，因而產生某種反饋模式，而金融事件的發展又會影響市場參與者的看法。[23]

　　無論我們是金融交易員或青少年，我們的自畫像顯示我們不是依據一成不變的喜惡來行事的孤獨個體：我們深深受到周遭人事物的影響，且往往覺得身為其中一分子是件樂事。當一樣產品引起消費者想要擁有的欲望，流行風潮於焉掀起，進一

步助長該產品熱銷，因而成為該季節一定要買的玩具，或人手一件的火紅小配件，或是如病毒蔓延流行的舞蹈（任誰也忘不了南韓歌手Psy主唱的〈江南style〉）。

發生頻率不相上下，但沒讓人那麼開心的是金融商品的泡沫化，例如某股票的股價一直飆漲，最後終於爆炸而開始跌跌不休。「經濟泡沫」這個名詞源自1720年的「南海泡沫事件」，牛頓也因為南海泡沫事件而賠錢，且自此不許他人在他面前提到南海泡沫事件。話說在1720年3月，因為跟英國政商關係良好，而成為唯一可跟南美殖民地買賣交易的壟斷企業「南海公司」的股價開始飆漲，因為市場謠傳該公司在海外的事業非常成功。

牛頓亦買了南海公司的股票，且在4月時變賣，大賺一筆。但南海公司的股價持續飆漲，在全國瘋狂炒股的氣氛帶動下，牛頓轉頭再次跳入股海。牛頓在6月時再度買入南海公司股票，當時股價早已飆得更高，但短短兩個月後股價泡沫沸騰到最高點，於是股價開始急挫。就這樣，牛頓賠光他的畢生積蓄。「我可以算出天體的運行軌跡，但卻算不出人類的失心瘋。」他在股價泡沫化之後感慨說道。[36]雖然精通機械與力學，但牛頓卻在「複雜」這門學問上栽了大跟斗。

如同牛頓，如果我們不了解我們生活所在的動態系統，我們將付出昂貴的代價。很明顯的，2008年金融危機就是我們所付出的代價之一。英國女王曾忍不住問道：「為什麼沒有人察覺它即將發生？」因為在它發生之前，當時在經濟理論中位居主流地位的均衡理論，促使多數經濟分析師疏於注意銀行業，包括銀行業的結構與銀行界的行為。

令人難以置信的是，當時眾多重要的金融機構：從英格蘭銀行、歐洲中央銀行

到美國的聯準會，全都使用未將民營銀行納爲參數的宏觀經濟學模型，這樣的疏失最後證實是致命的錯誤。經濟學家史帝夫‧金（Steve Keen）是少數察覺金融危機即將爆發的其中一人，其一語道出重點：「要分析資本主義，但卻漏掉銀行、負債與貨幣等，就像要分析鳥類，但卻漏掉鳥類的翅膀。這只能自求多福了。」[25]

　　由於均衡理論位居支配地位，多數經濟政策制定者因而閃躲動態經濟體內各種力量拉扯可能造成不安定的事實。在2008年金融危機發生前的十年，由於忘記系統壓力正在日積月累，英國首相戈登‧布朗（Gordon Brown）高呼景氣起落已經結束，[26]而美國聯邦準備理事會主席班‧柏南奇（Ben Bernanke）則對他口中的「大平穩」熱烈伸出雙手。[27]2008年之後經濟變得非常蕭條，許多人開始重拾經濟學家海曼‧明斯基（Hyman Minsky）長久以來受到忽視的著作，尤其是他在1975年所提出的金融不穩定學說，該學說將動態分析置於宏觀經濟學的核心處。

　　明斯基發現一件事──在金融的世界裡，「穩定」會孕育出「不穩定」。爲什麼？原因當然是正反饋環。當景氣意氣風發時，銀行、企業與借款人全對市場信心滿滿，願意放手一搏，因而推高房價與其他金融商品的價格。房價與其他金融商品的價格漲起後，借款人與放款人對市場更有信心，他們認爲價格將持續走揚。

　　明斯基說道，「嘗過一、兩次賺錢的甜頭後，開始冒險進行投機性投資，正是資本主義經濟體系中的一項不穩定。」[28]當價格最後跟期望背道而馳時（這是必然發生的事），信貸違約如雨後春筍冒出，金融商品的價格持續狂瀉，在名爲「明斯基時刻」（Minsky moment）的時間點，金融墜落破產的懸崖，引爆金融危機。猜猜看，金融危機之後，會發生什麼事？答案是投資人又慢慢對市場恢復信心。於是在

非均衡動態經濟體系的循環中，這樣的情節一再重演。從前文提到的雞過馬路，我們可以學到許多東西。

2008年，由於金融監管者不了解銀行網絡因爲各種力量的拉扯所產生的動態，使得市場不穩定所引發的影響進一步惡化。在2008年金融危機發生前，這些監管者認爲市場參與者所形成的網絡一定可以化解市場風險，因此他們所制定的法規只監督網絡中的結點，亦即，個別銀行，並未監督網絡節點之間的關聯。

但2008年的金融危機清楚向我們證明網絡既堅固又脆弱：在平常時間，網絡是堅固的避震器，可抵禦外來衝擊，但隨著網絡的發展，網絡逐漸變成脆弱且成爲衝擊放大器。英格蘭銀行的安迪・哈丹（Andy Haldane）發現當網絡中有若干超級節點扮演重要樞紐的角色，且節點之間的關聯過多，再加上遠距離節點之間自創捷徑而自成一個小世界時，就更容易觸發網絡發生這種轉變。

1985至2005年間，全球的金融網絡發展出這三個觸發特色，但由於對系統缺乏正確見解，監管者未能察覺。[28]布朗在金融危機之後坦承「我們所打造出來的監管系統只專注在個別機構上。這是個嚴重錯誤。我們不了解危機如何在整個系統內蔓延，我們不了解機構之間的牽動，雖然我們常常談論這個世界，但其實我們不了解這個世界。」[29]

由於2008年金融危機的教訓，促使新的金融市場動態模型建立。前文提到的史帝夫・金與電腦程式設計師魯素・史坦迪斯（Russell Standish）組成團隊，設計出第一個系統動態程式，且很貼切的命名爲明斯基（Minsky），是經濟學的一個不均衡模型，以嚴謹的態度吸取銀行、負債與貨幣的教訓。金以他特有的風格告訴我，

「明斯基（Minsky）就像是經濟學的翅膀。我們終於有機會了解經濟如何飛翔。」[31]
這是其中一個建立在複雜學的高瞻遠矚方法，可用來了解金融市場對宏觀經濟學的
影響。

● 成功為成功之母：財富不均

在均衡理論的經濟世界中，財富不均僅是一個不痛不癢的問題。理論說市場落
實獎勵，因此有能力且努力的人終將獲得回報。所獲得的回報如果不同，原因一定
是出在努力程度不同。在這樣的理論下，人們於是用心追尋創新，努力工作。

但我們住在一個不均衡的世界中，強大的正反饋環發揮其作用力，於是富者
越富，貧者越貧，分別位居貧富兩端。在系統專家的口中，這稱為「成功為成功之
母」（Success to the Successful），例如在第一回合競賽中的獲勝者，其在第二回合
獲勝的機率將提高。

均衡理論指稱，有時一家企業會因為強大的正反饋環效應而成為市場中的寡
頭供應者，但它指出這只是特例。早在1920年代，義大利經濟學家皮耶羅·斯拉法
（Piero Sraffa）即提出相反論點：**當談到企業的供應曲線時，報酬遞增往往才是規
範，而不是所謂的報酬遞減法則**。斯拉法指出經驗顯示當許多產業內的企業擴增產
量時，他們的單位成本因而減低。這些企業往往成為市場的寡頭供應者，甚至是壟
斷者，因此市場根本不是處在完美的競爭狀態。[32]斯拉法的論點吻合今日我們所見到
的企業景象。

單以糧食產業來說，四大糧商ABCD（分別為ADM、Bunge、Cargill與Louis Dreyfus）掌控全球穀物交易額的75%以上。另外四家公司在全球的種籽交易量中占了50%以上；單是六家農藥公司即掌控全球75%的肥料與除蟲劑市場。[33]以2011年來說，單是摩根大通銀行、花旗銀行、美國銀行與高盛銀行等四家華爾街銀行，在美國金融業的金融衍生商品交易量中即占了95%。[34]這形成寡頭現象，其他許多產業亦是相同情形，從媒體、電腦、電信到超市等產業。

曾玩過「大富翁」（Monopoly）這款遊戲的人想必非常精通「成功為成功之母」的動態機制：遊戲中靠擲骰子而最早到達某個地方的玩家可買下該塊土地後蓋飯店，然後向其他玩家收取高額租金，因此最後只有一位勝利者，其他玩家都將以破產收場。令人匪夷所思的一點是，該款遊戲的名稱原為「地主遊戲」（The Landlord's Game），用意是要彰顯土地集中在少數人手裡所造成的社會不公。

該款遊戲的發明人為伊莉莎白‧馬奇（Elizabeth Magie），是現代土地制度改革運動人物亨利‧喬治（Henry George）學說的熱情支持者。她在1903年發明該款遊戲時，為遊戲設計兩個迥然不同的遊戲規則。其中一個遊戲規則的名稱為「共創富裕」（Prosperity）。在這個遊戲規則中，每當一位玩家購買土地時，每位玩家都可賺到錢（呼應喬治的土地徵稅呼籲）。當以最少錢開始遊戲的玩家在遊戲中的錢變成兩倍時，遊戲便結束，每位玩家都是遊戲的贏家。另一個遊戲規則的名稱是「壟斷」（Monopolist）。

在這個遊戲規則中，有房產的玩家向沒有房產的可憐玩家收取租金，當其他所有玩家都破產時，剩下的唯一玩家即是遊戲的贏家。馬奇表示其之所以設計出

這兩個截然不同的遊戲規則，是希望讓玩家透過遊戲體驗「目前的土地制度及其後果」，藉以了解不同的土地所有權制度將爲我們的社會帶來如何不同的後果。「我們可以將這款遊戲稱爲『生存遊戲』，」馬奇說，「因爲這款遊戲含有現實生活中功成名就與一敗塗地的各項元素。」但在1930年代，當帕克兄弟公司（Parker Brothers）向馬奇買下地主遊戲的專利後，他們重新包裝，以大富翁的名稱推出遊戲，但該款遊戲只有一個遊戲規則：打敗其他所有玩家，成爲唯一歡慶勝利的獲勝者。㉟

遊戲中的財富分布動態亦展現在電腦所模擬的經濟系統。美國經濟學家勞勃·梭羅（Robert Solow）大力抨擊現代宏觀經濟學，譏笑市場均衡模型，其表示市場均衡模型中只有一位「代表」，未將衆多的市場參與者納入模型之中，將經濟體系簡化成僅有一位以預期方式回應「外部衝擊」的消費者──勞工──業主。自1980年代以來，複雜經濟學家一直在研究其他方法，包括「建立在代理人」的模型。這類模型以諸位不同代理人所形成的陣列作爲模型的起點，且遵照簡單的諸規則來回應及適應周遭的人事物。一旦該電腦模型完成所有的設定後，程式人員只需要按下開始鈕，模型中的諸位代理人就會開始作動。這時只需要坐下來，觀察模型中諸代理人互動所展現出來的動態模式。透過這樣的觀察，可了解許多事。

1992年，在名爲「大糖帝國」（Sugarscape）的劃時代電腦模擬中，電腦模型設計師喬舒亞·愛波斯坦（Joshua Epstein）與羅伯特·阿斯特爾（Robert Axtell）製作出一個虛擬社會模型，以了解財富分布如何隨著時間變化。大糖帝國類似一塊大棋盤，盤面分割成50×50個方格，盤面有人類世界的景觀，包括兩座巨大糖堆，兩座

糖堆之間則是非常稀疏的糖平原。[⑥]

　　盤面上有許多想要獲得糖的人類，有些人移動速度較快，有些人可以看見較遠的地方，有些人燃燒糖的速度較快。他們全都仔細看著盤面上的方格，準備越過方格拿到可讓他們生存的糖。一開始，以隨機方式，將一些糖分配給盤面上的人類：有些人擁有較多的糖，有些人擁有較少的糖，但多數人擁有中等量的糖。電腦模擬開始後，很快地，在盤面上，可以發現只有少數人擁有大量的糖，大多數人只擁有少量的糖。沒錯，造成這種差異的原因可能是他們各有不同的特質，例如速度、視力、新陳代謝與出發點等，但單是這些特質不足以造成最後所出現的驚人不均。

　　事實上這樣的不均主要來自「大糖帝國」社會中的動態：糖代表財富，擁有越多糖就可獲得更多糖，典型的「成功為成功之母」一例。但最驚人的是，即使是小小的機會差異，例如可以幸運地提早休息，或光只是走錯第一步，都會快速拉大差距，使他們在盤面上的糖社會中，步向截然不同的命運。[⑦]「大糖帝國」所創造出來的電腦世界當然不是真實的現實世界，但其動態進一步反駁財富不均的主要原因是能力與努力上的差異。

　　早在大富翁遊戲與大糖帝國出現前，就有人提出「成功為成功之母」的理論。兩千年前，聖經就提到「富者越富，貧者越貧」的概念，且後來被稱為「馬太效應」（Matthew Effect）。在學生的教育成果、就業機會，以及收入與財富上都可以見到馬太效應所說的「強者越強、弱者越弱」現象。在今日，「富者越富，貧者越貧」的現象依然存在。在1988至2008的二十年中，全球多數國家的貧富不均益發嚴重，造成中產階級正在消失之中。

在這二十年間，全球的貧富不均略爲減輕（主要原因是中國的貧窮率下滑），但貧富兩個極端的窮人與富人卻顯著增加。在這二十年間，在全球增加的總財富之中，超過50%落入全球前5%的有錢人口袋，只有11%落入全球前50%的窮人手中。⑧要落實甜甜圈經濟，需要逆轉拉大的貧富差距，因此，找到良策來削弱「成功是成功之母」的反饋環絕對是必要的。本書將在第5章探討這個主題。

● 浴缸中的水：氣候變遷的動態機制

在主流理論中，經濟外部性由於其字面上的名稱而被視爲是個不痛不癢的問題。但當我們正視經濟外部性是種效應，且承認經濟是生物圈的一部分時（如我們在第2章的討論），我們將立即清楚了解這些效應是反饋的累積，且可能擾亂第一個產生它們的經濟系統。

所謂的「環境外部性」（environmental externalities）亦是相同道理，例如大氣中的溫室氣體可能因爲持續惡化而引爆氣候變遷的大災難。無怪乎諸如MIT系統動態團隊的總監約翰‧史特曼（John Sterman）等系統思維家，企圖找到良策來解決政策制定者在氣候變遷處理上的盲點，因爲金融危機還有挽救機會，但在氣候變遷的災難中，我們卻沒有死裡逃生的機會。

要了解氣候系統內壓力如何產生與累積，我們須先了解二氧化碳的排放，與大氣中二氧化碳濃度之間的基本關係。令人憂心的是，史特曼發現即使是MIT的頂尖資優生對二氧化碳的產生、流動與積聚亦只有不甚正確的直覺式了解：他們多數認

為**單是阻止全球二氧化碳的排放繼續惡化，就足以遏止大氣中的二氧化碳增加。**

　　基於這個原因，史特曼利用一個典型的比喻，將大氣比喻成一個有水龍頭與出水孔的大浴缸：當二氧化碳排放到大氣時，這個浴缸就會充滿二氧化碳；當二氧化碳因為植物的光合作用與溶解於海洋而減少時，浴缸內的二氧化碳就會排空。這個浴缸比喻告訴我們什麼？當從水龍頭流入浴缸的水少於出水孔排出的水時，浴缸中的水量就會開始減少，因此當排放到大氣中的二氧化碳少於大氣所排出的二氧化碳量時，大氣中的二氧化碳濃度就會降低。

　　史特曼於2009年首次描繪出這個浴缸比喻圖，當時全球每年排放90億噸的二氧化碳到大氣中，但排出量卻只有50億噸：這告訴我們每年的排放量必須減少一半，才能降低大氣中的二氧化碳濃度。史特曼領悟到一件事──就連MIT的學生都不甚了解，難怪政策制定者也是霧裡看花，「這暴露出政策制定者小看了減少溫室氣體與阻止地球暖化的重要性。」他語重心長地提出警語。[39]

　　如同當初發明大富翁這款遊戲的馬奇，史特曼與同仁亦開始設計一款有助宣導氣候動態學的遊戲，玩家可透過遊戲來了解氣候的諸多要素。他們設計出使用簡易的一款電腦模擬程式，名為「快速氣候概觀及決策支援模擬系統」（Climate Rapid Overview and Decision Support，C-ROADS），以幫助政府預覽他們的政策與計畫可能產生的影響。

　　C-ROADS可快速彙整所有國家宣稱他們所要實現的溫室氣體減量，且可顯示這些國家的努力將對全球排放、大氣濃度、氣溫變化與海平面上升產生怎樣的長期影響。美國、中國與歐盟的有關團隊都使用了C-ROADS，更重要的是，C-ROADS使他

們了解全球所需要的減量速度與減量規模。「沒有諸如此類的工具，」史特曼說，「氣候變遷的工作者將無法發展系統思考能力，亦不可了解地球的氣候。」

對過去十年的國際氣候協議，C-ROADS是非常寶貴的工具，尤其是對真正的政策制定者。為了增強模擬的震撼力，C-ROADS的設計團隊讓強權國家的代表坐在堆滿點心的桌邊，而低開發國家的代表則坐在地板上。

2009年，當深受海平面上升威脅而有沉島可能的密克羅尼西亞聯邦總統參與C-ROADS遊戲中的角色扮演時，他堅持坐在地板上。在遊戲中，在各國進行協商時，如果強權國做出過低的減量保證或不把減量當一回事，遊戲中的模擬功能將模擬海平面上升一公尺的情景。因此，C-ROADS團隊以一條大大的藍布遮住坐在地板上的每位代表，包括密克羅尼西亞聯邦的總統。「他戰慄發抖，」史特曼說，「因為有史以來第一次人們終於看見海平面上升可能造成的後果。」若不了解或未親身體驗存量、流入及流出等參數的動態關係，我們將無法了解我們需要怎樣的能源轉型速度與規模，才能讓人類所造成的氣候變遷回歸到地球的包容界線內。

● 避免崩壞

從系統觀點來看，在全球經濟發展的主要行進方向上，橫躺著日漸拉大的財富不均與生態惡化。坦白說，這些現象類似當年導致復活節島與格陵蘭諾爾斯語等早期人類文明隕歿的情況。環境歷史學家賈德‧戴蒙（Jared Diamond）指出**當一個社會開始破壞其生存所賴的資源，且該社會中的成員分成不同階級，由少數高高在**

上、所謂的菁英掌控資源時，該社會將大大減弱其改變的能力。戴蒙警告我們，當握有決定權的這群菁英為了他們的短期利益而選擇背離整個社會的長期利益時，「將埋下後患無窮的種籽」。[41]有時候某些崩壞被認為是人類進展過程中的罕見失誤，但其實它們的發生頻率驚人地高。

事實上人類文明的崩壞，包括羅馬帝國、中國的漢朝與馬雅文明，很清楚地告訴我們即使是複雜且善於創造的文明都可能衰敗。[43]那麼，系統思維是否可幫助我們知道這樣的歷史是否可能重演？

對這個問題的研究，以1972年的《成長的極限》（*Limits to Growth*）一書的探討最為知名。該書由MIT的數位作者合著。這群作者設計出名為World 3的電腦動態模型，是其中一個最早的全球經濟電腦模型。他們的目的是探索2100年前的諸多經濟情景。他們將其認為具有決定性影響力、但最後會限制產能成長的五個因素納入他們的研究之中。

這五個因素分別為：人口，農業生產，自然資源，工業生產，以及汙染。他們的研究指稱隨著全球人口與產能不斷增長，不可再生資源的數量，例如石油、礦物與金屬將耗盡，造成工業產能與糧食生產減少，最後將導致飢荒，導致人口大量減少，且將大大拉低全體人類的生活水準。他們的研究發表後，隨即引起世人對世界現況的關切，並使系統思維成為政策辯論中的一個要角，在一心追求成長的企業等圈子引起騷動。[44]

很快的，主流經濟學家嘲笑該模型的設計，指稱該模型小看了市場內價格機制的平衡力量。他們指稱如果不可再生資源變得稀少，則它們的價格將上揚，這將使

它們的使用效能提高，且市場將增加替代資源的使用量，人類將尋找可獲得資源的新源頭。但在反駁World 3及其所提出的成長限制的同時，這群主流經濟學家亦太快否認1970年代中模型稱為「汙染」的角色與效應──不同於金屬、礦物與石化燃料，汙染通常沒有價格，因此不會產生直接的市場反饋。

World 3的汙染模型最後顯示其有先見之明：今日，我們可使用更具體、更明確的字詞作為不同汙染的命名，如同對地球造成壓力的眾多不同生態惡化，例如氣候變遷、化學汙染、海洋酸化，以及生物多樣性喪失。更重要的是，近年來跟1972年的模型進行數據比較後，發現全球經濟似乎緊緊遵循歷史軌跡，且現在亦是如此。[6]

人類的警鐘似乎已經響起：在二十一世紀早期，我們至少侵犯了地球的四條容忍界線，數十億人口仍然生活在極端貧窮之中，半數全球財富在前1%富豪口袋中。這些正是促使人類走向崩壞的溫床。要避免人類的地球文明淪落到這種命運，很清楚的，我們需要轉型。下面兩句話道出重點：

今日的經濟是分裂的，是退化的，因為放任。

我們應透過良善的設計，讓明日的經濟是分配的，是再生的。

透過良善的設計所產生的分配式經濟，會在財富或價值產生時分散給眾人，因而有助實現均富，而不是讓財富集中在少數人手裡。在良善設計所產生的再生式經濟中，人們將充分參與地球的生命周期，因此人類將繁榮富裕，且不侵犯地球的包容界線。這是人類世世代代所要戰勝的設計挑戰。我們將在第5章與第6章探討。但

什麼樣的系統思維經濟學家可幫助我們完成這個使命？

● 再見，螺絲起子！您好，園丁大哥！

系統思維可改變我們看待經濟的方式，可邀請經濟學家丟掉他們以機械比喻經濟的舊包袱。此刻該揮手告別以機械比喻經濟。從現在起，應將經濟視爲生命體。不要再相信憑空想像的控制可以將市場拉回均衡狀態。相反地，我們應睜大眼睛，看清楚是反饋環的相互牽動促使經濟市場不斷輪轉。此時此刻是經濟學家改變的時刻：脫下工程師的安全帽，丟掉手中的螺絲起子；挽起袖子，戴上園丁手套，拿起修枝剪的時刻到了。

在經歷漫長的時間後，經濟學家應該改變了。早在1970年代，海耶克即指出經濟學家不該看起來像個工匠，應該像個照顧植物的園丁。眞令人驚訝，這句話居然出自極端支持自由放任主義的經濟學家口中，但顯然海耶克從未當過一天園丁，因爲眞正的園丁知道園藝工作絕對不是自由放任的。

在劉柏川與尼克·哈諾爾（Nick Hanauer）所合著的《民主花園》（*The Gardens of Democracy*）一書中，他們兩人指出從「機械思維」轉向「園丁思維」的同時，我們需要明白萬物需要管理，不可再相信萬物可自我調節。「要成爲好園丁，絕對不可放任自然；應予妥善照顧，」他們兩人如此寫道，「雖然植物的生長不是因爲園丁才發生，但園丁可以營造出適合植物茁壯生長的條件，且園丁會判斷哪些東西應在花園裡，哪些東西不該在花園裡。」因爲如此，身爲園丁的經濟學家必須幹勁十

足的施肥、挑選、換盆、嫁接、修枝與除草，好讓植物苗壯成長。

要在經濟上成為一位好園丁，一個方法是**擁抱進化**。經濟學界的偉大思想家艾利克・貝因霍克（Eric Beinhocker）指出經濟學家的目標不是預測及控制經濟的行為，而是「思考具有調適力的政策，在一次又一次的嘗試與調整中，幫助經濟與社會進化」。這個方法的一個要點是仿效生物學中的自然選擇（natural selection），其重點是「**多樣化—選擇—擴大**」：設計小規模的政策實驗，以測試形形色色的介入手段（多樣化），然後評估，停止那些成效不好的介入（選擇），並加重使用那些成效良好的介入（擴大）。[47]

面對今日種種的生態與社會挑戰，具有調適性的政策制定方式是非常重要的，如同美國政治經濟學家伊利諾・歐絲壯所說，「這是我們生平第一次必須處理今日如此嚴峻的全球社會問題。沒人知道哪些方法絕對管用，因此很重要的一點是，我們必須建立可快速進化且可調適的系統。」[48]

這帶來重要的啟發：如果複雜系統透過創新及偏離而進化，那麼新穎的提議與行動就更重要了，新的商業模型、補充貨幣與開源設計等皆是如此。在經濟轉變成我們所要的分配與再生式經濟的道路上，這些政策實驗不可只是邊緣活動，必須位在最前緣或在發展邊緣上。

經濟總是不斷運行著，我們如何以最佳方式管理經濟？善用系統內的「**槓桿點**」，唐內拉・梅多斯說，複雜系統內的槓桿點可讓一件小事的改變牽引其他每件事發生大改變。她相信多數經濟學家花太多時間扳動低效益的槓桿點，例如嘗試調整價格（這只會改變流的速率），但其實只要重新平衡經濟的反饋環，甚至只要改

變其目標，就可產生大很多的槓桿效應（但因為GDP成長的這個愚蠢目標，她沒有時間這麼做）。

此外，她還建議不要忙著一頭栽入改變計畫，應抱著謙虛心態，試著感應系統的節拍，就算這個系統是生病的經濟體系、岌岌可危的森林，或四分五裂的社區。透過觀察來了解系統目前如何運作，且在同時了解系統的歷史。可以確定的是，我們一定會問系統出了什麼問題，但也別忘了詢問：問題是如何發展成目前的狀態，我們應朝哪個地方前進，哪些仍然運行良好？「不要未經思考就做出介入或干涉系統的舉動，也不要破壞系統的自我維護能力，」她如此告誡我們，「在您求好心切而做出改變的舉動前，留意系統內已經存在的價值。」[49]

從這點來說，梅多斯可說是專業的經濟園丁，其花了大半生觀察社會生態系統的運作、輪轉，以及社會生態內已經存在的價值。事實上她指出有效的系統往往具有三個特質——**健全的分層式組織、自我組織能力**，以及**恢復力**——因此應予良善管理，以永保這三個特質。

首先，當系統內有巢狀的子系統來服務整個系統時，該系統即具有健全的分層式組織。這道理就像肝細胞服務肝臟，肝臟服務人體；如果肝細胞不正常增生，就會形成肝癌，這時它們不再服務人體，而是破壞人體。就經濟而言，健全的分層式組織的例子包括金融業服務經濟體系，而經濟體系則服務民生。[50]

其次，系統具有分化而使其結構更加複雜的能力，例如，細胞分裂、社會運動的發展，或是城市擴大其腹地；這種能力孕育出系統的自我組織能力。在經濟體系

內，許多的自我組織透過價格機制而在市場內持續進行著──這是經濟學家亞當·史密斯的看法，但歐絲壯與世代的女性經濟學家認為自我組織亦發生在民眾與家庭內。不管是市場、民眾或家庭，三者都可以發揮有效的自我組織能力，因而滿足人類的欲望與需求，國家應支持這三者的自我組織力。

最後一個特質是恢復力，指系統耐受壓力及從壓力中復原的能力，例如，盤子上的果凍雖然因為外力而晃動，但仍然維持其形狀，撐過暴風雨的蜘蛛絲亦是相同道理。建立在均衡理論的經濟一心只想將效益最大化，因此，忽略其可能帶來的脆弱性，我們將在下一章予以討論。在經濟結構內建立多樣化與備援（redundancy）這兩項特質，可提高經濟的恢復力，使經濟有效因應日後種種的衝擊與壓力。

● 經濟倫理

在嘗試了解經濟與生俱來的複雜性時，經濟倫理是非常重要的一環，其大意為任何產業、企業或職務負責人對其產生人事物（例如人體）影響的決定或活動負有責任。其他業界，例如醫界亦非常重視倫理，被尊稱為醫學之父的希波克拉底（Hippocrates）提出諸倫理原則，稱為「希波克拉底誓詞」，在今日是醫師行醫前的誓詞，其內容包括：首先，不傷害病人；以病人為優先；治療整個人，不單是症狀；取得病人事前的知情同意；以及在需要時，借助他人的專業。

被稱為經濟學之父的色諾芬認為家庭管理是家庭自己內部的事，因此無需倫理的規範（因為他相信他已經知道如何管理女人與奴隸）。但今日的經濟學攸關國

家治理，以及我們棲身所在的地球，因此經濟深深影響全體人類的生活。那麼，此時此刻，經濟學家應嚴肅正視倫理了嗎？丹佛大學的經濟學家、亦是倫理學家的喬治‧德馬蒂諾（George DeMartino）認為現在我們應該正視經濟倫理。「當一個行業的行事可能影響他人，該行業當然負有倫理責任，無論它是否承認，」他說。「我想不到有其他行業比經濟界更草率看待其責任，」他直言不諱地說。[51]

德馬蒂諾認為經濟政策上的建言往往遵循其稱為「**大中取大**」（maxi-max）原則，亦即在思考所有可能的政策選項時，在可能奏效的選項中，最可能奏效的選項將獲選，但在選擇時，卻失於全盤評估該選項可能產生的各種結果與影響。他說，「在過去三十年的最重要經濟介入中，大中取大一直是主要決定原則。」他指出1980與1990年代中，拉丁美洲、撒哈拉以南非洲區與前蘇聯實施民營化與市場自由化政策所產生的傷害。[52]

在倫理上，經濟界落後醫界兩千多年。現在是急起直追的時候。經濟界該動起來了。在思考德馬蒂諾發人深省的話語後，本書提出四條經濟倫理原則，供二十一世紀的經濟學家思考。

第一條原則是，以促進人類繁榮與民生富裕為己任，了解影響人類繁榮富裕的各項因素。第二條原則，尊重您所服務之社區的自治權，鼓勵社區居民參與，取得他們的同意，且在同時留意社區內有無財富不均或貧富差距等情事。第三條原則，謹慎制定政策，將傷害風險降至最低，尤其是對弱勢族群。最後一條原則是，謙卑，透明，接納不同的經濟觀點與工具。諸如前面四點的原則應成為經濟學家在畢業時宣誓的「經濟學家誓詞」（Economist's Oath）。但無論有無畢業儀式，更重要

的是經濟學子的教育應包含經濟倫理原則，且每位學子與政策制定者應落實經濟倫理。

「人類的明日不能未卜先知，」唐內拉‧梅多斯寫道，「但人類可以決定自己的明日，並用雙手讓它成真。系統是無法控制的，但我們可以傾聽系統所說的話，我們可以思考如何讓系統的特質，與人類的價值在相輔相成下，創造出遠優於單是人類決心所能產生的結果。」[3]

如果放任目前的全球經濟，在其所產生的種種分裂與退化的影響下，人類將陷入極大危險，一步步走向崩壞命運。要戰勝這項艱鉅挑戰，有賴二十一世紀的經濟學家擁抱複雜，善用對複雜的了解，透過良善的設計，將經濟──無論是地方或全球經濟，轉變成是分配式且可再生的經濟。後文將探討這個主題。如果牛頓還活在世上，我敢打賭牛頓定會帶著他的蘋果，奮不顧身加入我們的行列。

◎ CHAPTER 5

設計分配

從「經濟成長實現均富」
到分配式經濟

「沒有痛苦就沒有收穫」，這是大家耳熟能詳的一句千古名言。因為這句話，數百萬人咬緊牙根，努力工作。在1980年代，演出電影魔鬼終結者的阿諾‧史瓦辛格的嚴厲健身及其健美的肌肉在健身界引起旋風。他的標語直到今日仍是人們津津樂道的健身座右銘。它所傳達的訊息非常簡單易懂：想要擁有傲人的體格與肌肉，必須鞭策自己運動再運動，不畏辛勞。阿諾的座右銘正好一語道出經濟學上支配二十世紀晚期的一條哲理：如果想要對全國人民建立富足又公平的社會，國家必須先經歷嚴重貧富不均的社會陣痛。

很清楚的，直至今日，「沒有痛苦就沒有收穫」仍被許多政策制定者深信不疑，尤其是使貧富差距拉大，且影響弱勢族群最嚴重的勒緊褲帶的撙節措施。但如同本章所說，在經濟學的世界，沒有痛苦就沒有收穫的信念之所以錯誤，原因不在於證據，而是因為其源自一個錯誤、但深深影響經濟學的圖表。**貧富不均及社會不**

公不是每個國家必經階段，而是政策選擇所造成，其具有非常大的殺傷力，每一次的傷害都進一步將人類推離甜甜圈經濟。

不要再相信貧富不均是種經濟發展定律，不要再相信貧富不均是我們必須忍受的必然現象，二十一世紀的經濟學家應將其視為是種失敗的經濟設計，因此轉型是必要的，以讓我們的經濟有更大的財富及所得分配力量。對於這點，主要焦點不能只放在收入的重新分配，也要將重點放在財富的再分配——尤其是靠壟斷土地、貨幣擴張（money creation）、經商、科技與知識所產生的財富。我們不能單是將注意力放在市場與國家的解決對策上，要達成均富的目標亦需要民眾的努力。觀念必須從根本徹底改變，而這樣的改變正在如火如荼發生。

● 經濟上的雲霄飛車理論

如果人類要在甜甜圈經濟體系中繁榮富裕，每個人必須有決定生活的能力，如此才能過著有尊嚴、充滿機會且融入社區的生活。但從第1章的探討，我們知道數以百萬人仍然缺乏決定生活的基本能力。那麼，這些人到底在哪裡？

二十年前，這個問題的答案猜都猜得出來：多數的他們生活在世界最貧困的國家，這些國家被世界銀行歸類為低所得國家，每年的人均GDP不到1000美元。因此過去在全球抗貧大作戰上，主要重點被認為是串聯全球的協助，以為這些低所得國家提供基本的公共服務並刺激這些國家經濟成長。但今日，這個問題的回答變了，且乍聽之下不符合一般人的直覺：全球四分之三最貧困的人現住在中間所得的國家

內。原因不是因為他們搬家，而是因為國家的整體所得提高了，因此被世界銀行更改為中間所得國家。但多數這些國家，包括中國、印度、印尼與奈及利亞等大國，卻變得越來越貧富不均，這也是全球多數最貧困人口之所以位在這些國家的原因。

在高所得國家，拉大的貧富差距亦滋長了貧窮，貧富之間的差距達到三十年來最高點，許多人的所得根本無法滿足基本生活需求。[1]例如在美國，五個孩子中即有一個孩子生活在聯邦貧窮線下；自2014年以來，英國食物銀行每年發放超過一百萬包的緊急救助食糧。[2]

安迪・桑納（Andy Sumner）這位對全球貧困國家數據有精闢了解的專家說道，有史以來第一次，終結人類剝削的重要性，漸同於對抗國家內部的貧富不均與國際之間的貧富差距。「全球貧困的結構正在發生徹頭徹尾的改變，」他寫道，「導致全球貧窮的核心因素是日漸惡化的國家貧富不均與國家的政經。」[3]當然，富國與窮國之間的財富分配仍是重要的，因為3億貧困人口仍然生活在低所得國家中，這些國家主要位在撒哈拉以南的非洲地區。但由於新冒出的剝削地區，導致對抗國家貧富不均，在終結全球貧窮的議程上被列為優先要務之一。

如果國家貧富不均大作戰攸關甜甜圈經濟的實現，那麼經濟理論對這個議題提出哪些看法？雖然眾多被尊稱為經濟學之父的經濟學家對貧富不均的議題相當感興趣，但對如何隨著經濟成長來分配勞工、地主與資本家之間的所得，卻看法分歧。卡爾・馬克思認為所得的分配將走向富者越富、貧者越貧的二極化，但阿爾弗雷德・馬歇爾卻持相反看法，其認為隨著經濟發展，社會中的所得將呈現收斂走勢。但在1890年代，工程師出身的義大利經濟學家維弗雷多・帕雷托（Vilfredo Pareto）

卻從理論辯論抽身走向**數據**，企圖從數據中發現經濟事實。他蒐集英國、德國、巴黎與義大利諸城鎮的人口所得與納稅資料。

他將蒐集到的資料與數據繪成圖表。從圖表上，他看見奇怪、但又驚人的分布模式。在每張描繪出來的圖表上，他發現一個國家內，80%的所得集中在20%的人手中，剩餘20%的所得則分布在80%的人手中。帕雷托欣喜若狂，因爲他發現一條經濟法則，亦即今日人們口中的「帕雷托80＼20法則」。

此外，他指出他所蒐集到的**數據**在經分析後，一再出現陡峭的「社會金字塔」圖型，因此該金字塔必然是人類社會中一項不可改變的事實。所以帕雷托認爲嘗試再分配將產生不良後果。他的結論是，要幫助弱勢，方法是讓經濟增長，而富者正好處在可讓經濟增長的最佳位置。④

收斂、二極化或一成不變？在所得分配不公的這個議題上，辯論一直喋喋不休，但在1955年，劇情有了戲劇性發展。當時，西蒙・庫茲涅茨這位發明國民生產總值（GNP）的經濟學家蒐集美國、英國與德國的長期國民所得走勢數據。從這些數據所獲得的發現令他倒抽一口氣。在庫茲涅茨所蒐集的全部三個國家中，稅前所得不均至少從1920年代起即一直呈現縮小趨勢，甚至可能在第一次世界大戰發生前即已開始縮小。庫茲涅茨所得到的發現跟帕雷托的靜態金字塔大相逕庭。庫茲涅茨相信其發現了不同的法則：**在經濟成長時，社會中的所得不均就像雲霄飛車，一開始爬坡上升，然後保持水平，最後則是下坡。**

這是個引人好奇的發現，但跟庫茲涅茨所了解的「成功爲成功之母」卻是不一

致的。根據他的推理，富人有較多的錢，因此可爲富人產生更多財富，如此一來，貧富差距應該是隨著時間拉大，而不是縮小。因此，究竟是什麼原因，致使貧富差距像雲霄飛車上上下下？他提出一個可能的解釋：爲了討生活，城鄉人口外流到都市。庫茲涅茨認爲，在經濟發展的早期階段中，城鄉人口爲了討生活而前往都市就業，所以他們離開低薪、但高度符合平等主義的城鄉生活。由於他們前往都市賺取金額較高，但較不公平的薪資，故貧富差距隨著工業化而拉大。但在某一點，當有足夠的移工在都市中賺取較高薪資，且開始爲他們之中的低薪者爭取較高薪資時，貧富不均開始往下走，因而產生較繁榮富裕且較公平的社會。[5]

這個理論顯現出庫茲涅茨的過人才智，但卻是錯誤的，尤其是城鄉中的所得一點都不符合平等主義——他私下也坦白承認其這項假設「毫無證據」。[6]爲避免傷及聲望，庫茲涅茨在發表他的猜測時相當謹愼，指出他所分析的資料數據並不充分，僅是某段時期的歷史數據，因此不可用來作出「無根據且武斷的通論」。他坦白承認他的解釋「主要來自推測」，因此他的結論「5%依據實證資料，95%來自臆測，且可能受到其自以爲是的想法而失眞」。[7]

庫茲涅茨的推斷及警語有太多值得我們注意的地方。他所傳達出來的潛在訊息，亦即貧富不均在邁向經濟成功的道路上是不可避免的階段，絕對值得我們質疑。由於庫茲涅茨已在每位經濟學家心中烙下具有聲望的形象，因此很快地經濟學家的重點筆記內便新增「庫茲涅茨曲線」，又稱「倒U曲線」。在下頁圖的庫茲涅茨曲線上，x軸代表每人的收入，y軸代表收入分配狀況，藉以表達經濟運動法則。整條曲線看起來像上下倒置的U。這條曲線低聲說著：**想要經濟成長，貧富不均是**

必要之惡。在貧富差距好轉之前，貧富差距須先惡化，但經濟成長終將縮短貧富差距。主演《魔鬼終結者》的阿諾可能會說這就是「沒有痛苦就沒有收穫」的道理。

倒U曲線很快成為人人奉為圭臬的經濟圖形，尤其是處於經濟發展早期階段的地區。該曲線聲稱貧窮國家應讓收入集中在富人手中，因為只有他們才有錢做出足以讓GDP成長的投資。套句這門學說之父的威廉‧阿瑟‧劉易斯的一句名言，「經濟發展必然是貧富不均的」。[8]在1970年代，庫茲涅茨與劉易斯雙雙因為他們各自的經濟成長與貧富不均理論而獲得諾貝爾經濟學獎，且世界銀行將庫茲涅茨曲線視為一條經濟法則，使用該曲線來發布中低收入國家的貧富不均需要多久才能開始縮小的預測。[9]

在此同時，經濟學家繼續在真實世界中尋找雲霄飛車的例子。由於缺乏任何一個國家的長時間數據，經濟學家因而轉向彙整眾多國家的短時間貧富差距數據。

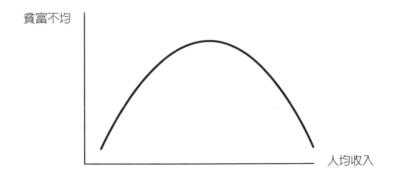

庫茲涅茨曲線，其宣稱隨著國家經濟成長，貧富差距一開始將拉大，之後將漸漸縮小。

分析這類數據所得到的結果大體符合庫茲涅茨曲線，但僅是非常籠統的相符度：跟低所得與高所得的國家相比，中間所得國家的貧富不均往往較爲嚴重。但仍然沒有證據證明曾有任何一個國家挨過沉痛的貧富不均而以快樂的均富收尾。到了1990年代，總算可蒐集到時間夠長的數據，這時終於可徹底檢驗庫茲涅茨曲線。那麼檢驗所獲得的結果是什麼？如同當時一位知名經濟學家所說，「『無模式』亦是種模式，我們所得到的模式即是『無模式』。」在國家從低所得邁入中間所得，然後再邁入高所得的過程中，某些國家經歷貧富不均惡化，然後減緩，然後再度惡化；某些國家則經歷貧富不均減緩，然後惡化；某些國家的貧富不均一再惡化，或一再持續縮小。最後，我們所得到的發現是，**就貧富不均與經濟成長來說，每件事都有可能，根本未遵循任何固定模式。**

驚人的區域事件甚至進一步揭穿庫茲涅茨曲線的錯誤法則。在1960年代中期至1990年中的東亞「經濟奇蹟」，諸如日本、南韓、印尼與馬來西亞等國家經歷了快速的經濟成長，且在快速的經濟成長中，伴隨小幅的貧富差距與下滑的貧窮率。

這樣的經濟奇蹟，主要功臣是大幅提高小農收入的農村土地改革、在衛生與教育上的積極公共投資，以及一方面提高勞工工資且在同時抑制物價的產業政策。這證明庫茲涅茨口中不可避免的貧富差距其實是可避免的：**同時實現經濟成長與均富是極可能的事。**更重要的是，從1980年代早期開始，許多相信他們已成功捱過貧富不均陣痛的高所得國家，卻開始發現國內的貧富不均開始再度惡化，導致1%的富人坐擁全球過半數的財富，而多數人的薪資卻持平或減少。

經濟學家湯瑪斯‧皮凱提（Thomas Piketty），於2014年對資本主義收入分布所

提出的觀點清楚道出重點。皮凱提不僅研究不同人的收入，他還將不同人擁有什麼東西納入研究之中。他將人類的家庭分成兩類：其中一類擁有資本，例如土地、房子及金融資產等會產生租金、股息與利息的財產；另一類只擁有用來勞動的雙手，所能產生的只有工資而已。然後，他蒐集歐洲與美國所建檔的納稅資料，對不同收入源的成長趨勢進行比較。他所得到的結論是西方經濟，以及跟西方經濟類似的經濟體，正行駛在貧富不均的危險軌道上。

　　為什麼？原因在於如果資本的收益率總是大於經濟的增長率，將導致財富更加集中在少數人手中。然後，富人運用他們對政治的影響力，透過企業陳情及在選舉中提供活動資金給候選人等這類有助促進富人利益的活動，使他們坐收更多財富，於是貧富差距更加拉大。套句皮凱提的話，「資本主義自動孵化出任性且無助社會永續發展的貧富不均，徹底傷害民主社會的價值。」[1]

　　庫茲涅茨並非完全都是錯誤的。在二十一世紀上半葉，美國與歐洲的收入不均（甚至是財富不均），的確縮小了。但皮凱提的分析顯示，庫茲涅茨的研究乃在不符合常規的罕見經濟時代中進行。庫茲涅茨之所以指稱資本主義的經濟成長必然先經歷貧富不均後才能實現均富，原因其實是因為兩次世界大戰所造成的資本耗盡影響及經濟大恐慌（Great Depression），連同前所未有的戰後教育、衛生與社會安全等公共投資，這些公共投資的經費全來自累進課稅制度。庫茲涅茨一開始的直覺其實是正確的：當財富集中在少數人手裡，以及當資本的收益增長速度比經濟成長來得快時，的確會助長貧富不均發生。除非政府採取有效遏阻動作，「成功為成功之

母」的定律仍將應驗。

　　庫茲涅茨曲線的假面具，以及貧富不均是經濟成長下的必然結果之謊言終於被拆穿了。但這些錯誤的經濟學說就像曾經撼動人心的圖畫，在我們的世界烙下深深刻印，致使有些人繼續膜拜下滲經濟學（trickle-down economics）的神話。2014年，即使是國際貨幣基金（IMF）的經濟學家也語帶無奈的說雖然已有反證出現，「但再分配與經濟成長似乎已在政策制定者心中頑強的化身為魚與熊掌。」或許這正是為什麼在2008年金融危機之後的嚴重經濟蕭條中，高盛集團副主席格里菲斯（Lord Griffiths）覺得應給其所在都市的企業界慷慨獎勵，其說道：「我們必須容忍貧富不均，因為貧富不均是促進繁榮富裕及商機的一條必經之路。」

●為什麼貧富不均攸關人類？

　　貧富不均並不是不可避免的，但在新自由主義的標語下，貧富不均被認為不是造成經濟拉警報的原因，因此當然也就不會成為政策所要解決的問題。「在危害健全經濟的所有作法中，看似最有魅力，但依我看來，也是最惡毒的作法是將焦點放在分配的諸問題上，」深具影響力的經濟學家羅伯特‧盧卡斯（Robert Lucas）在2004年如此寫道。在世界銀行前二十年的多數歲月中，位居高層位置的經濟學家布蘭科‧米拉諾維奇（Branko Milanovic）說，「即使單是『貧富不均』四個字，在政治上都不被接受，因為它聽起來就像是瘋子或社會主義。」其他人對貧富不均的接受度則取決於個人的觀感或政治傾向，如有「足球首相」之稱的英國前首相東尼‧

布萊爾（Tony Blair）所說的，「確定足球員大衛・貝克漢（David Beckham）的收入減少並非燃燒我的鬥志的目標。」[16]但在過去十年，世人對貧富不均的看法已起了重大變化，因為貧富不均對社會、政治、生態與經濟的殺傷力，已再清楚不過。

收入不均可能深深傷害社會。理查・威基森（Richard Wilkinson）與凱特・皮克（Kate Pickett）這兩位流行病學家，在他們2009年的書中研究若干高所得國家。他們發現**影響國家社會福利最甚的是國家的貧富差距，而不是國家財富**。他們發現貧富不均越嚴重的國家，青少女懷孕、精神疾病、吸毒、肥胖、犯罪入監、輟學及社區撕裂等情況也越嚴重，且國民的壽命較短，婦女地位較低，信任度也較低。[17]「貧富不均不只影響貧窮或弱勢族群，」他們說，「貧富不均傷害整個社會的裡裡外外。」[18]較均富的社會，無論是富人或窮人，往往比較健康快樂。

當權力集中在少數人手裡，民主亦會受到貧富不均的傷害，導致市場受到政客操弄。對於這點，在諸國中，或許以美國最為明顯。在2015年時，美國國內有五百多位億萬富翁。「我們正在目睹億萬富翁越來越積極企圖影響選舉，」政治分析家達瑞爾・威斯特（Darrell West）說道，其研究了他的國家內最富有公民們的奇特行事，「他們花幾千萬，甚至幾億來追求其所屬政黨的利益，且往往是祕密進行，避開美國民眾的眼睛。」[19]美國前副總統艾爾・高爾（Al Gore）亦有同感，「美國的民主已被大砍一刀，」他說，「下手者正是選舉募款。」[20]

嚴重的國家貧富不均往往亦伴隨生態惡化。為什麼？部分原因是因為社會不平等會助長人們爭奪地位與追求炫耀性消費，如同美國汽車保險桿上半開玩笑的貼標：「死時坐擁最多玩具的是贏家」。另一個原因是因為貧富不均會腐蝕建立在社

區聯繫、信任與規範的社會資本，因而破壞要求、施行與強制執行環境立法的民眾運動。[21]對哥斯大黎加的家庭用水與美國人民使用能源所做的調查發現，若社區居民認為他們是共同體，則社會所施加的使用減量壓力在這類社區將較為強烈且有效許多。[22]不意外的是，一份研究在調查美國的五十州後，發現在收入與種族地位嚴重不平等的州內，環境政策的成效不彰，且有嚴重生態惡化問題。[23]此外，一份研究在調查五十個國家後，發現當國家的貧富不均及社會不公越嚴重時，該國家的生物多樣性越有可能遭受威脅。[24]

當資源集中在少數人手裡時，亦會傷害經濟穩定性，從2008年的金融危機可清楚看出這一點。當高薪者發現他們所購買的高風險金融商品，其實是還不起房貸的低薪者的房屋抵押貸款證券改頭換面後所變成的金融商品時，所產生的結果是岌岌可危的系統，以及金融危機。IMF的兩位經濟學家，麥克爾·克夫（Michael Kumhof）與羅曼·蘭西爾（Romain Ranciere），分析2008年金融危機前的25年，發現跟1929年經濟大恐慌的前10年有驚人的相同之處：在這兩段時期內，富人的收入都大為增加，金融業快速成長，但其他人的負債卻是嚴重增加；當累積到最高點時，終於爆發金融與社會危機。[25]

由此可知，嚴重的收入不平等將產生許多破壞性影響。對低所得的經濟體，收入上的不平等在過去被認為是必要之惡，因為這樣的不平等被認為有助經濟快速成長。但如今，這樣的迷思已被拆穿。過去的經濟發展理論認為貧富不均可使經濟成長加快，但其實不然：**貧富不均拖慢了經濟成長**。貧富不均之所以拖慢經濟成長，是因為許多人的潛力因為貧富不均而浪費了：原本可成為老師、市場交易員、

護士、小老闆等為社會的安康富庶積極付出貢獻的人，卻因為貧富不均而成為窮忙族，只為勉強養家活口。當社會中的弱勢家庭沒有錢買生活必需品，當社會中的勞工找不到工作來養活自己，市場於是在這些最需要市場拉他們一把的人身上停滯、腐敗，失去活力。

這樣的直覺式推理有其根據：IMF的經濟學家已發現可信的證據，顯示在眾多國家中，貧富不均阻礙了GDP成長。[36]「貧富不均越嚴重的社會，經濟成長越緩慢、脆弱，」這項IMF研究背後的經濟學家喬納森・奧斯特里（Jonathan Ostry）寫道。「因此，若認為我們應專注推動經濟成長，任憑貧富不均隨意發展，這絕對是錯誤的想法。」[37]多麼中肯的金玉良言，尤其是對今日中低所得國家的政策制定者，其鏗鏘有力地反駁庫茲涅茨曲線的「沒有痛苦就沒有收穫」的迷思。

● 善用網路

拆穿庫茲涅茨曲線的假面具，也清楚了解貧富不均的殺傷力後，現在讀者心中應漸漸浮現出新的思維。這個思維所傳達的訊息非常簡單易懂：

不要期待經濟成長會縮小貧富不均，這是緣木求魚。

相反地，我們應透過良善的設計，打造出分配式經濟。

這樣的經濟必然可讓人人立足在甜甜圈的社會基礎上。但要實現這個目標，必須

改變人類的分配，不單是收入或所得上的分配，還有財富、時間與權力上的分配。各位認爲這是個嚴峻的任務？當然是。但如果我們從系統思想家的思維出發，許多的可能性都有機會成眞。一個必要的始點是描繪出一張新藍圖。那麼，怎樣的藍圖最能囊括分配式經濟的設計原則？不同於帕雷托的金字塔與庫茲涅茨的雲霄飛車，這張藍圖的主角是一個分散式網路，內有大大小小的結點相連成一個流動的網路。

大自然之母的巧妙設計一再證明網路是非常棒的結構，可在整個系統內可靠地分配資源。爲了更加了解哪種網路可讓人類繁榮富裕，網路理論學家莎莉・戈納（Sally Goerner）、伯納德・里特爾（Bernard Lietaer）與羅伯特・烏拉諾維茲（Robert Ulanowicz）研究了大自然生態系統中的分支模式與資源流。從美國愛荷華州的冷泉到南佛羅里達內滿是鱷魚的沼澤地，他們發現答案就藏在**結構**與**平衡**之中。

大自然之母以分支結構創造出種種網路，包括數量占少數的大型網路、數量衆多的中型網路，以及數不盡的小網路，例如，河川的支流、樹枝、血管，或葉片上

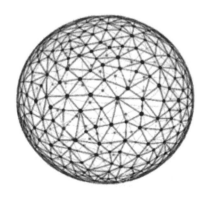

流動的網路：當經濟的結構型態是分散式網路時，可以較公平的方式，分配經濟活動所產生的收入與財富。

的葉脈。[38]諸如能量、物質與訊息等資源可流經這些網路，且在流經的同時，可讓系統的效能與恢復力維持巧妙平衡。當系統簡化其內部的資源流動，使資源的流動順暢無阻，例如直接串聯大節點之間的資源，藉以達成系統所要的目的時，系統的效能便產生了。但恢復力則有賴網路的多樣化與備援，亦即網路必須有充足的替代路徑與選擇，以因應衝擊或突然的變化。效能太高會使系統脆弱（2008年顯示全球的金融監管者太晚明白這個道理），恢復力太高則會使系統遲鈍：當效能與恢復力之間是平衡的，系統才能生氣勃勃且強韌堅固。

對打造繁榮富裕的經濟，大自然之母手中創造出來的巧妙網路，傳授我們哪些設計原則？大自然傳授了兩個重點：**多樣性**與**分配**。如果經濟網路由強勢的少數支配，其他較弱勢的多數都被排擠在外，無法作經濟網路的主人，經濟網路將缺乏多樣性，結局將是高度不均且脆弱的經濟。讀者對這點想必不陌生，從目前眾多產業中規模大到近乎壟斷的企業即可看出這點，從農業綜合企業、醫藥、媒體到銀行等都是，它們因為規模過大而被認為是不倒的巨人。

如同戈納及其同仁所說，經濟網路的主要組成體是形形色色的小企業，但為經濟網路帶來升值的卻是這種近乎壟斷所產生的脆弱性。「因為我們一直過度強調大規模企業，因此今日的我們若要恢復經濟體系的強韌性，最好的方法應是振興小規模、但良善企業的根本系統，」他們說，「經濟發展必須轉而將重點放在不斷發展的人類、社區與小企業，因為他們攸關經濟的長期與跨規模的活力。」[39]由此可知，問題的重點在於如何設計經濟網路，讓所設計出來的經濟網路以高度公平的方式分配價值──從材料、能源、知識到收入。

● 收入與財富的再分配

在二十世紀下半葉，以國家再分配為目標的各項政策分成三大類：**累進所得稅稅率與移轉稅**；**勞動市場保護**（例如立法保障最低工資）；以及**公共服務的提供**（例如衛生、教育與社會住宅）。從1980年代開始，由於新自由主義的擁護者，這三大類的國家再分配政策如龍困淺灘。眾人激烈辯論調高所得稅率是否將使高薪者減低工作意願，優渥的社會福利是否會使低薪者完全不工作。最低工資的保障與工會被認為無法保護弱勢勞工，且還將成為阻礙勞工就業的障礙。國家提供優質教育、全民健保及社會住宅的作法，被說成將使公共支出的增加如雪崩，且同時將養成人民的依賴性。

由於貧富差距拉大引發各國民眾的怒吼，在二十一世紀早期，再分配的浪潮得以起死回生。在高所得國家內，許多主流經濟學家現在贊成提高邊際所得稅率，並認為應對利息、租金與股息課較重的稅。全球的社會運動者一再對企業界與政府施壓，要求他們對勞工提供足以維持基本生活的工資；例如，亞洲工資樓地板聯盟（Asia Wage Floor Alliance）正在督促對全亞洲的成衣勞工給付生活工資。[30]其他人則呼籲應設定薪資的最高上限，他們認為每家公司應規定其最高薪資不得超過該公司最低工資的二十至五十倍，以遏阻高階主管坐收不合理的高薪，並確保企業可以較公平的方式將其賺得的利潤分給勞工分享。[31]某些政府現在提供就業保證，例如印度所推行的一項全國方案，對每戶有需要的城鄉家庭提供每年工作天數100天、且可領取到最低工資的就業機會。[32]此外，許多國家的公民，從澳洲、美國、南非到斯洛維

尼亞，正展開一項運動，敦促「無條件提供基本收入」給每位國民，以確保每個人（無論有無工作）都有足以維持基本生活的收入。[33]

因爲這些再分配政策而受惠的人民可能從此生命大不相同。但這些政策仍然沒有從根本解決經濟上的不公，因爲它們只將重點放在收入的再分配，卻忽略產生收入的財富。要從根本解決貧富不均，財富的所有權制度需要民主化，歷史學家、亦是經濟學家的加爾‧阿爾帕洛維茲（Gar Alperovitz）道出原因，因爲「財產的所有權制度，與財產受到掌控的方式嚴重影響政經制度。」[34]因此，除了收入再分配，經濟學家亦將重點轉向財富源的再分配。如果讀者覺得這根本不可能，只是白日夢，那麼請各位務必繼續往下閱讀。在本世紀，經濟上的分配設計終於有了改變財富所有權制度的空前大好機會。眼前即有五個機會，分別跟**土地控制**、**貨幣擴張**、**企業**、**科技**與**知識**有關。我們將在下文探討這五個機會。

在這五個機會中，有些機會需要國家帶頭改革，因此須將它們視爲是長期改變的一部分。但其他機會可由民衆率先發起，從下往上帶動改革。因此，我們現在就可以開始。當然，在改革的道路上，許多人早已邁開步伐。財富改革運動上的種種創新，有助將今日撕裂的經濟變成分配式經濟，減少貧窮與貧富不均。

● 誰是擁有土地的地主？

歷史上，土地再分配一直是縮小國家貧富差距的其中一條最直接的方式，第二次世界大戰後的諸國，例如日本與南韓，都印證了這點。人類的生活與文化都有

賴土地，因此想要擁有土地的有關權利是理所當然的心態。農人有了土地後，就可以向銀行借款，且可以增加農作物的收穫量，爲他們的家人與社區提供安穩的未來。對女性農人，這點尤其眞確：擁有土地的女性農人，其賺到的收入幾乎是沒有土地者的四倍。在位於西孟加拉邦的桑迪納加爾村（Santinagar），由於蘭德薩（Landesa）這個土地權組織與邦政府所推行的低價購地方案，36戶沒有土地的家庭在2010年晉身爲社區內的地主。其中一戶是蘇琪拉‧迪（Suchitra Dey），以及她的丈夫與9歲的女兒。「過去人們稱呼我們是無根的流浪者，」她說，「但現在我們感到欣慰，因爲我們有根了。」他們買下約一個網球場大小的土地。在該土地上，他們蓋了一個家，種植蔬菜。扣掉自用的蔬菜，販售蔬菜的所得是從前收入的兩倍，因此蘇琪拉終於可以爲女兒的教育存錢。⑧很明顯地，她們一家人的生活終於有了翻轉機會。

　　問題在於隨著人口與經濟的增長，土地的價格亦會上漲，但土地的數量是固定的，因此當人人渴望土地時，土地供應量將不足，地主因而一再漲租金。馬克‧吐溫一直在留意十九世紀美國的這股趨勢：「趕快買地，」他說，「被人捷足先登買光了，就沒土地可買了。」同時代的亨利‧喬治於1870年代在美國四處旅行時，對這股浪潮所產生的貧富不均感到非常震驚。但他呼籲國家對土地課稅，而不是鼓勵同胞趕快買地。爲什麼？因爲多數土地的價值不是來自該土地的地上建物，而是來自大自然的贈禮──水或地底下的礦物，或來自周遭建設──道路，鐵路，繁華的市中心，親切的鄰里，優質好學校或醫院。這一語道出房仲業的至理名言：哪些因素決定房產的價值？第一個因素是地段，第二個因素是地段，第三個因素──還是

地段。

1914年，喬治的一位支持者菲‧路易斯（Fay Lewis），決定以今日稱為「政治表演藝術」的手法表達他的理念。他在家鄉伊利諾州羅克福德市（Rockford）買下街旁的一塊空地，然後他將該土地棄置，只搭蓋一塊巨大的看板說明為什麼。他甚至做成明信片分發眾人，以傳達理念。[36]

喬治認為國家應對土地課稅，每年對土地的價值課稅以還利於民，這點跟約翰‧史都華‧彌爾更早之前呼籲政府對坐收租金的地主課稅不謀而合，因為地主無需工作，不冒任何風險，只要躺著就能「坐收金山銀山」。[37]因為這樣的呼籲，各國政府現在對土地課稅（雖然力道薄弱），從丹麥、肯亞、美國、香港到澳洲。但對喬治來說，課稅只是系統性作法的一個替代手段：他相信土地應由社區擁有，而不是地主。「每個人都有使用土地的平等權利，」他寫道，

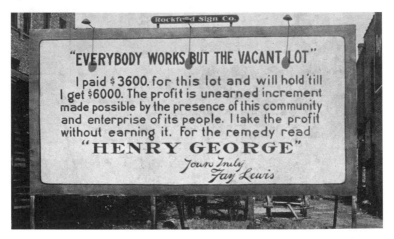

菲‧路易斯1914年在家鄉伊利諾州羅克福德市的政治表演藝術。

「就像每個人都有權呼吸空氣」。[38]喬治的觀點起身對抗長久以來的圈地作法。這項作法可回溯至十六世紀時，當時亨利八世解散英格蘭的修道院，且賣掉他們的土地。在接下來的兩個世紀，擁有土地的貴族圈起村莊的公地，建造龐大的私產，因而產生大量沒有土地的勞工，被迫為地主耕田，或只能離家到工業都市就業。套句1960年代歷史學家愛德華‧帕爾默‧湯普森（E. P. Thompson）的一句名言，「圈地分明就是搶劫。」[39]

英格蘭的土地侵占歷史，跟數世紀以來全球國家與市場侵占公有地可說如出一轍，一開始是透過殖民，然後是透過企業擴張。今日情況仍在惡化之中，且2007至2008年的全球糧食價格危機更進一步引發國際投資人的興趣。從2000年以來，外國投資人在中低所得國家所進行的大規模土地交易超過1200筆，買下的土地超過4300萬公頃，比日本國土還要大。[40]多數這些土地交易可說是土地奪取：所簽署的土地買賣契約，並未取得世代管理且住在上地上之原住民與社區出於自由意願的事先知情同意。在一次又一次的土地買賣中，買主承諾要創造就業，為社區興建基礎建設，以及將培訓地方農人的專長，但這些承諾全都跳票：許多社區發現他們失去土地，社區正在消失之中，且變得貧窮。[41]

在亞當‧史密斯口中受到讚譽的自我組織的市場助長土地私人化，之後加勒特‧哈丁更進一步鼓勵這種作法，其宣稱公有地是與生俱來的悲劇。但如同我們在第2章所探討的，當伊莉諾‧歐絲壯開始注意到公有地同樣具有強大的自我組織能力時，她對土地私人化的觀點提出挑戰，且證明哈丁是錯的。從南印度到南加州，她與工作同仁蒐集眾多「公共池塘」的使用者個案研究，分析不同的社區如何合力管

理及使用森林、魚池與河川渠道等──有些社區甚至已持續達數代之久,並落實永續發展。[42]

　　事實上,許多這些社區在土地與公共池塘等資源的管理上,比市場及國家所推行的方案更為良善。在尼泊爾,稻農的一項挑戰是如何讓每位農人都有足夠灌溉用水。歐絲壯與工作同仁比較政府所推行的灌溉方案及農人自力想出的辦法。他們發現雖然農人想出的灌溉辦法較為簡陋,但農田受到較好的維護,能夠生產更多稻米,且灌溉用水以較公平的方式分配給每位農人。農人自力想出來的辦法之所以有效,原因在於農人制定他們自己的用水規則,定期開會討論,在農地架設監測系統,且違反規則的人將受到處罰。[43]

　　很清楚的,有許多方式可以較公平的方式分配我們腳下的財富。但歐絲壯很快指出在土地及土地資源的管理上,並沒有萬靈藥:單是市場、民眾或國家都無法提供絕對可靠的藍圖。土地分配設計必須適合人與地方,當結合市場、民眾及國家三者的力量時,才能發揮最好的良效。[44]

● 您手中的錢是如何滾出來的?

　　我們生活在錢的世界中,錢對我們就像空氣般理所當然,就像水之於魚。我們所知道的錢,不管是美元、歐元、盧比或日圓,其實只是諸多可能貨幣設計中的一個。了解這點很重要,因為錢可不單是金屬製成的銅板,也不單是一張紙或電子數字。從錢的本質來說,錢其實是種社會關係:錢是建立在信任上的一種付款承諾。

而且錢的設計——錢的產生方式，錢所具有的性質，以及錢的用法——會產生廣泛的分配後果。這不禁令我們聯想到一個問題：在我們生活所在的世界裡，錢究竟是什麼？

在多數國家，「錢滾錢」的這項特權已經交給商業銀行。每次銀行提供借款時，就會「生財」，亦即錢會因為借款而產生。因此，銀行努力提供孳息的借款，以滾出更多的錢，而銀行所提供的借款則流入人類的諸多活動之中，例如，買房、買地或買股票。諸如這些投資並不會使人的收入增加而可用來繳息。從投資中，我們所獲得的其實是投報，而投報來自所投資之財產的價格上漲。例如在英國，97%的錢拜商業銀行的錢滾錢而產生，而產生的手段是孳息的借款。那麼，這些借款被用在哪些用途？在2008年金融危機的前十年，這些借款中，超過75%被用來買股票或買房，因此帶動房價泡沫，僅有13%流入從事生產的小企業。當借款增加，在國民的收入中，用來繳息及成為銀行獲利的占比也會增多，因此可用來購買人民在生產經濟中所製造及所提供的產品與服務的收入就變少了。「如同農業社會中的地主坐收租金，」經濟學家麥克爾‧哈德森（Michael Hudson）寫道，「在今日金融化的經濟中，投資人、金融家與銀行家，亦是坐收租金的大戶。」

從今日的這種金錢設計方式來看——錢的產生方式，錢的性質與錢的用途——可以很清楚看出有許多選擇可讓我們重新設計它，但這需要國家、民眾與市場的共同努力。更重要的一點是，許多不同性質的金錢可同時存在，因而將人類生活所在的金錢世界變成一個金融生態系統是可能的。

對經濟學的新鮮人，一個有助理解的方式是想像現在央行將其握有的錢滾錢的

權力授予商業銀行，但央行要求銀行對他們所提供的借款必須提撥同等金額的準備金，也就是說，銀行對其所提供的每筆借款，都必須使用儲戶的存款或提撥銀行的自有資本來作為準備金。其用意當然是要將「提供貨幣」的角色與「提供借款」的角色隔開，以避免因為借款業務成長而帶動信用泡沫，因而賠上龐大的社會成本。有些讀者可能覺得怪異，但它既不是新建議，也不是純屬裝飾的建議。在1930年代的經濟大恐慌中，當時深具影響力的諸經濟學家，例如艾文・費雪（Irving Fisher）與米爾頓・傅利曼首次提議這項作法。在2008年的金融危機之後，這項作法獲得贊同，國際貨幣基金的主流金融專家與英國《金融時報》首席經濟評論員馬丁・沃夫（Martin Wolf）都支持這項作法。[48]

此外，公股銀行可將央行所提供的借款，作為極低利率或零利率的借款而用在長期性轉型投資上，例如價格親民的綠色環保屋及公共運輸的建設上。如此一來，可大大促進每個經濟體此刻都需要的轉型性資產的建設，且可砍除凱因斯所說的「坐收金山銀山的租金收取者……亦即，不勞而獲的投資人」所握有的權力。事實上，如果國家刻意將利率壓得非常低，他說道：

坐收租金的人將面臨安樂死命運，因此，資本家利用因「物以稀為貴」而深具價值之資本來圖利的霸權亦將面臨安樂死的命運。今日的利率使奉獻犧牲所得到的回報，遠低於地主所坐收的租金。擁有資本的人之所以能夠坐收利息，原因在於資本稀少，就像地主之所以能夠坐收租金，原因在於土地也是稀少的。[49]

　　國家亦應扭轉在經濟蕭條時，所使用之貨幣政策措施所產生的分配影響。在溫和不嚴重的經濟蕭條中，央行通常採取降息手段來刺激銀行放款，藉以寬鬆市場內的資金流。但在嚴重的經濟蕭條中，一旦利率已因為降息而變得非常低時，央行會向銀行買回政府公債，藉以進一步刺激貨幣供應——這種作法稱為量化寬鬆（quantitative easing），或簡稱QE——央行希望銀行會因此將多餘的錢投資在從事生產的企業上。但金融危機之後的經驗顯示，**銀行卻將多餘的錢用來美化他們的資產負債表，以及買入投機性金融資產**，例如商品與股票。因為如此，諸如穀物與金屬之類的商品價格走高，房地產及其他固定資產的價格亦節節攀高，但對生產性企業的投資卻不見增長。[50]

　　在嚴重的經濟蕭條中，如果央行採取的對策是直接發錢給每戶家庭，以讓他們使用這筆所謂的「橫財」來償還借款，這種作法稱為「人民量化寬鬆」（People's QE），情況又會如何？這種如同對全體國民提供一次性退稅的作法，將使負債的家庭受惠，但又不會使債券的價格走高（債券價格走高往往只會讓擁有資產的富人受惠）。此外，稅務專家理查·墨菲（Richard Murphy）建議央行應透過有效措施，讓國家的投資銀行有錢用於目前急需的「綠色」與社會基礎設施等長期性設施轉型專案，例如社區再生能源系統（這個概念在今日稱為「綠色量化寬鬆」〔Green QE〕）。[51]

　　由國家帶領貨幣再設計的這種概念一開始看似瘋狂，但它們顯得越來越可行。在促進經濟穩定的同時，貨幣再設計也能促進均富，可造福低收入與負債者，而不

是讓銀行與擁有資產者坐收更多利益。

　　貨幣再設計亦在民間展開，諸多社區設計自己的補充性貨幣，搭配國家的法定貨幣使用。「不管什麼地方，只要有未被滿足的需求，只要有多餘的資源，」金融經濟學家湯尼‧格林罕（Tony Greenham）說，「我們都可以發現創造貨幣的新方式。」[54]這些貨幣由設計的社區發行，有時是紙幣，有時是電子數位貨幣，且通常免利息。無論目的是刺激地方經濟、或使邊緣化的社區活絡起來，或作為傳統無酬勞者的工作獎勵，這類貨幣方案正在普及之中，創造出恢復力較高、較均富且較公平的地方貨幣生態。

　　在肯亞第二大城市蒙巴薩（Mombasa）的市郊，有個名為「孟加拉」的髒亂貧困區，居民貧窮，商業高度不穩，許多家庭往往缺錢，無法滿足基本生活需求。2013年，名為「孟加拉批薩」（Bangla Pesa）的補充性貨幣在該區發行，供該社區內的小商家使用。猜猜看肯亞政府一開始的反應？肯亞政府逮捕該方案的發起人威爾‧盧迪克（Will Ruddick）。他是一位美國社區發展運動的推動者。此外，肯亞政府還逮捕五位使用「孟加拉批薩」貨幣的民眾，因為肯亞政府擔心「孟加拉批薩」的目的是取代肯亞的法定貨幣「先令」（Shilling）。但當肯亞政府官員明白「孟加拉批薩」只是作為補充性貨幣，並未跟肯亞的法定貨幣競爭，於是釋放所逮捕的六人，且開始協助他們宣導該方案。

　　現在，超過200個商家成為使用「孟加拉批薩」的成員，他們多數是婦女，有麵包師、水果商、木工師傅與裁縫師。每位新成員必須獲得其他四位成員的背書才能獲發「孟加拉批薩」商家憑證，且他們必須以商品與服務，來兌現手持「孟加拉批

薩」購物的民眾——如此一來，可確保每位成員落實該方案。[55]在該方案推行後的兩年間，商家的總營業額大幅增加，有很大一部分要歸功該方案所促成的經濟穩定與流動性。使用「孟加拉批薩」在成員所形成的網路購買商品或服務，可讓成員保有肯亞的法定貨幣，以用來支付電費等這類無法使用「孟加拉批薩」支付的費用。此外，對該社區居民常發生的現金不足窘境，「孟加拉批薩」也發揮救急功效。2014年，該地區曾停電三天。小商家沒顧客上門，因此也沒有現金收入。約翰・瓦查理亞（John Wacharia）正是受害者之一，但身為「孟加拉批薩」的成員，他使用手邊「孟加拉批薩」換得他所需要的商品。「在我無法工作賺錢時，孟加拉批薩讓我得以養家，讓我有飯吃，可以活下去。」他說。[56]

　　不是只有缺現金的窮人才需要補充貨幣。在富強的瑞士境內，聖加侖（St Gallen）這個城市於2012年引進時間銀行的作法，目的是提供老年照護。該方案名稱為Zeitvorsorge，字面意義為「儲備時間」。該方案邀請年過60的公民協助地方上的老人料理日常活動，例如購物與煮飯，且在同時陪伴他們。在協助及陪伴老人的同時，這些公民亦為自己日後的老年生活賺得某個時間量的老年照護服務。這對年長的公民來說，是很棒的一個方案，就像手邊有個時間撲滿，透過照顧及陪伴他人為自己儲存日後年老時所需要的他人照顧與陪伴。「儲備時間」分配給該城市內年長者一個時間撲滿，撲滿內儲存的時間就是種貨幣，因此該方案從一開始就是種社會再分配方案。每位照顧者的時間撲滿最多可儲存750個小時，該城市的市議會擔任保證人，承諾如果該方案終止，照顧者可要求將撲滿內所儲存的時間兌換成現金。[57]

　　從開辦至今，參加該方案的人越來越多。每周一天，73歲的艾爾史貝斯・梅

瑟爾里（Elspeth Messerli）幫忙照顧因為多重硬化症而坐輪椅的70歲賈各・布拉斯爾貝爾格（Jacob Brasselberg）。為什麼艾爾史貝斯決定參加該方案？「退休後的前兩年，我閒閒過日子。然後，我發覺我需要有個生活目標，」她說，「所以我決定參加這個方案。我在今天照顧別人，當以後需要別人照顧時，我可以獲得別人的照顧。」[38]當然，諸如這類透過照顧別人來賺取照護的時間撲滿方案亦引起某些人擔心，人性的善念可能因為賺錢（雖然是性質非常不同的錢）的欲望而淪落。在這類方案日漸普及的同時，研究是必要的，以調查這類方案對社會所帶來的影響及其所產生的漣漪效應。此外，我們應探索這類方案的設計方式，以深化而不是減弱人類想要關懷照顧他人的善念。

很清楚的，補充性貨幣可以讓社區富裕，增強社區的能力。但補充性貨幣也一直在演進，這要感謝區塊鏈（Blockchain）的發明。區塊鏈是個數位形式的點對點分散式平台，其運用資料庫與網路技術，可追蹤人與人之間的各種交易。它的名稱來自其運作原理，亦即，當一個人登錄區塊鏈系統啟動交易時，系統會建立一個「資訊區塊」，然後系統中的電腦會對這個資訊區塊進行驗證，經過驗證的資訊區塊會被鏈結，且系統會建立一份紀錄，並會每分鐘追蹤登記這份紀錄的變動歷史。區塊鏈系統將其所建立的紀錄儲存在系統內的每台電腦。因此，區塊鏈就像人類的記帳本，既不能竄改紀錄，也不能刪除，紀錄也不會毀損，對人類明日的電子商務是相當安全的數位系統，且可讓管理透明化，不易有黑箱作業的弊端。

崛起快速的數位貨幣「以太坊」（Ethereum）使用了區塊鏈技術，其有眾多可能的應用方式，其中一個方式是微電網，可讓成員之間進行再生能源交易。微電網

串聯一個地區內的住家、辦公室或機構。這些住家、辦公室或機構只需要裝設一只智慧電表，在屋頂安裝太陽能板，且有可以連線至網際網路的上網設備就可以成爲會員。會員之間可以買賣他們的太陽能板所產生的多餘電力，每一筆交易都以數位貨幣記錄在系統中。諸如微電網這樣的地方網路（範圍從一個鄰里到整個城市），可建立社區對燈火熄滅的因應能力，且同時可減少因爲長距離饋電所損耗的能源量。更重要的是，以太坊的會員可透過系統的交易紀錄功能而在微電網的市集內進行電力買賣，例如他們可向最近的會員或最環保的供電者購買電力，或是向社區自營組織或非營利機構買電。這只是諸多可能應用的其中一個。「以太坊是現代的一種貨幣，」加密虛擬貨幣專家大衛・希曼（David Seaman）說，「它是對社會非常重要的一個網路平台，其應用不可限量。」

　　這些截然不同的例子清楚顯示貨幣再設計有著數不盡的可能性，但需要市場、國家與民眾的共同努力。每個例子都清楚顯示貨幣設計的方式：貨幣的創造、貨幣的性質與貨幣的用途，會產生非常深遠的分配影響。了解這點有助我們擺脫貨幣的單一性，進而將分配式設計放在新的金融生態核心。

● 誰占了勞工的便宜？

　　薪資停滯早已成爲歷史共業。過去三十年來，在高所得國家內，多數勞工咬牙忍受薪資只有微調、或持平，或甚至往下走的對待，但高層管理人的薪資卻是飆升。在英國，從1980年以來，GDP的成長速度遠比勞工的平均薪資來得快許多，薪

資差距亦拉大，造成勞工的平均薪資比2010年少了25%。在美國，2002至2012這十年被稱爲是「薪資失落的十年」：雖然經濟的生產力增長30%，但底層70%的勞工薪資卻停滯或往下走。即使是在工會對產業政策具有高影響力的德國，薪資在國民經濟產值中的占比在2001年時是61%，但到了2007年，卻降到只有55%，是五十年來最低點。事實上，在所有高所得國家，雖然在2009至2013年間勞工生產力增加幅度超過5%，但他們的薪資卻只增加0.4%。

　　這樣的不公引發我們思考一個設計問題：誰對企業擁有霸權，因而一手把持勞工所產生之價值？雖然諸位經濟學之父對勞工、地主與資本家之間的收入分配各持己見，但他們卻在一件事上英雄所見略同：勞工、地主與資本家是三類不同的人。在工業革命期間，企業家發行股票向富有投資人募股，但卻在工廠大門應徵貧窮勞工。我們不禁好奇究竟是哪些因素決定一個人的收入？經濟學理論指稱一個人的生產力決定該人的收入，但事實證明決定收入的主要因素，是一個人所握有的相對權力。股東資本主義的升溫捍衛了股東的優勢地位，其堅持公司的主要義務，是爲股東賺取最大獲利。

　　這樣的劇情真是一大諷刺。每日爲公司忙進忙出的勞工被公司視爲是公司的負擔，是必須竭力縮減的生產成本，公司可因爲營收狀況隨意決定他們的去留。反觀，可能從未踏進公司大門的股東卻因爲是出錢的大爺而受到高規格對待，但大家心知肚明，他們所要的只是錢入口袋。在這樣的劇情下，無怪乎勞工總是輸家，尤其是從1980年代開始，許多國家的工會被摘除他們的勞資斡旋力量。

　　但這樣的劇情只是許多可行之企業設計中的一個。雖然它剛好支配了十九與

二十世紀，但不代表二十一世紀也會重演。經濟分析家瑪喬麗‧凱利（Marjorie Kelly）窮盡其職業生涯探索不同企業設計的可能影響，從《財星》雜誌的前五百大企業到小地方的非營利企業。她指出要讓企業分配其所產生的價值，兩大設計原則尤其重要：以員工為本，以及將投資人視為單純的出資者，如此一來將徹底翻轉位居支配地位的角色模型。[⑤] 想想看，如果勞工被視為是公司的重要一分子，是公司的「根」，不再被認為是公司的負擔，不再因為公司的獲利不佳而可能隨時遭到裁員，這會如何？再想想看，如果企業的募資方式不是向外面的投資人募股，而是發行債券，向投資人承諾他們可獲得金額固定的合理投報，但不是公司的股份，這又會如何？答案猜都猜得到，這樣的企業必然成長快速。

以員工為本的企業與合作社一直是分配式企業設計的一項基石，其誕生於十九世紀中葉的英格蘭。這類企業與合作社為員工提供更好的薪資、更大的就業保障，以及對公司管理的發言權。這樣的模式在今日受到推崇與落實，從俄亥俄州克里夫蘭內提供溫室、洗衣與太陽能安裝服務的長青合作社（Evergreen Cooperatives），到坦尚尼亞隆博（Rombo）內由員工種植優質咖啡且管理苗圃的馬瑟拉城鄉合作社（Mamsera Rural Cooperative）等都是。這兩家合作社是日漸茁壯的這股浪潮中的兩大巨人：在2012年，全球前三百大合作社締造了2.2兆美元的收益，相當於全球第七大經濟體，範圍涵蓋農業、零售、保險和醫療保健等產業。[⑥] 在英國，稱霸零售業將近一世紀的約翰‧劉易斯合夥公司（John Lewis Partnership）僱用了超過9萬名正職員工，公司以「夥伴」稱呼他們。2011年，該公司邀請員工與客戶購買公司的五年債券，使公司募得5000萬英鎊資本。購買債券的員工與客戶每年可獲得4.5%的利息，

外加2%的商店提貨券。[⑥]

　　其他新穎的企業設計正如火如荼加入這個行之有年的企業模型，力圖打造真正的企業生態系統。這要大大歸功力求創新的企業家與律師之間的合作，共創出新風格的公司章程。公司章程可說是說明公司的手冊，因為其清楚載明公司的宗旨、結構，以及員工或股東的權責。改寫公司章程形同重新設計公司的DNA。從非營利公司到社區企業，這股從下至上的企業再設計旋風正在塑造他類風格的企業，與舊式主流企業一較高低。「在我們眼前，企業革命正在進行中，」托德‧約翰遜（Todd Johnson）說。他是致力改寫公司章程的一位美國創新律師。「這是一場將經濟權力從少數人移轉至多數人手上，以及從社會冷漠轉向社會利益的企業革命。」[⑧]種種的這些發展為正在興起的企業運動奠定基石，非常鼓舞人心，雖然仍有批評者指出股東位居優勢地位的主流企業作法仍然支配整個企業界。「我們的確需要改變大企業的主要經營模式，」凱利坦承，「但如果我們一開始就瞄準目前大企業的主流經營模式，我們將鎩羽而歸。我們應先從可行的、可帶動改革且可帶領我們邁向成功的事情開始。」[⑨]

● 自動化時代，機器人將為誰推磨？

　　「數位革命遠比人類的書寫、甚至印刷的發明來得重要許多，」美國備受推崇的人機創新推動者道格拉斯‧恩格爾巴特（Douglas Engelbart）說道。歷史極可能證

明恩格爾巴特是對的。但數位科技被人類擁有及運用的方式影響了人類的就業、薪資與財富革命。截至目前，數位科技產生了兩股相互對立的趨勢，其影響正要開始顯現。

　　在第一股趨勢中，數位革命引發邊際成本幾乎是零的網路時代。有興趣的讀者可參見我們在第2章的探討。就本質來說，其所引發的革命跟資本的分配有關。任何人只要連線至網際網路，就可以無遠弗屆地娛樂他人、教育他人、學習新知或傳授自己的本領。每戶家庭、每所學校或每間商辦大樓的屋頂都可用來生產再生能源，如再善用前文提到的區塊鏈技術所催生的貨幣，還可以在微電網中出售用不到的多餘電力。3D列印技術的問世使任何人都可以下載或自創設計圖，只要按下啟動鈕，3D列印機就會開始工作，所要的工具或小玩意馬上手到擒來。這種橫向技術是分配式設計的精髓所在，它們模糊了生產者和消費者之間的分界線，形成對等的經濟體——每個人既是生產者，也是消費者。

　　目前，這股趨勢仍然方興未艾，如日中天。但贏家通吃的現象也同時發生。在網際網路強大的網路效應下，數位壟斷的現象也應運而生，例如Google、YouTube、Apple、Facebook、eBay、Paypal，以及Amazon，他們高居網路社會中的龍頭寶座，擠壓各種小企業的生存空間。這些企業利用網際網路這項全球公器來獲取他們的商業利益，且同時積極利用專利來捍衛他們的特權。對於網際網路中的企業廝殺，目前全球仍缺乏監管力量，但為了避免二十一世紀網際網路這個最具創意的公地，重演人類的圈地歷史，全球監管顯然是必要的。

　　除此之外，數位革命亦帶來第二股趨勢。數位革命賦予人類近乎是零的邊際成本生產，但在同時，它也使生產幾乎不需要人力，因而人在生產中的必要性正逐漸消失中。由於機器人的興起，數百萬的人力工作面臨可能遭機器人取代的危險，因為機器人可以模仿人類，產能甚至高出人類。究竟哪些人類工作將被機器人取而代之？任何工作都可能，只要程式設計師寫得出軟體，從倉管員、汽車焊工、導遊、計程車司機、律師助理到心臟外科醫生，各種工作都有可能。這股數位自動化的浪潮目前處於起步階段，但它已經引發數位經濟專家艾瑞克‧布林優夫森（Erik Brynjolfsson）所說的「就業與生產大規模脫鉤」，其中又以美國最為明顯。從第二次世界大戰結束到2000年的這段期間，美國的生產力和就業率息息相關，但之後，強烈的分歧出現：生產力一直往上，但就業率卻持平。[21]

　　在過去，科技亦曾取代工人。但當時，拜科技之賜，人們得以轉而從事其他生產活動，因此對整個社會是有利的。在1900年，美國半數的勞動力務農，所使用的馬超過2000萬匹。經過短短一個多世紀，由於機械化，目前只有2%的美國勞工從事農業，且完全不再使用馬匹。[22]但令經濟分析家擔心的是，今日的機器人正迅速取代眾多的工業和服務業，數量之多、速度之快，其他行業所創造出來的就業機會根本望塵莫及，難以彌補可能節節攀高的失業率。在2007至2009年的經濟衰退期間，數以百萬的中等技能工作消失，且不曾再回到人類的勞動雙手之中，因為已改由軟體執行。此外，在經濟衰退後所恢復的職缺通常是低門檻的工作，因而創造了沙漏經濟——沙漏經濟提供要求高度專業的少數職缺，以及眾多低技術門檻的職缺，但介

於中間的工作卻非常少。依據分析家的預測，到了2020年，在15個主要經濟體中，原由人類任職的500萬個工作恐被機器人與自動化取代。這是股橫掃全球的趨勢，其中以中國的機器人市場成長最快。在中國，目前雇用約100萬名勞工的電子龍頭「富士康」打算組建一支「百萬機器人大軍」，且已在一家工廠內以機器人取代6萬名勞工。

　　這不禁令人想到一個問題：分配式設計要如何因應科技正在帶動的失業浪潮？一個顯然可行的起點是從向勞工課稅，**轉向對使用不可再生資源課稅**：這有助削弱目前給予投資機器之公司的稅優惠，但又不會削弱給予投資勞工之企業的稅優惠。同時，我們應加強培養機器人無法取代的人類技能：創造力、同理心、洞察力及人際接觸──許多工作都要求這類技能，從小學老師、藝術總監、心理治療師、社會工作者到政治評論員等都是。如同布林優夫森及其同仁安德魯‧邁克菲（Andrew McAfee）所說，「人類的經濟需求只有人類才能滿足，這使我們不太可能成為農業經濟中遭到淘汰的馬。」這句話如同一顆定心丸，但我們不能掉以輕心：如果多數勞工繼續單靠勞力賺錢，那麼他們所賺取的收入將不夠生活所需。依據分析家的預測，在經濟的大餅上，工資將無法搶占足以讓每位勞工都分得到餅的數額，更別說是公平的餅數量了。有償就業的明日正行駛在勞動市場可能嚴重撕裂及不公的軌道上，這樣的明日將促使更多人發起全國性運動，要求讓每個人都可獲得基本收入。

　　培養機器人無法取代的工作技能，以及保障每個人都可獲得收入，應是對抗機器人興起的一個好起點，但低薪的勞工及失業者恐從此必須年年不斷陳情、呼籲或請求才能保有高水平的收入再分配。較為妥當的作法是使每個人都因為機器人科技

而蒙受好處。那麼，我們該怎麼做呢？某些人提出**機器人紅利**概念。這個概念源自阿拉斯加永久基金（Alaska Permanent Fund）。該基金透過修正州憲章，每年從阿拉斯加州政府向石油和天然氣產業的徵稅中提撥一部分，發放給每位阿拉斯加公民。2015年，每位公民獲發的紅利超過2000美元。⑯

阿拉斯加永久基金的作法亦適用機器人，但由於目前的稅收漏洞與獲利都納入私人口袋，許多國家（包括美國）目前從產值數十億元的數位經濟中所獲得的稅收微乎其微，雖然在數位經濟的研究、發展與基礎設施上，國家投入大量的公共經費。經濟學家馬里安納‧馬朱卡托（Mariana Mazzucato）認為這需要改變：當國家承擔風險時，國家就有權獲得回報，獲得回報的方式可以是向使用政府所擁有之專利的企業收取權利金，或讓公股銀行持有使用國家經費所研發之機器人技術的企業股份。⑰機器人的崛起將嚴重擾亂就業市場與勞工的收入，因此我們需要更多這類創新提案，以確保機器人所產生的財富分配給眾人。也就是說，在科技的控制上，現在不能單把眼光放在市場vs.國家的傳統二元選擇，是擴大視野的時候了。我們應將視野轉向民眾群策群力所激發的創新，這些創新可能改變人類對知識的掌控機制。

● 智慧財產是誰的？

數百年來，國際對智慧財產權的制度大大影響知識的分配及知識所受到的控制。故事要從十五世紀講起，當時威尼斯授予其地方上知名玻璃品師傅十年專利，以保護他們的心血免遭剽竊。「只要向我們展示您如何製作出您的藝術品，法律將

承諾十年內不准任何人剽竊您的心血」，這是聰明的威尼斯獎勵才華與努力的一種方式，但隨著威尼斯的師傅移居各地，他們也將專利的概念隨身帶走，因而將專利的作法傳播到整個歐洲和各行各業。^㉗

專利，以及後來的著作權與商標的興起，產生了智慧財產這個人類制度，其一開始刺激了工業革命，然後開始試圖掌控傳統知識這塊屬於全人類的公地，隨之而來的是越來越多專利試圖壟斷集眾人之力所發展出來的技術與知識。極具諷刺的是，今日智慧財產權法的濫用程度，已被公認其正在扼殺其最初所要推廣與促進的創新。現在，一張專利的有效期長達20年，且眾多華而不實的假發明都可獲得專利——從亞馬遜向美國申請取得的「一鍵式」購買專利，到麥利亞基因公司（Myriad Genetics）的癌症相關基因專利。^㉘在許多高科技產業中，專利的申請動機經常是商場戰術，目的是阻礙或控告競爭對手。「人類設計出昂貴且不公的智慧財產制度，」經濟學家史迪格里茲寫道，「在這個制度中，蒙受利益的是專利律師和大企業，而不是人類的科學和小規模的創新者。」^㉙

位居主流地位的經濟學理論宣稱如果不保護智慧財產，創新者將缺乏推出新產品的動力，因為他們不能回收成本。但推崇公共財及共享的數百萬創新者與發明者卻蔑視這種自以為視的看法，他們協力設計出簡稱為「FOSS」的免費開源軟體，以及簡稱為「FOSH」的免費開源硬體，供人使用。馬辛・賈固波斯基（Marcin Jakubowski）這位在美國密蘇里州務農的物理學家，對老是故障又貴到嚇人的農業機械感到不滿，於是決定自己設計，並在網路免費分享改良後的設計圖。他的想法引起眾人共鳴，於是「地球村工藝大集合」（Global Village Construction Set）這個網路

平台誕生了，其宗旨是逐步教導有興趣的人如何從零開始成功製造在世界各地都可使用的機械，從拖拉機、製磚機、3D列印機、鋸木機、麵包烤箱到風力渦輪機等。目前，該平台上的設計圖都是經印度、中國、美國、加拿大、瓜地馬拉、尼加拉瓜、義大利與法國等創新者運用創意改良後集結而成。在獲得衆人好評後，賈固波斯基及其夥伴推出名爲「開放建築學院」（Open Building Institute）網路平台，其用意是在網路提供開源的設計圖，讓有興趣的人可建造符合生態、不連接公共輸電網且價格親民的住宅。[81]「我們的目標是希望透過傳播知識，讓人人都有能力做出其想要的東西，不使知識及製作成爲少數人的特權，」他解釋，「我想要闡揚我對企業效能的理念。傳統的經濟規模概念其實跟企業效能無關。對所謂的規模，我們有獨到的見解。規模其實就是將經濟的力量傳播至各地開枝散葉。」[82]

　　在免費開源硬體上既是知名學者、也是工程師的喬舒亞·皮爾斯（Joshua Pearce）指出，**每個國家的社會不僅因爲開源設計而繁榮，國家經費所資助的機構亦因爲開源設計大省支出**。對FOSH的種種經濟效益進行研究後，皮爾斯發現使用開源3D列印機和設計來生產必要的科學設備，例如實驗室和醫院廣泛使用的精密注射器，可大大減低成本，使這些設備的價格變得更親民，且普及率可擴及全球。「可以確信的一點是，」皮爾斯說，「想在公共投資獲得最大回報的組織，應提供資金促進FOSH的發展，尤其是跟科學、醫學和教育有關的科技。」[83]

　　數位革命顯然已將人類歷史牽引到群策群力的知識創造時代，一個可能的結果是財富將因此分散，不再被少數人把持。但公地理論學家米契爾·包溫（Michel

Bauwens）認爲如果沒有國家支持，數位革命難以發揮潛力。正如企業資本主義需要政府的政策、公共經費與商業立法，此時此刻，數位革命這塊公地亦需要國家這位夥伴的大力支持，才能造福群眾。[84]國家應從何處開始，才能幫助這塊遍地是知識的公地發揮潛力？五大重點是關鍵所在。

　　第一個重點，國家應重視人才培育，全球的中小學與大專院校應培養學子的問題解決能力、社會企業家的精神與團隊合作：這些技能將使我們的下一代成爲前所未有的黑馬，在開源網路源源不絕的創新中，發揮他們的聰明才智。第二個重點，公共經費所資助的研究應成爲共享知識，國家應透過契約要求這類知識由眾人共享，不可被私人企業以專利與著作權等方式壟斷。第三點，對企業界過度擴張的智慧財產圈地作法，應予抑制，避免假專利和著作權侵蝕知識這塊公地。第四點，政府應提撥公共經費，以資助社區設立可用來創造及體驗的創客空間；在這裡，喜愛創新的人可聚集交流，使用供大家共享使用的3D列印機與其他工具製作出種種的小玩意，體驗形形色色的硬體創造樂趣。最後一點是，鼓勵民間組織的設立與交流，如：合作社、學生團體、創新社團和鄰里協會等，組織之間的聯繫往來如同是網路中的結點，可使網路中的每位成員動起來。

● 走向全球

　　由於殖民主義的殘留影響、不公的負債、強迫性私有化，以及南營（Global

South，意指開發中國家）所受到的種種扭曲的貿易規定，國際不公情形仍然相當嚴重。2000年以後，全球收入差距略有縮小，主要原因是中國國內的貧窮率降低，但就全球來說，不公情形仍然比比皆是，比任何一個國家都要來得嚴重。®全球嚴重收入差距將人類推向甜甜圈兩端之外。數世紀以來，我們被灌輸自己的國家最重要，自掃門前雪，莫管他人瓦上霜，他國經濟是他們家的事。但在二十一世紀，如果我們往前跨出一步，改變我們的觀念，視每個人都是地球這個大家族的一分子，在地球這個大經濟體內唇齒相依，那麼全球再分配設計將產生什麼樣的可能性？

對國際間的再分配，海外發展援助（簡稱ODA）是一項大有可為的方法，但在貧富的移轉上，全球卻因為目光淺短而宣告失敗。在1970年所通過的一項聯合國決議中，高所得國家承諾提撥其年收入的0.7%，作為官方發展援助經費，且最遲將在1980年落實這項決議。但截至2013年──在期限日過了30多年之後──提撥總數卻只有0.3%，不到年承諾的半數。若高所得國家兌現承諾，做到足額提撥，在全球最貧困的社區內，孕產婦照護、兒童營養和婦女受教將比現在進步幾十年：女權及女性能力將有大幅躍進，許多人的生活將因此翻轉，國家可望繁榮，且將有助全球人口的穩定。®

當高所得國家食言，未兌現財富再分配之承諾的同時，全球則掀起移工浪潮，眾多移工離鄉背井討生活。這些移工匯回家鄉的錢已成為他們在低所得國家之家庭的唯一最重要收入源，遠勝過官方發展援助和外國的直接投資。在尼泊爾、賴索托與摩爾多瓦共和國等國家，移工匯回家的錢約占GDP的25%，在這些國家內部發生經濟危機與需要人道救援的重大事件時，這些匯款可說是救命錢，幫助國家從危機

中站起來。®這使得移工成為縮小全球收入不公的最有效方式之一。但要長期成功，必須採取措施防止移工就業所在國家的收入不公拉大，且需要建立社區聯繫和社會資本。若缺少這些，經濟落後的地方社區可能將經濟落後怪罪於移工而不歡迎他們的到來，犧牲掉他們為社會所帶來的多樣性和活力。

　　高所得國家往往對他們在官方發展援助上的吝嗇提出辯駁，指稱過多援助將使援助金落入腐敗領導人的私囊，或將浪費在設計不良的專案上，而不是花在刀口上。嚴謹的調查顯示許多海外援助在貧窮大作戰上其實相當有效，雖然不可否認的一點是它有時的確被濫用。那麼，如果將高所得國家所承諾的官方發展援助的一部分，直接發放給所要援助之國家的貧困民眾呢？在這種情況下，所發放的援助將成為這些民眾的基本收入，每個人將因此有力量站起來，擠入市場的經濟體系中，滿足自己的生活所需。更重要的是，由於手機的全球普及率，再加上行動銀行的便利與成功，這樣的方案在人類歷史上，首次變得高度可行。

　　2007年推出M-PESA行動支付服務後，肯亞一直走在行動銀行的先端。短短六年內，肯亞即有四分之三的成人使用M-PESA服務，其中70%位於城鄉地區，更令人驚訝的是，肯亞超過40%的GDP透過M-PESA流通。®預計到2018年，全球使用手機的人口將高達55億，行動銀行將成為手機所提供的功能之一。®很快地，將全球「位於底層的億人口」的手機號碼編列成冊，然後將錢直接匯到他們的手機，將不再是妄想。某些人擔心發放基本收入將使人好吃懶做，甚至亂花錢，但跨國研究顯示這樣的情節並不會發生：人們反而更努力工作，且將努力把握更多機會，因為他們知道他們有基本收入這項後援。®當在討論是否提供基本收入給全球最貧困的人口時，所

提出的疑問不該是「爲什麼要提供基本收入給他們？」，而是，「爲什麼不呢？」⑧

　　美國慈善機構「直接捐贈」（GiveDirectly）在肯亞實驗這類方案的可行性，截至本書發行時，其規模最大、也最長久。在這項實驗中，在10至15年期間，6000名肯亞最底層的弱勢民衆將透過手機定期收到足以滿足家庭基本開銷的基本收入。「直接捐贈」慈善機構希望透過這個長期實驗提供弱勢民衆所需要的生活保障，以讓他們最後下定決心且動起來改善他們的生活，且在同時，「直接捐贈」也希望向世人證明基本收入是時機已到的一個良策。⑧但我們必須注意一點：**公共服務不可因爲基本收入的提供而犧牲**。當市場、國家與民衆三者通力合作時，最能對抗收入不公與貧窮，市場無法取代國家與民衆所扮演的角色。在免費的教育與基本醫療服務的相輔相成下，基本收入這項方案的實施形同直接投資開發男女老少的潛力，可大幅落實甜甜圈的大藍圖。

　　除了高所得國家承諾的0.7%官方發展援助，我們如何透過宣導全球再分配來取得更多資金？一個可行的起點是對全球大富豪所坐擁的財富課稅。目前2000多位億萬富豪住在美國、中國、俄羅斯、土耳其、泰國、印尼與其他等20個國家內。⑧只要每年對他們的財富淨值課徵1.5%的稅，一年就可籌措到740億美元：單是這筆錢就足以填補資金缺口，低所得國家的每位兒童將因此都能受教，亦能在所有低所得國家提供基本醫療衛生服務。⑧同理，在企業的課稅上，全球應將橫跨多國的跨國企業視爲一家公司而予課稅，並應消除稅收漏洞，關閉避稅天堂，如此一來，可用於公共服務的公共經費將大增。⑧除此之外，還應對破壞全球環境的產業課稅，例如全球金融稅，以遏阻投機交易歪風，且對所有的石油，煤炭和天然氣生產應課徵二氧化

碳排放稅。沒錯，前面所提議的某些稅收方案此刻聽起來似乎不可行，但許多一度被視為不可行的想法——廢除奴隸、婦女投票權、終結種族隔離、同志權利，在今日都已一一實現。在地球這個大家庭，本世紀亦將實現這些全球課稅。

如果人人都有權進入市場、也都有權享受公共服務是二十一世紀的一項普世權利，那麼人人亦應有權享受屬於全人類的公地，尤其是地球的生命系統，以及知識的這塊全球公地。

從我們目前對地球的了解，我們已知道地球環境攸關全體人類的利益：乾淨的空氣和水，穩定的氣候，以及興興向榮的生物多樣性，這些既是資源，也是全體人類最重要的公財之一。「二十一世紀的一個重要任務，」生態思想家彼得‧巴恩斯（Peter Barnes）寫道，「是建立一塊重要的人類新公地；透過這塊公地，我們將抵禦圈地的歷史陋習及市場排外；透過這塊公地，我們將保護地球，以公平的方式共享屬於每位人類的傳承與財產。」他指出，要實現這個目標，一個可行的方法是「認養」。每個人可透過認養來保護及管理地球的某塊公地，例如地方上的一塊水域或空氣。如此一來，將可造福所有公民和世世代代的子孫。在管理使用者對這些公地的使用時，應避免使用超出地方或地球生態的包容界線。每位認養人應控制使用總量，並應向使用者收費，例如從地底抽水或排放溫室氣體的公司，且對所收到的費用應落實取之於社會、用之於社會的原則。某些國家已實施類似認養制度，但要設計範圍涵蓋全球的認養卻是一大挑戰，其中一個原因是國家之間、以及貧人與富人之間的財富差距已非常巨大：誰應是付出者，誰是利益分享者，以及我們要如何才能還清長久以來我們對地球生態的虧欠？一旦我們明白地球的生命系統是全體

人類的共同遺產，眼前的這些棘手問題就是我們非得解決的問題。

　　相較之下，打造屬於全球的知識公地較爲可行，一個很重要的原因是這項工作已在進行之中。但它的潛力似乎還沒發揮出來。想想看，全球免費開源設計網路對可能獲益最大的社區創新者將產生哪些種籽影響。話說2002年馬拉威發生重創農業的旱災，14歲大的威廉・卡姆萬巴（William Kamkwamba）因爲務農的父母無力支付學費而不得不休學。休學的他改去社區的圖書館，讀到一本關於能源的教科書，然後他開始建造自己的風車，儘管朋友和鄰居笑聲不斷。當地的廢棄材料是他唯一可取得材料的來源。他蒐集到一個舊拖拉機的風扇、多條PVC管、一輛舊自行車的車架、若干個廢棄瓶蓋，以及一個發電機，然後他組裝出16英尺高的風車。他接上電線，可喜可賀，所組裝出來的風車居然管用，所產生的電力足以點亮家裡的四個燈泡，以及讓兩台收音機運作。不久，門口排了一長串的人，希望使用風車爲他們的手機充電。此外，還有諸多記者報導他傲人的發明。經過整整五年，當受邀至坦尚尼亞的阿魯沙市（Arusha），在TED所舉辦的會議上擔任演講嘉賓時，威廉生平第一次摸到電腦。「我從未使用過網際網路，」他回憶說道，「網際網路實在太驚人了……我使用Google搜索了風車，發現好多資訊。」[38]卡姆萬巴顯然有過人的創造力。每個社區都有創新與實驗者，透過網際網路這個知識公地與創客空間，他們可複製、修改和發明諸多科技，以滿足社區的最迫切需求，從雨水蒐集、被動式太陽能發電屋、農業器具、醫療設備，以及風力發電機等。是的，您沒看錯，就是風力發電機。但我們目前仍缺少一個可讓他們與全球研究人員、學生、企業和非政府組織合作開發免費開源科技的全球數位平台。

　　想想看，如果有這樣可讓人與人之間交流的平台，其具有一切必要的功能，可連結成優質的合作網路：在這個平台上，可搜尋到組裝、複製或製作每樣物品所需要的工具、材料和技術的清單；此外還有使用者對每項設計的評分和評價；在平台上，還有這些設計如何發展的歷程照片和圖表；從平台所提供的入口網路連結還可連線至類似的社區，例如充分利用太陽能發電的城市貧民區或易發生乾旱的村莊，如此一來，我們將有機會從他人的成功與失敗中學習。[39]

　　「這樣的一個平台一旦創建出來，人類現有的體制將大為改觀，」喬舒亞‧皮爾斯說，「它將成為工業革命以來一直支配人類文明之技術發展模式的強大敵手。」[40]但要創建這樣的一個平台，需要資金，無論取得方式是透過基金會、政府、聯合國，或透過網路向網民募集。此外，我們也需要新形式的開源授權，以避免舊式的智慧財產圈地：專利、著作權與商標，侵蝕重獲自由的知識公地。

　　卡姆萬巴後來獲得獎學金，前往美國一所大學唸書。現在他28歲，在唸研究所，打算在馬拉威為學校與大學生設立一所創客暨創新中心。「許多年輕人很有才華，他們有過人的想法，」他說，「但他們沒有實現想法的能力，因為缺乏可誘導他們發揮潛力的組織。」[41]我問他所要創建的數位知識共享平台可為那些鮭魚返鄉的創新者做些什麼。他回答：「數位知識平台可培養他們的創意，有助解決非洲所面臨的問題，」他的答案單刀直入，「因為他們將有機會彼此交流學習，不斷精進他們手邊的設計。」[42]擴增知識這塊全球公地的使用大門，使人人得其門而入，將是本世紀最具改革力量的財富再分配手段。

　　主演魔鬼終結者的阿諾，其健身名言看來不盡然全是對的。1980年代，醫生對「沒有痛苦就沒有收穫」的健身座右銘提出警語，指出造成疼痛的體能訓練對身體產生的往往是傷害，而不是健康又健美的身材。數十年來，因為庫茲涅茨曲線而迷途的經濟學家花了長久時間終於得出正確結論──幸好，最後還是回到家了。均富並不會在免不了的經濟陣痛之後出現，貧富不均的經濟陣痛是不當設計下的經濟產物。就目前的經濟而言，我們應讓陣痛消失，我們應構思分配設計，經濟學家的思維應從根本徹底改變。此時，該向雲霄飛車的迷思揮手說再見：網路正在前方迎接我們。

　　二十一世紀的經濟學家應從一開始，就在經濟的互動結構中，設計良善的分配流，不該再妄想經濟成長終將實現均富。重點不單是收入的再分配，還必須重新分配財富，無論是跟土地控制、貨幣擴張、企業、科技或知識有關的權力，且市場、民眾與國家應合力實現這些目標。不要等待從上而下的改革。相反地，我們應善用網路，由下往上帶動改革。網路早已在民間帶動再分配的革命運動。更重要的是，這股分配式經濟設計的改革浪潮需要戰友，亦即同樣強大的可再生經濟的設計革命。我們將在下一章探討。

◎ CHAPTER 6

創造再生

從「成長第一環境第二」
到再生經濟

2015年在歐洲時，我認識了從印度到德國唸書的普拉卡斯（Prakash），當時他正在大學攻讀工程學位。我問他是否有意學習生態方面的科技時，他搖了搖頭，回答「不，印度另有更重要的事。印度還沒富裕到需要擔心生態的事。」我滿臉驚訝。我告訴他印度將近一半的土壤惡化，地下水超抽嚴重，且印度的空氣汙染全球最糟糕。他露出認同表情，但他只是微笑，又說了一次：「印度另有更重要的事。」

在一次簡短的談話中，普拉卡斯一語道出老調重彈了幾十年的經濟情節：窮國太窮了，所以環保對他們太過於奢侈。更重要的是，他們不需要環保，因為經濟成長終會清理其所造成的汙染，且可補平耗用掉的資源。這樣的童話曾有數據加持，還有一張圖表宣揚。雖然政治家和民眾仍然相信這個童話，但在印度與世界其他地方，童話早已不攻自破。「印度的經濟表現相當亮眼」，在世界銀行位居要職的

環境經濟學家慕書庫馬拉‧馬尼（Muthukumara Mani）說，「但印度的環境卻非如此。『現在先努力讓經濟成長，日後再想如何清理環境』根本就是歪理。」①

任何一個國家，都沒有等到國家夠富裕才來處理環境惡化的奢侈。不要期待經濟成長會使環境變乾淨，因為這是白日夢。聰明的作法是透過良善的設計，打造再生經濟，恢復全球人類賴以為生的青山綠水，使生命周期循環不盡。現在我們該丟棄不合時宜的老舊經濟學圖表，脫掉緊箍咒，不要再受到它們的影響。在二十一世紀裡，我們應透過良善的設計，實現再生經濟的願景。

● 失去的不見得會復返

1990年代早期，美國經濟學家傑納‧格羅斯曼（Gene Grossman）與艾倫‧克魯格（Alan Krueger）發現一個驚人現象。他們對照約40個國家的GDP數據，分析這些國家的空氣與水的汙染數據，結果發現當GDP往上成長時，汙染一開始亦是往上，之後往下，若畫成圖形，就像是個倒U曲線。由於這條曲線類似我們在第5章所探討的庫茲涅茨曲線，因此很快地人們稱它為「環境庫茲涅茨曲線」。

發現了這麼令人驚訝的經濟運動法則，這兩位經濟學家迫不及待使用統計學來進行進一步分析，以了解當收入達到多高時，這條神奇的曲線會轉彎，從一路往上變成往下。他們發現對於河川中的鉛汙染，當國民的收入達到每人1887美元時（依據1985年當時的收入水準，而非今日的收入水準），汙染達到最高點且曲線開始往下走。那麼空氣中的二氧化硫呢？當收入達到每人4053美元時，汙染開始往下走。

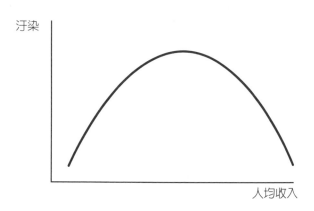

環境庫茲涅茨曲線，其宣稱經濟成長終將解決其所產生的環境問題。

那濃煙呢？當GDP高於每人6151美元時，濃煙汙染開始往下走。他們兩人宣稱整體而言，當國家的人均收入達到8000美元時（相當於今日的17000美元），經濟成長可望開始清理其所造成的水與空氣汙染。[②]

　　這真是一大諷刺：被拆穿假面具的庫茲涅茨曲線才剛步下舞台，它的表兄弟，即環境庫茲涅茨曲線馬上搶占舞台正中央。就像庫茲涅茨，格羅斯曼與克魯格兩人亦對他們的發現提出警語。他們指出他們只蒐集若干國家當地的水與汙染數據，並未蒐集全球溫室氣體排放、生物多樣性喪失、土壤惡化及森林濫伐等環境問題的數據。他們表示一個國家的情況取決於該國的政策、科技與經濟等綜合因素。他們還指出雖然觀察到經濟成長與汙染減緩之間存在關聯，但所觀察到的關聯並未證明經濟成長是促使汙染減緩的功臣。但如同多數認為自己發現經濟運動法則的經濟學家，他們兩人亦忍不住作出一個結論：**從多數的環境指標來看，「經濟成長一開始**

促使環境惡化，之後惡化會開始改善」。③

　　雖然格羅斯曼與克魯格兩人對他們的發現提出警語，但他們的發現很快成為經濟學上的金科玉律，廣為流傳，反覆出現在全球的政策報告、報紙與經濟演講之中：經濟成長會清理其所造成的汙染，如同有家教的小孩會自己整理散落滿地的玩具。某些人，例如支持市場的經濟學家布魯斯‧楊德勒（Bruce Yandle），誇大他們兩人的發現，語不驚人死不休的說：「經濟成長有助一筆勾銷歷年經濟活動所造成的環境傷害，使大地恢復青山綠水的原貌。如果說經濟成長對環境是好事一樁，那麼刺激經濟成長的政策（貿易自由化，經濟重整，價格改革）對環境同樣也是好事一樁。」④是的，陰魂不散的「沒有痛苦就沒有收穫」又回來了，這次它對人類生活所在的地球環境提出一個歪理，想要乾淨的空氣、水、海洋，以及綠意盎然的森林嗎？請看規則：先要變糟糕，然後才會變好──不要擔心，經濟成長會使事情變好。因此咬緊您的牙根，忍受汙染的灼熱痛感吧。

　　對環保人士指稱經濟成長正在嚴重破壞地球的土壤、海洋、生態與氣候的警語與吶喊，位居主流的經濟學家仗持著環境庫茲涅茨曲線與公式，不以為意。但他們承認手中並沒有經濟成長會清理環境的直接證據。話雖如此，他們還是提出三點來解釋為什麼環境汙染會隨著經濟成長而改善。第一點，他們指稱隨著國家經濟成長，人民開始有能力關心環境，因此對環境的要求也變高了；第二點，隨著國家經濟成長，國家的工業開始有能力使用較乾淨的科技與技術；第三點，隨著國家經濟成長，國家的產業將從製造業轉向服務業，客服中心取代了煙囪。

　　他們的解釋乍聽之下似乎合情合理，但他們對「環境庫茲涅茨曲線」為什麼先

升後降所做的解釋卻禁不起檢驗。首先，人民無需等待GDP成長後才有要求乾淨的水與空氣的權力與欲望。這是經濟學家馬里安諾・托拉斯（Mariano Torras）與詹姆斯・博伊斯（James K. Boyce）將產生「環境庫茲涅茨曲線」的跨國數據比較人民權力指數後所得到的結論。他們發現許多國家，尤其是低所得國家的環境品質較高，這些國家的收入分配較公平、人民識字率較高，且公民權與政治權較受到尊重。[5]因此，保護水與空氣品質的是人民所握有的權力，不是經濟成長。同理，工業之所以轉頭使用較乾淨的科技，是因為人民向政府與企業施壓，要求他們符合更嚴格的標準，不單因為企業的營收增加。第三，國家的產業從製造業轉向服務業或許能減少水與空氣汙染，但這些汙染並沒有憑空消失，因為該國其實將汙染外移到從事製造活動的他國，讓他國的人與環境承受汙染之苦，而該國人民卻在他們的國家坐享其成購買進口的製成品。就環境保護來說，將汙染外移至從事製造活動的他國不是永遠行得通的對策，因為總有那麼一天再也沒有國家願意打開大門迎接汙染。

由於缺乏廣泛的數據，格羅斯曼與克魯格無法調查「環境庫茲涅茨曲線」的先升後降是否同樣適用其他生態影響，例如溫室氣體排放、超抽地下水、森林濫伐、土壤惡化、農藥濫用與生物多樣性喪失等。他們也無法評估每個國家的環境影響有多少來自國外。但由於自然資源流的追蹤技術不斷在進步，這些數據的取得性也在快速改善之中，且道出截然不同的劇情。

在高所得國家，採礦及資源的開挖活動的確在減少，這使歐盟與經濟合作組織高舉勝利的旗子，高喊資源生產力提高，以及GDP成長與資源使用脫鉤了──這兩者都被視為是「綠色成長」的早期證據。但歐盟與經合組織高興得太早。「這些現

象確實使已開發國家的資源效能看起來提高，」國際資源流分析專家湯米‧威德曼（Tommy Wiedmann）警告說，「但實際上，他們仍然深深依賴著資源。」⑥

　　依據最新編譯完成的國際數據，從一個國家的全球物質足跡來看，亦即將該國所進口之產品於整個生產歷程中，在全球所使用到的生物質、化石燃料、金屬礦石和建築礦物全部加起來所產生的全球物質足跡來看，所提出的種種成功事證似乎完全站不住腳。1990至2007年，當高所得國家的GDP成長時，這些國家的全球物質足跡亦在增長，且增長幅度不單是一點點：在該期間，美國、英國、紐西蘭與澳洲的物質足跡都增長了30%以上；西班牙、葡萄牙與荷蘭的增幅則超過50%。日本的物質足跡增長了14%，德國增長了9%——顯著低於其他國家，但也是呈現增長走勢。⑦這些數據顯示的是令人不安的一再上升，而不是「環境庫茲涅茨曲線」的先升後降。

　　全球物質足跡的計算相當複雜，但有些人不認同這些發現。例如資源分析師克里斯‧古道爾（Chris Goodall）所編譯出的英國數據呈現不同的走勢，從數據來看，英國的資源耗用量（包括進口量）似乎已達到頂峰並呈現持穩，甚至有開始下降跡象。⑧即使古道爾的數據是正確的，沒有太大的錯誤，它仍然指出一個問題：英國的耗用量已達到匪夷所思的高。如果其他國家也跟進，深信經濟成長終會讓使用量在達到高點後下降，則所耗用的資源將至少是三個地球的資源量，如此一來全球經濟將肆無忌憚地超越地球的包容界線。⑨換句話說，就算「環境庫茲涅茨曲線」是真確的，人類也爬不起「環境庫茲涅茨曲線」這座高山，因為在爬到山頂之前，人類恐早已氣絕身亡。

◉ 正視退化經濟的破壞力量

此時此刻，應停止繼續尋找經濟法則來證實經濟成長終將帶來生態健康。事實證明，經濟的重點不在於發現法則，真正的重點其實在於**設計**。為什麼即使是全球最富裕的國家仍讓我們所有人感受到汙染的炙熱痛感，原因在於過去兩百年來的工業活動建立在線性的工業系統上，且這個系統採用了退化的設計。這個工業系統囊括製造供應鏈從出生到入殮的全程，亦即，開採、製造、使用及丟棄：開採地球的礦物、金屬、生物質和化石燃料；將它們製成產品；然後賣給消費者使用——消費者早晚會丟棄這些產品，而且可能在購買後不久即丟棄。當簡繪在紙上時，這個製造供應鏈看起來就像條毛毛蟲，一端攝取食物，在咀嚼後，從另一端排出廢棄物（見下頁圖）。

這種處處可見的工業模式為許多企業帶來豐厚利潤，也使許多國家富有，但其設計有其嚴重瑕疵，因為它與地球的運行背道而馳——地球之所以能夠世代運行，在於地球的循環與再生機制，透過這個機制，諸如碳、氧、水、氮和磷等各種地球上的元素在地球的生命周期中一再循環，使地球不斷繁衍。人類的工業活動肢解了地球的循環與再生周期，使大自然的資源消耗殆盡，且人類的工業活動在地球傾倒了太多廢棄物。人類的工業活動從陸地和海洋開採石油、煤和天然氣，然後燃燒它們，將產生的二氧化碳排放到大氣之中。人類的工業將氮和磷變成肥料，然後將汙水從農業渠道與下水道排放到湖泊和海洋中。人類的工業為了開採金屬和礦物而將森林砍伐成平地。這些金屬和礦物製成各種消費產品後，最終成為電子廢棄物傾倒

至垃圾場，這些廢棄物中的有毒化學物滲入土壤、水與空氣之中。經濟理論承認人類的工業具有破壞性影響，亦即會對周遭環境產生不良的「外部性」效應，但也提出建立在市場的諸方法來減少這些破壞性影響，亦即配額和課稅。理論指稱爲了減少這些外部影響，人類可對總汙染量規定上限，對排放實施配額制，且可允許市場對不同的汙染權定出價格。理論又說道，或者人類可課徵金額相當於汙染所造成之「社會成本」的稅，然後由市場評估成本、利潤及價值等因素後，自行決定划得來的汙染排放量。

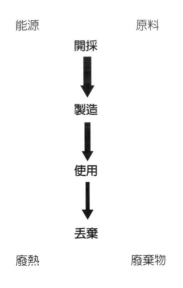

宛如毛毛蟲的退化式工業設計。

這些政策所產生的影響相當深遠。1999年至2003年間，德國所施行的生態稅致使運輸、燃燒和發電所使用的化石燃料的價格攀高，且在同時，德國將薪資稅減低同等金額；結果，燃料使用量減少17%，碳排放減少3%，搭車共享增加了70%，且新增了25萬個工作。加州於2013年實施碳排放上限與交易辦法，希望促使該州的溫室氣體排放量在2020年時恢復到1990年的水平。雖然在加州所施行的辦法中，工業仍可免費取得多數的配額，但加州打算隨著時間減少這些配額加起來的總量，並將鼓勵工業透過競價方式付費購買排放許可。且在同時，爲了避免步上歐洲碳方案的後塵，加州使用樓地板價格來避免排放許可的價格崩盤。

分級費率的使用也越來越普及，目的在確保用量越多的人所付出的費用也越多。從加州的聖達菲到中國水資源吃緊的城市，分級費率被用在不同收入之家庭的用水量上。對基本用水量，亦即日常生活所需用水，例如飲用、洗澡、洗碗和洗衣等，每戶所付出的水價費率較低。但對超出基本用水量的用水，無論用途是洗車、草坪澆水或游泳池，所收取的水價費率則高出三到四倍。如同水市場專家羅傑·格倫農（Roger Glennon）所說，「分級費率的好處在於其不會阻止人們用水，且無需政府制定法規。但它堅持使用者必須對基本生活以外的草坪等用水支付較高價格。」在南非的德爾班市（Durban），用水權被認爲是受到憲法保障的一項人權，低收入家庭每天可免費獲得日常基本生活所需用水，只有當用水量超出基本用水量時才需要付費。

課稅、配額和分級費率顯然有助減低人類活動加諸在地球的壓力，但若因此相信單這三項就可搞定一切可就大錯特錯。在實務上，這三項是不足的，因爲不夠

嚴格，發揮不出有效的力道：企業界總是不斷透過陳情，企圖阻止它們實施，或企圖降低稅率，或企圖提高配額，或企圖讓排放許可是免錢的，無需透過競價方式購得。政府往往因此退讓，因為擔心國家失去競爭力，也擔心他們的政黨失去企業界支持。從理論來說，這些政策也是力道不足的：從系統思維的角度來看，用來限制汙染量及減少汙染流的配額和課稅確實是可改變系統行為的槓桿點，但卻是功效不彰的槓桿點。要產生大幅的槓桿效應，需要治本，亦即需要改變促使系統目標產生的因。[30]

當人類的工業建立在「開採→製造→使用→丟棄」的線性退化設計時，只有**價格**這個誘因才有足夠力道減低人類工業對資源的不斷耗盡。深具遠見的景觀設計師約翰・提爾曼・萊爾（John Tillman Lyle）清楚看出線性退化設計的局限性。「單向的系統終將破壞其所依存的大地，」他於1990年代寫道，「時間總是不斷往前進，不斷流動的流總有那麼一天不再流動。從本質來說，這是種退化的系統，吞噬其生生不息所依賴的生存源。」[31] 人類需要的是再生經濟設計。這樣的設計正在出現，且在過程中，企業界的反應令人莞爾。

● 在甜甜圈經濟世界，企業會如何？

當企業界終於感受到退化式工業設計加諸在地球的龐大壓力時，他們出現怎樣的反應？過去五年，我向許多商界菁英介紹甜甜圈的概念，從《財星》雜誌的前五百大企業高層到社區企業創辦人。聽了我的介紹後，他們的反應形形色色，不盡

相同，但卻反映出退化性設計轉變成再生設計的諸多階段——我以「企業待辦清單」簡稱這些階段。

　　一開始、也是最早出現的反應非常簡單：什麼都不做。他們認為目前公司獲利非常亮眼，沒必要改變經營模式。他們的責任是追求最大的獲利與利潤。除非政府實施環境課稅或配額，因而改變誘因，否則將維持現狀。他們所做的事（大部分）都是合法的，如果收到罰單，通常視其為營業成本。數十年來，全球多數企業都採用這種作法，將永續發展視為「有也不錯、但沒有也沒關係」的東西，因為對股價沒有任何助益。但時間在走，世界在變。曾幾何時，依賴棉花、咖啡、葡萄酒、絲綢及其他形形色色之供應商的製造大廠終於發覺他們的供應鏈是何等脆弱，全球暖化與地下水下降都足以影響他們的供應鏈。他們終於了解什麼都不做形同坐以待

您的公司選擇哪項作為目標？

斃，絕對不是良策。

　　於是下一個反應成為企業最常見的反應：「利之所在，行動之所在」，採取既符合生態、也能縮減成本或提升品牌的方法。減少溫室氣體排放，以及縮減工業用水量，是典型符合生態的措施，也是可提高公司獲利的方法，尤其是在早期階段。某些公司為了獲利，鋌而走險，採取欺騙手段：德國福斯汽車在2015年驚爆其在幾百萬輛福斯柴油汽車安裝「作弊」軟體，可在官方測試時，將車子引擎轉換成低排放模式，使車子的氧化氮與二氧化碳的排放量符合法規。某些公司則尋求「綠色」產品標章認證，以吸引願意為環保付出較高價格的消費者。眼見綠能與環保定位的產品大有可圖，這些公司競相標榜他們的產品比競爭同業來得更好：沒錯，我們才剛起步，但更重要的是「我們比競爭對手更用心」或「我們今年的努力遠超過去年」。但實情極可能是離所要的目標還有好長一段路。

　　第三個反應嚴肅多了——盡我們應盡的本分，轉向永續發展。值得稱許的一點是，採取這種態度的公司至少開始承認所做的轉變需要符合地球科學家或國家政策目標所建議的規模，例如溫室氣體排放、化肥使用或地下水抽取所需要減少的總量。一個實例是南非的萊利銀行（Nedbank），其在2014年承諾將提供名為Fair Share的商業借款給諸項投資——相當於每年4億美元的商業借款——以用來協助南非實現在2030年前所要達成的國家目標，例如，為全國人民提供價格親民的低碳能源服務，以及可永續發展的乾淨水源與衛生。「Fair Share是翻轉我們明日的錢母。」萊利銀行的執行長說道。很中肯的一句話，但「Fair Share」的字面意義為「公平分擔之份額」，不禁令我好奇一件事：扣掉公平分擔之份額後，萊利銀行其他的錢都用

在什麼地方。一群朋友吃飽飯後，曾留下來付帳單的人一定知道，雖然每位朋友都將他們自認公平的分擔份額拿給付帳單的人，但加起來的錢總數總是低於帳單上的金額。當分擔份額由分擔者自行決定時，事情從沒有美好結局——就像在溫室氣體排放減量上，世界各國自行決定他們應分擔的公平份額後所作出的減量承諾。

　　更令人憂慮的是，「分擔我們應分擔的公平份額」很容易演變成「拿取我們應得的公平份額」。第一次聽見甜甜圈的理念時，許多企業似乎只注意它能產生什麼好處，視甜甜圈是塊大餅，準備切塊分給眾人。就像慶生會上的孩子，每個人都希望獲得份額是公平的一塊蛋糕。由於仍未脫掉退化的線性工業思維，許多人提出的第一個問題往往是：在這塊環保生態大餅上，我們可拿到多大的一塊？我們可以排放多少噸的二氧化碳？我們可以抽取多少地下水？答案很可能遠低於他們目前所拿的數量，所以肯定會引起競爭之心。**「拿取我們應得的公平份額」加深了「汙染權」是值得爭奪之資源的想法**。在競爭有限的資源時，人類總是太容易爭奪空間，企圖透過陳情來改變政策制定者，並耍盡其他各種手段，因而大大增加在過程中越線的危險。

　　企業界的第四個反應是不再傷害地球，展現出「零汙染任務」的決心：企業界開始設計產品、服務、建築與公司，將目標放在零環境影響——我們終於盼到企業界的洗心革面。在零汙染目標的推動上，例子包括「零耗能」建築，例如素有「雨城」之稱的西雅圖市內的布利特中心（Bullitt Center）居然使用太陽能板來產生其每年所需要的電量。同樣的，以「零用水」為訴求的工廠不抽取地下水，例如雀巢位於墨西哥哈利斯科州（Jalisco）的乳牛場所需要的作業用水，全部來自乳牛所分泌之

牛奶的蒸氣冷凝後所形成的水，而不是不斷抽取該區已嚴重枯竭的地下水源。[18]

　　將目標轉向零環境影響是企業界令人印象深刻的洗心革面，與往日的退化性工業設計截然不同。但目標不該只放在零耗能或零耗水上，應進一步擴大至企業營運所用到的每一種能源，雖然要實現這個目標還有好長一段路要走。企業界的這項改變亦是資源使用效率提升的一大進步，但如建築設計師威廉・麥當諾夫（William McDonough）所說，單是追求資源效率並不足夠。「較不糟糕並不表示變好了，」他說，「它依舊是糟糕的，只是糟糕程度少了一點。」[19]如果你曾想過，你就會知道對工業革命來說，追求零環境影響是個奇怪願景，它就像一道絆住腳的門檻，雖然這道門通往轉變。簡單說，如果你的工廠可以生產出數量同於工廠所用掉的能源與乾淨的水，那麼為什麼不讓工廠多生產一些呢？如果有能力將製程中的一切有毒物質移除，為什麼你不從一開始就使用健康的物質呢？我們不可單把目標設定在「減少壞事的量」。我們應進一步將目標設定在「增加好事的量」。我們應不斷更新、循環與再生地球資源，而不單是減緩對環境資源的耗用速度，因為單是減緩，地球資源總有一天還是會耗盡。對地球的生態與環境來說，在你能夠「給」的時候，單是不取不拿是不夠的。

　　這正是企業界所出現的第五個反應的精髓所在：透過良善的設計打造再生企業，回報我們生活所在的生命系統。我們不能單把這項工作列在明日的行事曆中。我們現在就該起而行，這是身在地球上的我們關懷、維護及管理地球生物圈的一個方式。我們必須徹底明白我們有責任讓明日的地球比今日還要好。[20]在這個目標的道路上，我們需要創造出核心理念有助人類跟大自然的循環周期重新接軌的企業，我

們需要落實「施比受更有福」之慷慨理念的企業，因爲只有符合「博施」胸襟的慷慨設計，才能帶領我們重返甜甜圈的生態天空下。對仿生界內既是帶頭思想家、也是實踐家的珍妮‧貝尼（Janine Benyus）來說，這種「施比受有福」的慷慨概念已成爲其一生的設計使命。如同她對我說的：

　　人類是有著大腦的生物，但我們卻像地球的新生兒，行爲舉止像幼兒，事事期望大自然之母照料我們，爲我們清理一切。我呼籲大家把這件設計工作視爲自己的使命，充分參與大自然的每個循環周期。二氧化碳是我們可以開始的出發點，我們應學習如何不再讓人類的工業「吐出」二氧化碳這個汙染物；然後，我們應仿效植物，使人類的活動如同光合作用會「吸收」二氧化碳，將二氧化碳世世代代儲存在富饒的農業大地之中。一旦我們在二氧化碳累積了經驗，我們可以將所學擴大至磷、氮和水的循環上。

　　爲了發現「施比受有福」之慷慨設計的要義，她建議我們以大自然作爲雛形、度量標準及導師。當我們將大自然作爲我們可以學習的雛形時，我們可以研究及仿效大自然內生物生生不息的施與受、死亡與再生，以及一個生物不要的廢棄物如何成爲另一個生物活下去的食糧。當我們將大自然作爲我們度量標準時，我們可以學習大自然所制定的生態標準，用來判斷我們的創新是否能夠永續發展：我們的創新是否符合標準，充分參與且融入大自然循環不息的生命周期之中？當我們以大自然爲師，我們不再只詢問可以得到什麼，地球38億年的歷史與演化是我們可以研讀的

最棒教材。㉑

　　在這份企業待辦清單上，每標記一個打勾，註明已完成該要務時，我們即往再生設計邁進一步，企業應明白一點，前進方向跟現在所處位置同等重要。但在這重要轉變上，我們沒必要（事實上，也沒時間）搭乘站站都停的普通車，我們需要蛻變，就像毛毛蟲變成美麗蝴蝶；我們需要轉型，朝「施比受更有福」的慷慨設計大步邁開步伐。

● 循環經濟起飛了

　　透過經濟學口中的**循環經濟**，工業製程已開始邁出從退化式設計，蛻變成再生式設計的步伐。之所以稱為再生式設計，原因在於其善用無窮無盡的太陽能源，將不同原料轉變成有用的產品與服務。㉒所以，揮手向線性工業經濟的毛毛蟲說再見吧，因為這條毛毛蟲已在我們眼前蛻變成美麗的蝴蝶。依據艾倫·麥克亞瑟基金會（Ellen MacArthur Foundation）所製作的圖表清楚顯示這項蛻變。㉓如同真的蝴蝶般，這條工業毛毛蟲所蛻變的蝴蝶，舞動著閃閃發光的翅膀。

　　這個設計的哪些特點使這隻工業蝴蝶得以展翅高飛？首先，讓我們看看二十世紀中工業貪婪開採礦物與石油，以及焚燒廢棄物的線性經濟所展現的出生到入殮的歷程。

　　在右頁圖表中央，從上到下，仍然橫躺著「開採→製造→使用→丟棄」所構成的毛毛蟲。但仔細看，它已蛻變成一隻美麗蝴蝶，這要感謝循環經濟的「始於出

生，終於出生」的生生不息思維。[34]它的運行使用可再生能源：太陽能，風，海潮，生物質與地熱等，棄用任何有毒化學物質，而且非常重要的一點是，其利用良善的設計，使廢棄物消失於無形。為什麼它能使廢棄物消失於無形？因為它善用「在生生不息的大自然中，一個生物的廢棄物是另一個生物之食糧」的道理：製程所產生的廢棄物，無論是廚餘或廢金屬等，都是另一個製程的原料。要訣在於將所有物質歸類為兩種：其中一種是**生物循環物質**，例如土壤、植物與動物等，另一種則是**工業循環物質**，例如塑膠、合成物質與金屬等。生物循環物質與工業循環物質各自循環不息，位於蝴蝶兩側，是蝴蝶的兩隻翅膀，在這樣的循環中資源永遠不會「用盡」或丟棄，而是不斷使用再使用，重複著使用、回收及再生的周期。

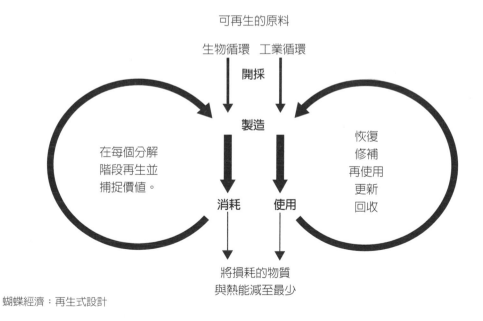

蝴蝶經濟：再生式設計

在生物循環物質所構成的蝴蝶翅膀上，所有物質透過大地而循環不息。人類要無止盡的使用它們，一個要訣在於：採收的速度不可快於大自然再生的速度；善用它們在生命周期中不同階段所具有的眾多不同價值；以及善加設計生產模式，使生產模式回報大自然。讓我們用咖啡豆簡單說明：我們所沖泡出來的一杯咖啡所用到的咖啡豆不到1%。但別小看咖啡渣，其含有豐富纖維素、木質素、氮及糖等。直接將咖啡渣這個有機寶物丟到堆肥桶，或更糟糕的是，直接丟入垃圾桶，那就太笨啦！但世界各地的家庭、辦公室與咖啡店都這麼做。事實上，咖啡渣是栽種香菇的理想栽培介質，栽種完香菇後，可作為牛雞豬的飼料，之後可作為肥料，回歸大地。從小小一粒咖啡豆，我們可以擴大至所有糧食、農作物與木材，我們還可以擴大至每個家庭、農場、公司與機構。如此一來，本世紀的林業與糧食業將轉變成再生企業，在其從賴以為生的生物系統收割價值時，也能回報系統，而不是予取予求，系統因而得以再生，循環不息。

在蝴蝶的另一隻翅膀上是金屬與合成纖維等這類不會自然分解的工業循環物質所製成的產品，因此必須加以設計，讓它們得以透過修補、再使用、更新及回收（回收是最後手段）而恢復。以手機為例，手機使用壽命典型只有兩年，但小小一支手機卻有不少金、銀、鈷及稀土金屬。在歐盟，每年賣出的手機超過1億6000萬支，但在2010年，只有6%的二手機又回到人類手中被使用，只有9%的手機被拆解回收，剩餘85%不是淪落到垃圾掩埋場，就是靜靜躺在某個抽屜的角落。[※]在循環再生經濟中，我們應透過良善的設計，使人類可以方便回收手機後拆解，或是翻新後重售，或使手機的每個零件都可再使用。將這些模式擴大至所有產業，我們就可以開

始將二十世紀的工業廢棄物變成二十一世紀的製造原料。

　　聽起來非常奇妙吧，但千萬別被蝴蝶的翅膀迷昏頭了，因為循環經濟的真正概念其實是一則述說永不休息之作動機器的神話，因此比循環經濟更貼切的名稱應是**周期性經濟**。任何一個產業都沒辦法100%回收並再使用其100%的材料與資源：就算是令人嘖嘖稱奇的日本居然回收其國內高達98%的金屬，還是有2%的漏網之魚。此外只要時間足夠，任何的工業循環物質，從金屬到塑膠，都會開始腐蝕或敗壞。但如果我們重新思考每樣東西，無論是十八世紀的建築或最新的智慧型手機，將其看成是儲存珍貴能源的電池或存放珍稀寶物的寶盒，我們的注意力將轉向如何保留或再生它們所儲存的價值。我們何其有幸，得以在白晝沐浴在太陽照射地球的陽光之中。就像所有生物，我們可以善用太陽能來恢復人類已創造出來的價值，並讓我們所在的世界得以一再循環再生。

　　在退化的工業經濟體中，所謂的價值即是錢，要生出更多錢，方法是不斷縮減成本及增加產品的銷售額，所產生的典型結果是單行道的密集材料流。但在再生的經濟體中，材料流轉變了——材料順著形狀如字母O的環形道流動。但要真正轉變，需要對價值的定義有新的體認。「富貴如浮雲，只有生命才是真的。」英國作家約翰·拉斯金（John Ruskin）在1860年寫道。他寫的雖然是首詩，但亦可說是真知灼見。經濟的價值不在於單行道上的產品與服務流，而是促使它們一再發生的「財富」。這些財富的形式包括人類所製造出來的有形物（例如，拖拉機與房子）、人類身上的無形資產（例如，一個人所擁有的技術，或社區的信任）、生

生不息的生物圈（例如，森林與海洋），以及知識（例如，維基百科及人類基因體）。但這些形式的財富總有一天會消失：拖拉機會鏽蝕，樹木會分解，人會死，知識會被遺忘。只有一種形式的財富穿越時間永常存，亦即，太陽所賜予的生命再生力量。拉斯金顯然是了解再生的先知。

● 歡迎光臨慷慨之市

　　透過設計，工廠與工業可以是再生的，都市環境亦是相同道理。珍妮·貝尼正在致力推廣她口中名為**慷慨之市**的願景：**與地球生態充分融合的人類聚落**。她的第一步是觀察一個城市當地的生態系統，例如附近的森林、沼澤地或大草原，然後她記錄當地的生態系統使用太陽能、消除二氧化碳、儲存雨水、肥潤土壤、淨化空氣等的速率。她將測得的數據作為新城市所需要符合的標準。她發出戰帖，挑戰該市的建築師與規劃者是否能夠打造出「如同大自然這位好芳鄰般慷慨」的建築與景觀。可種植蔬果、蒐集太陽能且歡迎野生動物的屋頂。可吸收暴雨、然後將暴雨排放到地下蓄水層的道路。可隔絕二氧化碳、淨化空氣、處理廢水及將汙水轉變成滋養土壤之營養物的建築物。所有的這些都與穿過自然地理長廊與都市農地的基礎設施網相連。要讓這種設計成真，人類在意且詢問的問題需是再生式問題，切不可又是退化性問題。「不要再問：我可分到多大份額？」貝尼說，「改問：我們可以貢獻些什麼，博施濟眾，造福大自然？」

　　想想看，如果我們利用良善的設計，使這樣一座再生之市亦是一個分配式經

濟體，劇情將會如何。前文提到的微電網再生能源將使家家戶戶成為能源提供者。價格親民且有便利公共運輸網服務的住宅將使大眾運輸成為最物廉價美、也最便捷的交通。鄰里企業可讓父母無需長途趕上班，因為辦公室與家的距離拉近了，不管是爸爸或媽媽都有機會做個稱職的父母。此外，由於再生基礎設施的「高接觸」性質，因此人們需要持續管理及維護它的再生力，因此可創造出有意義且高技術性的工作機會。

　　在世界地圖上，目前還找不到這樣的城市，但已有企業和專案力圖在地球的各大陸落實這樣的設計原則。在荷蘭，Park 2020是依據「從出生至出生」原則所設計的一個商業圈，採用可回收的建材興建而成，內有綜合能源系統及水處理設施，建築的屋頂可蒐集太陽能、儲水及濾水，可隔熱，並提供野生動物棲息區。[28]在加州，新光科技公司（Newlight）蒐集乳牛所排放出來的甲烷，將其轉化為生物塑料後用來製造產品，例如瓶子和辦公椅，這些產品業經中立檢驗機構確認不會助長地球二氧化碳惡化，且在整個生命周期內，可阻隔溫室氣體排放。[29]在澳洲南部的乾旱沿海區，落日農場（Sundrop Farm）使用海水和陽光種植番茄和辣椒。該農場的先進溫室使用太陽能來淡化海水，生產熱能並發電，所有這些都用於農作物的栽種。「我們不單是解決能源或水資源問題，」落日農場執行長菲力普‧薩姆偉伯（Philipp Saumweber）說，「我們其實正在同時解決這兩個問題，以永續發展的方式使用富饒的資源來生產糧食。」[30]

　　中低所得國家的鄉鎮市亦展開雙手擁抱再生設計。孟加拉的目標是成為第一個太陽能發電國家，目前該國正在培訓數千名婦女成為太陽能工程師，以在她們的村

莊安裝、維護和修理可再生能源系統。[31]在衣索比亞的提格雷州（Tigray），自2000年以來，已有超過22萬公頃的荒漠化土地重生，非常驚人的成果，這要歸功諸多農村社區大力興建梯田，以及種植灌木等樹木，將貧瘠的山坡恢復成青翠的山谷，為周圍的鄉鎮市提供糧食及蔬果，且同時隔離二氧化碳、儲水，並重建土壤。[32]在肯亞，聖納吉（Sanergy）等社會企業在貧民區興建衛生的廁所，並將蒐集到的人類廢棄物100%轉化成沼氣和有機肥料後賣給當地農場——這個作法不僅改善人類健康，創造急需的就業機會，且同時減少氮汙染，並提高土壤肥沃度。[33]在巴西亦可見到類似努力，新創企業ProComposto從城市餐館、公寓和超市蒐集廚餘及其他有機廢棄物，將其轉化成有機農業所需要的肥料。原本要傾倒至垃圾掩埋場的生物廢棄物在該公司的手中變成有用物質。該公司不僅減少甲烷排放，並用碳來富饒土壤，且在同時創造就業機會。[34]

這些帶頭領航的實例非常振奮人心，但仍有我們需要思考的重要問題。例如，Park 2020的建築是由可回收材料建成的，但它們真的會在日後的某一天被回收嗎？落日農場的溫室大多使用太陽能供電，但在陰天時需要使用備用的燃氣鍋爐，若沒有燃氣鍋爐，還能成功嗎？[35]如果新光的甲烷塑料大幅增加產量，是否可能產生預期之外的生態影響？截至目前，太多村子的太陽能計畫半途而廢——太陽能板壞了但卻無人修理，因此只能棄置。這個問題有解決之道嗎？將廚餘等有機垃圾轉化成有機堆肥的企業是否可賺得足夠收入來提供體面的工作，且在同時維持必要營運規模？諸如這樣的新興科技和企業在他們茁壯的道路上，將受到重重考驗，因此需要不斷調整，更重要的是，他們需要有經濟體系的奧援，使這樣的新興科技與企業成

為市場認為可行的投資，而這正是二十一世紀的經濟學家所需要扮演的重要角色。

● 尋找慷慨的經濟學家

雖然循環式製程和再生設計的潛力無窮，但今日的先驅工業和城市設計師卻面臨一項艱鉅挑戰：**如何與仍陷在退化經濟設計思維與作法的企業界、金融界和政府合作**。珍妮‧貝尼親身體驗到這個挑戰的挫敗感。在跟一家大型商業土地開發建商合作，以改造一座大城的郊區時，她提議興建採用仿生生物牆的建築，這些仿生生物牆可隔離二氧化碳，釋放氧氣，且可過濾周圍的空氣。猜猜看建商一開始的反應？「我為什麼要為城市的其他地方提供乾淨空氣？」

這樣的反應不足為奇，暴露出當代資本主義設計中無處不在的商業心態。而這樣的資本主義設計正好跟慷慨背道而馳。為什麼這樣說呢？因為這樣的設計只將注意力放在如何為股東創造「錢」這個形式的財富。再生設計師所詢問的問題是「我們如何博施濟眾，造福民眾與大自然？」，但主流企業仍在問的問題是「我們可以從中賺得多少錢？」當然，這兩個目標可能會有重疊部分，因為再生設計有時可讓企業賺得很高的獲利，但如果只是這個重疊部分吸引企業，那麼再生設計將無法發揮全部潛力。

從許多主流企業實踐循環經濟的方式來看，可以清楚看出他們在某個部分接受再生設計。企業對打造「循環經濟」的興趣快速增長，走在這股浪潮前端的企業採用一系列循環經濟的技術，例如：致力實現零廢棄物的製程；銷售服務而不是產

品（例如販賣電腦列印服務，而非印表機）；回收自有品牌的產品後加以翻新並重新出售，這些產品從拖拉機到筆電都有。這些是有效再利用資源的極佳策略，它們也可以產生誘人的獲利。透過回收和再製重要的產品零組件，營建設備公司開拓重工（Caterpillar）在這些產品線的毛利增加50%，且在同時，水和能源的用量減少約90%。成績著實令人刮目相看（他們應將再製部門改名為蝴蝶？）。截至目前，其他許多循環經濟的企業方案也令人豎起大拇指。

　　問題在於他們做得還不夠，原因清楚擺在我們眼前。在公司利益的考量下，截至目前，企業所採取的循環經濟策略通常具有的特點是：從上而下，由大公司帶動；局限在公司內部，企圖對公司的二手產品建立控制權；不透明，因為專利與獨占技術；零碎的分散在同一產業與跨業的不相干零組件上。這絕不是建立再生式產業生態的強韌基礎，更別說是分配式產業生態了。舉例說明：越來越多製造商回收他們公司的二手產品，例如汽車和成衣，以再利用他們的零件和材料。但在全球所製造的物件中，西方國家平均所擁有的件數超過1萬件，因此若採取單打獨鬥方式，極不可能成功，而且這種情況還可能造成經濟體內的O形環狀材料流的控制權高度集中在西方企業手中。下面這句話道出重點：

在再生經濟設計的加持下，才能全面實現再生式產業設計。

　　但以現狀而言，只能感嘆革命尚未成功，同志仍需努力。要實現這個目標，需要重新平衡市場、民眾和國家所扮演的角色；要實現這個目標，我們需要重新定義

企業及錢的意義；要實現這個目標，我們需要表彰及獎勵再生設計的標章與度量標準。對二十一世紀的經濟學家，這個再設計任務當然是最令人雀躍的機會之一。此外，身在複雜且不斷演化的經濟系統中，可以想見的，這樣的再設計實踐流程不可能從教科書的理論一躍而出，引領它們實現的人將是不斷嘗試、追求創新的再設計支持者。

◑ 循環再生的明日已開啓大門

　　雖然循環經濟具有強大的再生潛力，但由於企業界注重效益的短淺目光及作法，使得兩者之間隔著刺眼的落差，**開源循環經濟**（Open Source Circular Economy，OSCE）運動於是誕生。支持OSCE的全球創新者、設計師與推動者效法開源軟體的一步一腳印，創造出循環製程充分發揮潛力所需要的「知識公地」。為什麼是知識公地？原因很簡單，正如OSCE的參與者所說的，單靠個別公司單打獨鬥及在自己的工廠內閉門造車，無法全面發揮循環製程的再生力量：要打造循環再生經濟，單打獨鬥與閉門造車不合邏輯，也不可行。

　　就像貝尼所發起的仿生運動，OSCE運動亦將自然當作是可學習的雛形：土壤中的一粒種籽長成一棵樹，然後分解，成為大地的一部分，孕育出新的樹。但單靠一棵樹，這些不可能發生，它有賴眾多生命的豐富與持續互動，從真菌、昆蟲到雨水和陽光，這些互動創造了森林的自我再生生態。工業也是同樣道理：如果拖拉機、冰箱和筆電的製造商個個都只在各自物流路徑中回收、翻新和重售自有品牌產品，

那麼將永遠無法發揮整個系統的再生力量。[38]

山姆・木爾黑（Sam Muirhead）是OSCE運動發起者之一，其相信循環製程最終必須是開源的，因為開源設計背後的原則最符合循環經濟的需求。這些原則包括：模組化（使用易於組裝、拆卸和重新配置的零組件製造產品）；開放的標準（將零組件設計成通用的形狀和尺寸）；開源（可取得材料組成及使用方法的完整資訊）；以及開放的資料（材料的位置與取得性的文件紀錄）。對所有的這些，透明是關鍵所在。「任何人在他所購買的產品壽終正寢時，都應可取得該產品的製造、組裝及材料等組成與其他資訊，因此這些資訊必須是開源的，不可以是獨占的，如此一來，任何人都可以再使用該產品的零組件與材料，」木爾黑對我說，因為這類資訊是公開的，因此任何人都可改良或調整產品，以滿足他們的需求，「這形同該產品在世界各地都有研發團隊，而研發團隊的組成者正是專業的使用者，例如地方維修廠、客製專家，以及創新設計師。這些原則產生了一系列管用的循環企業模式，因為它們是開源的。」[39]

在崛起的OSCE中，世界將發生什麼轉變？在早期的帶頭者中，Apertus°（右上角的O代表英文字Open）所製造的AXIOM開源攝影機即是其中之一，其使用標準化組件，因此使用者可客製、重組，以及一再發明。[40]此外，發展快速的OSVehicle亦是開源的，這是100%的明日電動車，零組件可快速組裝成適合在機場使用的嬰兒車，或是高爾夫球推車，甚至可組裝成一輛智慧型城市汽車。[41]

OSVehicle在矽谷研發而成，但開源循環製程甚至在更令人驚奇的地方蓬勃發展。在多哥共和國的首都洛美（Lome），建築師賽納姆・阿波迪諾（Sename

Agbodjinou）及其同事於2012年成立Woelab工作室，使用在西非已被當成垃圾丟棄的電腦、印表機和掃描機的零組件，設計他們自己的開源3D列印機。「我們希望利用我們手邊的資源製作3D列印機。電子廢棄物現在是我們在非洲可取得的主要材料，」阿波迪諾說。他們的計畫是探索在他們的社區內，3D列印最有用的用途。「醫生告訴我們當設備的一個小零件壞掉時，至少需要兩個月，更換用的零件才能從歐洲或美國運來，」他解釋，「如果我們能夠精通這項技術，我們就可以使用3D列印技術快速製作出零組件及修復設備，因此有助挽救生命。」

　　這些開源創新令人印象深刻，但仍在起步階段，對許多人而言這項運動可能看起來就像烏托邦不可行。但請不要忘記林納斯・托瓦茲（Linus Torvalds），這位21歲的芬蘭電機系學生在1991年寫出了一個開源作業系統的內核。他說只是業餘興趣，但它很快成為全球目前使用最廣之電腦作業系統Linux的內核。當時，微軟執行長史蒂夫・鮑爾默（Steve Ballmer）指稱Linux是「癌」，但今日，甚至微軟也在自己的產品中使用Linux。「開源軟體是我們通往未來的一個小門，」木爾黑告訴我，他滿臉樂觀，「一旦您把一樣東西放在屬於眾人的知識公地內，誰都無法把它拿走，」他解釋說，「所以每一天，知識公地都在成長壯大，變得更加有用。一旦人們腦中浮現某種想法，並看見其具有循環經濟潛力，他們真的很希望規劃出可行的方案。」

　　秉持知識公地的共享精神，珍妮・貝尼設立Asknature.org網站，使大自然各種物質、結構和流程長久以來不為人知的祕密成為每個人都可共享的開源知識，例如

沒有膠水的壁虎為何可以緊貼牆壁行走，沒有色料的蝴蝶如何製作出顏色，以及蛙類為什麼可以將自己黏在潮濕的岩石上。該網站於2008年設立後，目前已吸引將近兩百萬名同好，從高中設計科學生到從事研究的科學家，登入該網站學習新知，並分享他們的資訊。該網站的每筆留言與資訊，都有助遏阻個體和公司宣稱數十億年前即已出現的種種大自然創新是他們的發明而藉以申請專利。貝尼對我說其之所以設立Asknature.org網站，用意是讓大自然贈與人類的寶藏永遠是全人類的公共財，如此，我們就可以向地球的生命系統學習如何建造、飼養、旅行、發電，甚至以有助生命的方式製造東西。「有了大自然恩賜的結構藍圖，」她說，「我們可以對地球無所不在的聚合物，如纖維素、角蛋白、甲殼素和木質素，添加特別的功效。這些都是開源循環經濟的基石。」[66]

　　再生設計的開源基礎的確引人注目。若位居主流地位的企業如果不能展開雙手擁抱再生設計的完整潛力，那麼什麼樣的企業會致力推動再生設計？要設計企業，方式百百種，有些方法比其他方法能產生更強的再生力道，有遠見的企業家已學會其中的門道。

● 重新定義企業的意義

　　「企業的社會責任是增加獲利。」米爾頓‧傅利曼於1970年說道，很自然地，位居主流的企業當然相信他的話。[68]但阿妮塔‧羅迪克（Anita Roddick）有不同看法。1976年，在尚無人指稱其發現再生設計前，她創辦了用心設計出來的社會和環

境再生企業。她在英國布萊頓（Brighton）的海邊小鎮開了一家美體小舖（The Body Shop），販售使用天然植物製成的化妝品（從未在動物身上進行測試），這些化妝品使用可重複充填的瓶子，以及可回收使用的盒子（當可以一再重複使用時，爲什麼要丟掉？），且支付公平的價格給供應可可油、巴西堅果油和乾燥草本植物的全球社區。隨著產量擴大，美體小舖這家企業開始回收其作業活動所產生的廢水後用於其產品，且是風力發電的一位早期投資者。同時，公司所賺得的利潤轉入美體小舖基金會（The Body Shop Foundation），以用於社會和環境。總而言之，就是積極落實「施比受有福」的一家慷慨企業。讀者或許不免好奇羅迪克的動機。「我想經營一家爲社區有所貢獻且是社區一分子的公司，」她後來解釋說，「如果我不能做點有益公衆的事，那我的人生到底在幹嘛？」[47]

這種以價值爲導向的使命是分析師瑪喬麗·凱利（Marjorie Kelly）口中的企業生存意義，徹底翻轉新自由主義口中的「企業的事就是經商賺錢作生意」的標語。羅迪克證明企業的目標不單是經商賺錢作生意，企業可以在其存續中，加入仁慈、厚道、愛心等價值，以及再生的目標。「我們呼籲在公司章程和章程大綱——其在英格蘭是明訂公司宗旨的法律文件——將人權促進，以及社會和環境改革等列爲公司宗旨，」她在2005年解釋說，「因此，公司所做的一切都將以此爲最高原則。」[48]

今日，力求創新的企業秉持相同理念：**企業應以促進世界繁榮發展爲己任**。越來越多企業採納分配式設計，包括合作社、非營利組織、社區福利企業及福利公司，這些企業亦可以透過良善的設計而成爲再生企業。[49]在公司章程明訂公司對再生的承諾，並在公司的經營中落實承諾，將可堅守公司的「生存意義」，無論公司的

領導如何改朝換代，且可避免公司成為推託使命的小人。事實上，對今日的任何公司來說，最重要的企業責任是改寫公司章程來重新規範公司的生存意義，且在同時應採納再生與分配式設計，在日常生活與工作中，致力落實。

● 造福眾生的金融體系

明定生存意義後，企業形同有了堅固的地基，但若沒有跟價值攜手同行的財源，企業將難以生存茁壯。再生企業需要志在長期投資人類、社會、生態、文化與自然等價值，且只要求合理投報的金援夥伴。但目前的金融文化仍然目光短淺，只將焦點放在短期獲利上，例如買股或股息等。

對這點，阿妮塔‧羅迪克也經歷了切身之痛。美體小舖於1986年首次發行股票時，她很快就發現她的再生企業理想與出資股東之間的矛盾。「我犯下的最大錯誤之一就是掛牌上市，跳入股海，」她在十年後回憶說道，「我認為金融機構擁戴法西斯主義，他們只看死板板的資產負債表。獲利雖然是一項考慮重點，但絕不能為了獲利而犧牲人權、環境和社區。」[38]羅迪克的挫折感無疑道出許多志同道合企業家的無奈，因為再生企業能否落實其生存意義，有很大部分取決於錢。這是個挑戰，也是一個值得放手去做的再設計機會，正等待二十一世紀的經濟學家大展身手。

一位令人意想不到的金融界思惟創新者正在推動這項設計工作，他的名字是約翰‧富勒頓（John Fullerton），是摩根大通集團的前常務董事。2001年初他離開華爾街，因為他本能地認為華爾街的運作方式存在嚴重錯誤。他開始廣泛閱讀。他說，

「我慢慢開始了解經濟系統其實是促使生態陷入危機的根本原因，而金融正是驅動經濟系統的動力。雖然我是資深財經人，在金融界打滾二十年，但此刻的我需要重新思考。」[51]他相信任何一個複雜的生命系統都應建立在八大原則上，包括：以宏觀視野來看待財富；維持「正確的關係」；尋求平衡。富勒頓以這八大原則作為起點，開始使用它們來設計他口中的「再生式金融」，將目標放在打造造福眾生的金融體系。

依據他的解釋，當金融與整個經濟處於「正確的關係」時，金融將不再牽制經濟，而是支援經濟，將儲戶的錢和銀行信貸轉變成生產性投資，實現長期的社會和環境價值。也就是說，我們所知道的全球金融體系需要收縮、簡化、多樣化，以及去槓桿化，這樣的轉變將使金融體系的恢復能力變得強大，不再像過去易受到投機泡沫和金融危機的影響。對此，富勒頓建議採取的政策包括：將儲戶的存款帳戶與證券公司的投機活動分開；實施課稅，並立法，使過度膨脹、過度槓桿和過於複雜變成無利可圖，且應課徵全球金融交易稅，以管制高度頻繁的交易。[52]

控管短線操作的投機性融資是非常重要的一個起點，但同樣重要的是，以長期性的投資融資取而代之。在這裡，國家帶領的開發銀行扮演了重要角色，因其提供「耐心資本」給長期性投資，例如再生能源科技和公共運輸系統。但民間的投資者也扮演要角，從個人儲戶到法人投資人，例如年金和捐贈基金等。乍看之下，社區銀行、信用合作社和道德銀行看似路人甲乙，但他們其實扮演先鋒軍的角色。以荷蘭銀行Triodos為例，其宗旨（或生存意義）是「讓錢造福眾生，帶動正向的社會、環境和文化改變」，該銀行在歐洲擁有超過50萬客戶：全是理念相同的儲戶、投

資人、企業家和公司行號。美國佛羅里達州的第一綠色銀行（First Green Bank）是另一個好例子，其創辦時，正值2008年經濟嚴重衰退時，該銀行立志成為「再生銀行」，目前在富勒頓及其Capital Institute智庫團隊的協助下，正在探索如何實現再生銀行目標。[53]

但要打造造福眾生的金融，所要做的工作不單是重新設計投資與貨幣。如我們在第5章所討論的，我們可以將一個社區內的貨幣設計成分配式貨幣，但這樣的貨幣同時也可以是再生式貨幣，從貨幣的製造、貨幣的性質，以及貨幣的用途。在比利時內，精通補充性貨幣的大師貝納・里塔爾（Bernard Lietaer）樂於接受這種挑戰。「給我一個社會或環境問題，」他曾告訴我，「我可以設計出一種貨幣來解決問題。」比利時的一個城市聽到他的話，邀請他去比利時根特市（Ghent）名為拉波（Rabot）的貧民區。「我接下一項不可能的任務：比利時法蘭德斯區中最糟糕的社區，」他的眼睛閃過一絲光芒，在他口中，這個社區：人多到不行，窩居在擠到不能再擠的狹小空間裡，居民形形色色，社區分裂，多數是第一代移民，公共設施殘破不堪。那麼里塔爾所要戰勝的挑戰是什麼呢？「我們希望將拉波改造成適合居住的美好社區，人與人之間會相互打招呼，且是『綠色』的社區，這是拉波急需完成的要務。」

里塔爾的第一步是詢問拉波的居民真正想要的東西。居民大聲回答：「可以用來種植蔬果或飼養家禽的小塊土地。」因此，一間占地5公頃的廢棄工廠很快變成諸多小塊土地，供居民承租，租金使用名為Torekes的新貨幣支付。Torekes的意思是「小塔」，因為該區處處都是塔狀建築，因此將新貨幣取名為Torekes。透過志願

蒐集垃圾、在公園種植花草、修理公共建築，或是共享乘車，以及改用綠色電源等方式，居民可賺得Torekes。除了用來支付承租地的租金外，Torekes還可用來搭乘公車，或購買電影票，或在當地商店購買新鮮農產品和節能燈泡，以促進Torekes的使用率。拉波居民的社會價值也提升了。「當人們看見這群曾讓人搖頭的環境汙染者居然幫忙清理街頭巷尾，大家對他們逐漸心生好感，」該區的衛生安康部門主管蓋・雷尼必（Guy Reynebeau）說，「這樣的行為不能用錢論價，無論是歐元或Torekes。」[58]

讓我們想想看，如果將這個概念往前推進一步，在慷慨城市的設計階段即將補充性貨幣納入，成為設計的一項重點工作時，會開出怎樣美麗的花。如同血液在人體內流動，使器官健康，我們亦可設計補充性貨幣在人類的活動中流通，使城市的基礎設施蓬勃發展。它們可用來獎勵居民和企業的各種再生行為——從垃圾的蒐集、分類到回收，以及維護城市建築的圍牆等——且在同時，它們可鼓勵社區居民在當地購物，以及搭乘公共運輸系統。實際上，補充性貨幣有助城市居民充分參與大自然的循環周期，正如珍妮・貝尼所想的。

● 國家是重要的合作夥伴

國家的角色攸關沉痾已久的退化經濟設計能否下台一鞠躬。國家有許多方式來積極促進再生經濟，包括稅改、立法、扮演獎勵轉型的投資人，以及提高群眾的權力與參與率。歷史顯示，政府總是選擇對他們可課到稅的東西課稅，而不是對他們

應該課稅的東西課稅。對窗戶課稅，家家戶戶將拆掉窗戶而使屋內漆黑一片，十八與十九世紀的英國已印證這一點；對員工課稅，國家將走向失業經濟，今日許多國家已發現這個道理。部分原因出在二十世紀的錯誤稅政策，其對雇用人類的企業課稅（薪資稅），但卻提供補助給購買機器人的公司（在報稅時，可將購買機器人的費用認列為可扣除的資本投資），對土地與不可再生資源則幾乎不課稅。以2012年為例，歐盟超過50%的稅收來自課徵勞工；在美國，比例甚至更高。[※]無怪乎對增加產能，企業的反應一直是如何以機器人或自動化設備來取代眾多勞工。

要從向勞工課稅轉變成向非再生資源課稅，一個有效的方式是**提供補助金給投資再生能源與資源效率的企業**。這樣的措施可望將企業的注意力從提高勞工產能，導向提高資源效能，如此一來可大大減少對新資源的使用，且在同時可創造就業。例如，對建物，如果採用修繕而不是拆除後重建，通常可創造出較多的就業，能源使用量則差不多，但水與新材料的用量則少很多。[※]一份近期的歐洲研究調查了獎勵循環經濟及再生能源與能源效率等措施的影響，所得到的估計**數據顯示這三者加起來可望在法國創造約50萬個工作，在西班牙創造40萬個工作，以及在荷蘭創造20萬個工作**。[※]

如我們所見，稅制和補助確實可以改變市場，但產業設計要從退化式轉型為再生式，也需要立法的助力。以最簡單的方式來說，工業需要逐步淘汰使用「紅單」上的化學物質及會汙染環境的製程，且在同時必須只使用對生物無害的化學品，且必須符合零汙染與工業標準。全球求新求善的企業已全力落實這樣的標準：透過立法要求整個經濟體內的每分子落實再生設計，終將使這樣的改革從零星點綴變成遍地開花，使再生設計成為工商業的模範。

改變市場絕對必要，但單是改變並不足夠，對攸關再生經濟的乾淨能源革命，這句話尤其真確。經濟學家瑪利亞娜‧馬祖卡托（Mariana Mazzucato）說，「我們不能依賴民營產業來帶動所需要的徹底經濟轉型，只有國家可以提供所需要的耐心融資來實現重大轉型。」[38]中國政府顯然非常清楚其所扮演的冒險夥伴角色：過去十年，中國政府投資數十億元在力求創新的諸多再生能源企業上，不單資助他們的研發成本，也提供示範與部署上的協助。同時，中國的國家開發銀行，連同國營公用設施單位，提供融資來部署興建全球目前最大的風力與太陽能光伏產業基地。[39]

在再生經濟的打造上，如果國家是位轉型夥伴，那麼世界哪些地方正在發生中？截至目前，以分散在全球各地的諸城市方案最為明顯。其中一個城市是位於美國工業衰退之「鏽帶」的俄亥俄州歐柏林市（Oberlin）。2009年，該市的市府與歐柏林學院、該市的路燈及電力公司組成團隊，他們的目標是二氧化碳減量，且所減少的二氧化碳須大於該市所產生的二氧化碳量，以成為美國第一個「氣候友善」城市。該方案的其他目標是在當地栽種歐柏林市70%的糧食，保護2萬英畝的城市綠地，復興地方文化和社區，創建急需的企業和就業機會等。2015年時，大專院校與城市所使用的建築用電高達90%來自再生能源，且該市的大學、中學、醫院與政府部門向地方農作者所購買的糧食數量越來越高。文化生活亦復甦了，這要感謝該市綠色藝術區內一棟新建的表演藝術中心。環境教育亦編入公立學校課程之中。[40]「我們的目標是全方位的永續發展，」歐柏林方案的執行總監大衛‧歐爾（David Orr）一語道出這項方案設計背後的系統思維，「我們需要依據生態系統的運行方

式，及它們實際所再生的東西來持續調整我們的繁榮富庶。」[5]

● 度量標準的時代

　　我們需要反映再生經濟設計使命之度量標準的奧援，才能監測再生經濟設計的落實情形。單是「錢」這個度量標準，無法確切反映出再生經濟所創造出來的價值：錢只是經濟的一小塊產物，經濟的真正目標其實是促進人類繁榮富庶。以錢作為唯一之度量標準的時代已經結束，此刻我們應採用適宜的度量標準。我們不該再繼續將注意力放在錢的價值上，如同GDP。適宜的新度量標準可用來監測許多財富——人、社會、生態、文化與生命等，所有的價值其實源自這些形式的財富。

　　今日，度量標準以許多不同的規模快速發展著。在諸城市中，歐柏林再次走在最前端。歐柏林很清楚的將「提高社區的恢復力、繁榮富庶與永續發展」列為其生存意義，因此，歐柏林已著手研擬適當的度量標準，以監測這些目標。歐柏林設立了「環境儀表板」（Environmental Dashboard）網站，其用意是教育、激勵及提升社區，以改變社區所產生的生態影響。市立圖書館、公共建築及網站都有看板以即時方式顯示歐柏林市的用水量、用電量與河川健康等公共數據。在七月的某一天傍晚，我從遠在3500英里外的英國住家登入網站。在網站上，我可以每分鐘追蹤歐柏林當地的生態變化：在一小時內，歐柏林每位市民所產生的碳排放量，飲用水的使用量，所處理的廢水量，甚至是郊外溪水快速的洋李溪（PlumCreek）的含氧量。[6]即時數據是吸引社區參與的一個有趣方式，但若要獲得深入的資訊，需要比較上一年同期的數據，以監

測動態的發展趨勢。從歐柏林的種種積極作為，我敢打賭，只要可取得數據，歐柏林一定會將其環境儀表板網站擴大到地方數據以外，網站將顯示歐柏林的全球物質足跡，並用來監測歐柏林令人敬佩的長期目標——全方位的永續發展。

　　在度量標準上，如果歐柏林是城市的模範，那麼對企業界來說，度量標準是什麼？幸好，企業界現在有方法避用狹隘又聲名狼藉的投報率作為度量標準，改採較為多元的不同重要表現指標。若干帶頭領航的方案，例如共善經濟運動（Economy for the Common Good）、B企業影響報告（B Corp's Impact Reports），以及多重資本計分卡（MultiCapital Scorecard），為企業提供了度量標準，供企業為他們的永續發展打分數。因為這些度量標準以公開及中立的方式評分，因此消費者與政府可充分信任其所報告的數據，且政府可依據報告，獎勵得分高的企業，例如給予較低的稅率，以及在公共採購上將他們列為優先人選。如此一來，可積極支持再生企業。

　　所有的這些企業計分板，可督促企業往計分板所評估之項目的正確方向前進，且在同時可激勵企業積極實現「零影響」，例如對實現零碳排放的企業，在氣候影響這個評估項目上可給予100分。對企業來說，度量標準的下一步，是從評估零傷害的永續發展大步跨向獎勵落實「施比受有福」之慷慨設計的企業。當企業的度量標準符合珍妮‧貝尼的城市生態表現標準（Ecological Performance Standards）目標時，企業將不再只問自己「如何才能零傷害」，他們將詢問自己「我們的企業要怎樣才能像大片的紅杉林般慷慨？」當企業、城市及國家擁抱這樣偉大的抱負，我們將不再對大自然予取予求並傷害大自然的循環周期，我們將在大自然的再生中，成為

「博施」的參與者。

《綠野仙蹤》的桃樂絲說，「彩虹的彼端有碧藍的天空」。多麼迷人的一句話，也是彩虹狀的環境庫茲涅茨曲線的最美主題曲。環境庫茲涅茨曲線告訴我們儘管向前走，努力成長，總有一天，空氣會變乾淨，河川會變清澈，人類的經濟成長對環境的褻瀆將消失無蹤。但多年來，全球所累積的數據，數百萬人的痛苦，種種證據證明經濟成長根本無法清理環境，也無法還給人類青山綠水。目前為止，人類的經濟成長只印證一件事：隨著國家的經濟擴大，他們的全球物質足跡亦隨之增大，因此將惡化氣候變遷、水源枯竭、海洋酸化、生物多樣性喪失，以及化學汙染。長久以來，我們一直走在退化性產業經濟的道路上。此時此刻，我們的重責大任是透過良善的設計轉向再生經濟。無疑地，這是項艱鉅挑戰，但也是激勵我們下一代優秀的工程師、建築師、都市規劃師與設計師的挑戰。希望我有緣再見到普拉卡斯，因為印度，以及世界，需要他成為團隊的一員。

很清楚地，此時的經濟學家應脫掉緊箍咒，不要再愚蠢地尋找經濟學上的運動法則。我們該起身坐到設計桌，跟再生設計的革命同志：創新的建築師、工業生態學家與產品設計師等並肩作戰。在這張設計桌，當然有個位子等著經濟學家，因為在這場革命中，經濟學家扮演重要角色，為企業、金融、民眾與國家設計經濟政策與創新的制度，以讓循環經濟與再生設計勢如破竹，發揮驚人潛力。如果再加上分配式設計，那就更好了，我們將一路直奔甜甜圈的安康公平世界。可這令我們聯想到一點，由於甜甜圈本身是全球的一個度量標準儀表板，這對GDP這個經濟指標的未來將產生什麼影響：往上走，往下降，或不可知？

◎ CHAPTER 7

成長隨緣

戒除成長上癮症

　　有一年，我開了一門課。在課堂中，我決定將各自成群的學生分開，挑戰種種的意識形態，向所有人發出要求他們改變想法的戰帖。我早早到教室，將椅子拉出後排成長長兩列，中間隔著一條走道，如同飛機上的座位。當學生一個個來到教室時，他們必須回答螢幕上的一個問題：綠色成長是否可能？答案不是Yes就是No。學生的回答將決定他們的座位：回答Yes的學生坐在靠窗的該排椅子；回答No的學生則坐在靠門的該排椅子。學生不可選擇站在中間走道上。

　　希望畢業後在大顧問公司工作的人快速走向Yes椅列，選擇靠窗的座位。有些學生站在中間走道不知該往哪邊去，對突然而來的問題略感驚慌失措，然後走向No椅列，暗自擔心此舉引來的周遭反應。坐下後，他們開始環顧四周，看著走道另一排椅列，赫然看到他們的好友在遙遠彼方，這下恍然大悟，終於知道他們一直沒有從嘴巴說出的看法。

　　這些學生很快發現我們對經濟成長的看法很像宗教：我們對經濟成長的看法來自個人，經濟活動的後果則取決於政治，我們將對經濟成長的看法放在心中，很少討論。當課堂上的討論開始時，我邀請他們思考在哪些情況下他們願意調換座位坐到另一排。我引用詩人泰勒‧馬里（Taylor Mali）的話提醒他們，「改變想法是發現你是否仍有想法的最佳方式之一。」[1]在課堂休息時間，我建議他們坐到另一排椅子上，以最大的包容力嘗試了解另一邊的想法。

　　我承認我的問題太過簡陋，因為我並沒有清楚定義問題：什麼東西的綠色成長，對象是誰，時間多久，以及我所謂的「綠色」究竟是什麼？或許我以過於急躁的方式，強逼他們體驗我個人對明日經濟成長曾經歷過的內心交戰。話說2011年時，樂施會委託我寫一本政策報告書，以協助樂施會決定在高所得國家內，該推廣「綠色成長」還是「去成長」的觀念。我接受委託，因為這讓我重溫宏觀經濟學的思維。但我的興奮之情沒有維持太久。我陷入天人交戰，發現正反兩邊都有駁倒對手的強有力論點，但兩邊都提不出具有說服力的解答。我的內心充滿不確定感，但我必須為樂施會決定清楚的政策立場。我感到胃痙攣，喉嚨緊縮，呼吸困難。我陷入長久以來一直無解的人類經濟問題。我動彈不得。因此，我打電話給專案經理，說明我的情況。「我了解，」她說，「你需要什麼？再兩星期時間？」

　　我需要的是逃離眼前令人困惱的問題。如果我的專案經理是柏修斯（Perseus）這位希臘英雄，他定會在一開始就提醒我關於這件工作：他知道絕對不要直視梅杜莎（Medusa）的臉，否則就會變成石頭。聰明的柏修斯利用盾牌上反射出來的影像，砍下梅杜莎的頭。或許從這個希臘故事可以獲得如何思考明日經濟成長的啟示。

　　還記得第1章我們提到GDP成長的布穀鳥目標嗎？但它提不出解答。爲什麼？癥結在於：

　　沒有經濟成長，國家就不能終結人類剝削。
　　但經濟成長的國家卻無法終結生態惡化。

　　如果二十一世紀的目標是同時終結人類剝削與生態惡化，那麼這在GDP的成長上，帶給我們什麼啓示？這個問題的思考引領我們從新的角度來重新思考成長。不再使用GDP作爲國家經濟是否成功的主要指標是件重要的事，但同樣重要的另一件事是國家必須克服其財政、政治與社會對GDP成長的上癮症。本章將帶領讀者面對這項挑戰，並將說明在打拚經濟的同時，我們應對成長抱持不可知論的態度。我口中的不可知論並不代表我們從此無需再關心GDP是否成長，也不代表我們不再監測GDP成長是否發生。我所謂的不可知論係指在設計經濟時，我們應設計出無論GDP是往上、往下或持平，都可讓人類繁榮富庶的經濟。

　　不可知論聽起來像是逃避，像呆坐在籬笆上做不出決定。但請讀者耐心讀下去，因爲它將帶給我們重要的啓示。二十世紀灌輸我們經濟需要成長，無論它是否讓我們繁榮富庶。今日的我們活在這種灌輸所產生的社會與生態影響之中。二十一世紀的經濟學家，尤其是今日高所得國家內的經濟學家，面臨前人無需思索的一項挑戰：如何打造出無論GDP是否成長都能讓人類繁榮富庶的經濟。如後文所說，要抱持不可知論態度，我們需要改變長久以來促使我們的經濟與社會期待、要求且依

賴GDP成長的金融、政治與社會結構。

● 描繪GDP成長曲線是件危險的事

如果你到了一家公司，周圍全是經濟學家，你想讓氣氛不要那麼冷，這裡有個有趣方法可以試試，所需要的東西僅是一張紙與一枝筆。方法很簡單，請你眼前的經濟學家畫出經濟成長的長期曲線圖。如果你很好奇他們會在紙上畫出怎樣的圖形，別急著翻教科書找答案，因為教科書沒有答案。聽起來有點奇怪，**雖然GDP成長一直是經濟政策的目標，可教科書從未實際描繪出它的長期預估走勢**。沒錯，教科書內可能有各種經濟周期圖，例如7至10年的企業景氣消長周期，或因科技創新而歷時50至60年的康德拉季耶夫長波（Kondratieff waves）[1]。但幾乎找不到描繪過去幾世紀GDP成長的圖表，更別說是描繪未來幾世紀的GDP成長圖表。

是因為這個問題的答案顯而易見，所以不用教科書出馬嗎？正好相反。原因在於這個問題的挑戰性過高，所以教科書不敢碰觸：長期的GDP成長走勢可說是經濟理論上的梅杜莎，過於危險，因此教科書不敢描繪，因為它將迫使經濟學家面對他們對GDP成長的最深邃假設。如果你夠幸運，碰到一位願意跟你玩這個小遊戲的經濟學家，或許你可以一窺梅杜莎這位蛇髮女怪的駭人面貌。

拿著你遞出的紙跟筆，今日主流經濟學家可能繪出極像我們在第1章所討論的圖形：一條往上走的曲線，稱為指數型成長曲線——每隔一段期間，GDP就增加固定百分比（無論是2%或9%）。但這些經濟學家可能本能地讓這條朝上走的曲線尖端停

---

[1]：又稱長波或K-波，是一種約50～60年為一循環的經濟周期現象。

留在半空中，就像是暫停的動畫。

　　這暴露出繪圖之經濟學家的心中疑問：**接下來曲線會怎麼走**？基本上，有兩個可能性。其中一個可能性是曲線無止盡繼續快速往上走，越過紙的最上端；另一個可能性是曲線開始往下，最後停在某個水平點。對主流經濟學家來說，第一個可能性太駭人，第二個可能性看似不合理。且看後文分析原因。

　　第一個可能性，無止盡的指數成長──依照它的邏輯，它會一直往上，且速度比我們想的還快。事實上，它具有令我們毛骨悚然的強大力量，因爲人類所發展出來的大腦只擅長簡單的加法，但對複雜的倍增或指數等計算卻是低能兒。這個問題不單是剛出道的數學家必須憂慮而已：如同核子物理學家艾爾‧巴利特（Al Bartlett）的警語：「人類最大的弱點是我們缺乏了解指數函數的能力。」^{註略}這是因爲當一樣東西以指數成長時，無論是池塘中的藻類、銀行的赤字，或一個國家的能源使用量，它會以非常快的速度變得非常龐大，超乎我們想像。成長速率10%表示每隔7年，東西就會變成原來的兩倍。成長速率3%聽起來小多了，但每隔23年，東

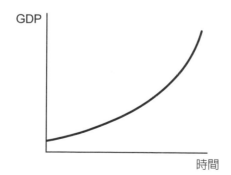

指數成長曲線。

西即會變成原來的兩倍。

那麼這跟GDP成長有什麼關係？2015年，世界生產總值（Gross World Product）大約是80兆，且當時的全球經濟以約每年3%的速率成長。如果全球經濟以這樣的速率無止盡成長，則到了2050年時，全球經濟將增大將近三倍，到了2100年將增大超過十倍，到了2200年將增大將近二百四十倍。請注意一點：這樣的數值成長跟通膨完全無關，只是倍數成長計算所得到的結果。

多數經濟學家，以及我們多數人很難相信全球經濟會以這樣的百分比無止盡成長，尤其是人類的活動已經對地球造成很大壓力，因此，他們寧願相信經濟成長將往下降到地平線。當提到經濟以倍數成長的論述時，就不得不提到美國的經濟學家華爾特‧惠特曼‧羅斯托（Walt W. Rostow），其於1960年出版的著作《經濟成長階段》（*The Stages of Economic Growth*），對經濟學界產生很大影響，其在著作中，闡述他的經濟發展動態理論。他宣稱每個國家都必須經歷五個成長階段才能「享受利滾利成長所賜予的好處與選擇」。[3]他口中的五個階段如下：

羅斯托的五個成長階段

（二十世紀的歷程）

1. **傳統社會**
2. **起飛準備階段**
3. **起飛**

4. 成熟發展階段

5. 高額群衆消費階段

　　這個歷程的第一階段是傳統社會，以農業與手工爲主要活動，因此爲經濟產能設了天花板。從這裡開始逐漸發展至起飛準備階段。「思想開始傳播」，羅斯托寫道，「原因不單因爲經濟進展是可能的，也因爲經濟進展是其他被認爲是良善目的之必要條件：無論是國家尊嚴、私人利益、大衆福利或更好的嬰幼兒生活。」銀行開設，企業家開始投資，運輸與通訊基礎設施興建，還有符合現代經濟需求的教改，且重要的是，羅斯托寫道，一個有效的國家出現了，「新的民族主義浮現」。

　　所有的這些改變「將現代社會的生活牽引到新的分水嶺」：起飛階段。在這個階段中，「成長成爲常態」，因爲機械化的工業與商業化的農業支配了經濟。「利滾利扎根，成爲這個階段的一種習慣，也是一項制度架構，」羅斯托說，「經濟的基本結構，以及政治與社會結構發生轉變，使之後的經濟以穩定的速率持續成長著。」這個重要階段引出了成熟發展階段；在這個階段中，衆多的現代工商業設立，無論國家的資源基礎爲何。這個階段引出了羅斯托所說的第五個、亦是最後的階段：高額群衆消費階段。在這個階段中，經濟成長促使家庭有多餘收入，可開始購買耐久性消費產品，例如縫紉機、腳踏車、廚具及汽車。

　　在羅斯托的經濟成長階段理論中，我們不能忽略的一點是其將經濟成長比喻成飛機飛行，包括起飛前的程序檢查，而飛機的飛行高度則象徵經濟的成長速率。但羅斯托的飛機飛行在重要的一點上異於眞實的飛行：在羅斯托的理論中，象徵經

濟成長階段的飛機從不著陸，且以一定成長速率一直飛行著，航入消費主義的落日中。羅斯托暗示其不確定地平線的彼端會是怎樣的情況在等待著，只是簡單承認「問題延伸得很遠，歷史只給我們破碎的線索：當收入增加喪失其魅力時，會發生什麼事？」[④]但羅斯托並沒有繼續探索他的疑問，原因不難理解：羅斯托的著作出版當時是1960年，也正是美國約翰‧甘迺迪開出經濟成長5%競選支票的該年。對快要成爲總統顧問的羅斯托來說，明智的作法是讓飛機繼續在天上飛，而不是思考飛機何時將著陸及如何著陸。

◐ 舞台上的遺珠之憾

　　古典經濟理論的諸創始之父可能從未看過飛機或聽過GDP，但他們本能的了解成長必然有停止的一天。糾結著五味雜陳的心情，他們相信經濟成長終有結束之日，但他們對哪些因素可能促使經濟成長停止各有不同看法。或者，如系統思維家所說，他們對哪些限制因素最終將對抗GDP的強大反饋各有己見。亞當‧史密斯相信每個經濟體終會走到他所說的「靜止狀態」，該經濟體的「富饒補充物」最終將由其「土壤、氣候和形勢」決定。[⑤]相較之下，大衛‧李嘉圖認爲租金與薪資的上漲將把資本家逼到利潤近乎是零的牆角，因而使成長陷入靜止狀態，他擔心這種情況很快將發生（在十九世紀初），如果科技的進步和對外貿易無法阻止它發生的話。[⑥]

　　其他人則較爲樂觀：例如彌爾不太相信靜止狀態會發生並引發現在許多人所說的後成長社會。「財富的增加並不是無止盡的，」他在1848年寫道，「靜止的資本

和人口狀態並不表示人類的進步也將處於靜止狀態。各種精神文化、道德和社會的進步範圍仍將很大；生活這門藝術的進步空間亦是，且它們的進步可能性很高，只要人類的心思不再全神貫注在經濟成長上。」雖然GDP在一個世紀後才被發明，但彷彿為了證明自己不是GDP的粉絲般，彌爾又說道，「那些不肯承認目前正在萌芽之人類進步的人士或許可被原諒，因為他們同樣也對激起平凡政客恭喜聲連連的經濟進步抱以冷漠態度。」[7]整整一個世紀後，凱因斯響應彌爾的觀點，以非常樂觀的口吻強調「經濟問題回到其原位的日子不遠了，霸占人類腦袋的應該是人類的真正問題——生活、人類關係、創造、行為及宗教等問題。」[8]

如果接受你的遊戲邀請，這些著名經濟學家手中的鉛筆將畫出怎樣的GDP成長曲線？如果給他們看今日主流經濟學家手中畫出的懸在半空中的指數成長曲線，他們極可能拿起筆，移至曲線停在半空中的尖點，畫出往下走後停在某個水平點的曲線下半部，因為他們認為經濟終將遭遇某種阻止它繼續成長的阻力。在他們手握鉛筆往下一畫，指數成長成為經濟歷程中的一個過去式，因為GDP已經成熟到過大，因此不再成長。換句話說，他們可能畫出「符合邏輯的成長曲線」，簡稱為**S曲線**。

S曲線可能不是教科書中的一個主角，但S曲線也不是經濟舞台上的新人，事實上它是資歷最久、但因選角錯誤而成為遺珠之憾的角色。1838年，S曲線站上經濟舞台初試啼聲——當時比利時數學家皮埃爾・維爾舒爾特（Pierre Verhulst）描繪出S曲線，用來說明人口成長的軌跡，表明人口不會像受人尊敬的馬爾薩斯（Thomas Malthus）所認為的那樣呈指數成長，因為糧食與其他資源的取得性或承載能力將限制人口成長。這是個過人見解，值得獲頒奧斯卡經濟獎，但沒人注意到S曲線的明星

潛力，所以它從選角名單中遭到剔除，時間長達一個多世紀。

　　雖然被冷凍在後台，但生態學家、生物學家、人口學家及統計學家都發現S曲線天賦異稟，他們發現S曲線很適合用來說明自然界中許多生長歷程——從小孩的腳、地球上的森林、培養皿中的細菌到人體的腫瘤——從那之後，他們一直使用S曲線。但經濟學家卻一直冷凍S曲線，一直到1962年S曲線終於重新登上舞台，這次它被用來描繪科技傳播的曲線，從早期的採用者到慢半拍的遲鈍者，S曲線因為這個角色而博得全球喝采，尤其是在行銷業界。[9]在GDP長期曲線上，從未有主流經濟學家曾考慮讓S曲線試鏡角逐主角。但1971年，S曲線的運氣來了，當時的生態經濟學家尼可拉斯‧喬治斯古－羅簡（Nicholas Georgescu-Roegen）大膽為經濟的劇情寫了不同的第三幕。喬治斯古－羅簡並沒有實際描繪在紙上，而是大膽在一張圖表上以S曲線直接作為GDP，使全球經濟跟地球的承載力直接面對面。主流經濟長久以來一直拒絕接受喬治斯古－羅簡的圖表，但這個被視為不正常的圖表，正在影響人類筆下的新經濟劇情。[10]

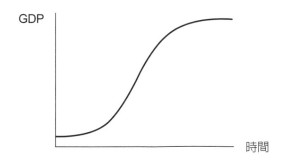

S成長曲線。
早期的經濟學家看出多數後輩忽略的一件事：經濟成長最後必然到達其上限。

　　S曲線可能是個突破，但就像包含在S曲線中的指數曲線，S曲線是不完整的，因為它太過執著於一個問題——接下來會發生什麼事：當GDP成長最後終於停止時，GDP能否永久維持在該高點上，或者將不可避免的往下走？大自然的種種生命歷程至少令人部分放心。生物在外在能源的幫助下，顯然可以長時間維持自己的生命，如同成熟、穩定的複雜系統。孩童的腳在滿18歲之後停止生長，但在接下來的80年中，卻可以保持完美的足部健康。此外，大片的亞馬遜雨林已蓬勃發展超過5000萬年。但無論是青少年的腳或熱帶森林，沒有東西不老不死。不過，我們不需要因此敲警鐘。地球上的生命有機會再繁衍50億年，屆時我們的太陽才會開始老死。如同第1章所說，如果人類在地球的最新地質年代「人類世」（Anthropocene）中學會善待地球，不再將地球推向更熱、更乾燥、更敵對的狀態，那麼地球宛如「全新世」（Holocene）的地質年代可望再持續5萬年。如果我們運用智慧管理經濟，我們所創造的經濟亦可以繼續蓬勃發展——不是成長，而是蓬勃發展幾千年。

　　了解S曲線可描繪出GDP的長期成長路線後，一個有趣問題在我們眼前一躍而出：這個問題不是「無止盡的經濟成長是否可能？」而是「在GDP的成長曲線上，我們目前位在何處？靠近曲線的底部或頂端？」事實上，我們大人也可以玩看看小孩在派對上常玩的「釘驢子尾巴」遊戲（Pin the Tail on the Donkey）。我們可以邀請諸經濟學家將大頭針插在S曲線上他們認為母國目前的經濟位置。十九世紀中，使用剪刀來比喻市場供需的英國經濟學家阿爾弗雷德‧馬歇爾，必然是其時代中的一位躍躍欲試者，其應會將大頭針插在S曲線中的指數坡段低處。「我們的經濟正在快速

前進，每年都在快速成長，我們無法猜出它將停在哪裡，」他在1890年寫道。「眼前似乎並沒有一個好理由讓我們相信我們位在靜止狀態附近。」[11]如果馬歇爾今日還活著，且跟我們同玩這個遊戲，他還會堅持跟當年同樣的看法嗎？他可能因為某些令人信服的理由而改變看法。

1950年地球開始進入「劇烈加速度」（the Great Acceleration）的時期後，至今，世界生產總值增加了五倍多，且依據主流經濟的預測，至少在不久將來，可能以每年約3%至4%的速度繼續成長。[12]但全球的經濟成長由大約兩百個國家的經濟體組成，各國經濟成長速率差異很大。差異範圍從柬埔寨和衣索比亞等低所得國家每年7%至10%的快速步調，到法國和日本等高所得國家每年0.2%的昏睡狀態。[13]因此，驢子的尾巴極有可能被釘在S曲線上非常不同的多個位置上。

在許多低所得、但高成長的國家，他們國內的經濟明顯處於羅斯托所說的起飛階段，位在S曲線的低處。當經濟成長引發對公共服務和基礎設施的投資時，其對社會的益處非常顯而易見。在中低所得國家（國民所得低於每人每年12500美元），GDP成長往往伴隨人類預期壽命大大增加、不滿5歲幼兒的死亡率大為減低，且有更多孩童得以受教。[14]由於全球80%的人口居住在這些國家，且這些國家大多數居民都不到25歲，因此非常需要大幅的GDP成長，且他們的GDP大幅成長的可能性也很高。在充分的國際支援下，這些國家可抓住機會跳脫過去的浪費和汙染技術。如果他們善用GDP成長，利用良善的設計打造分配與再生式經濟，他們將開始帶領所有居民前往甜甜圈的社會基礎，且不會越過其生態的包容上限。

反觀今日的高所得但低成長國家，他們國內對經濟成長的辯論喋喋不休，某些

人開始懷疑他們的經濟是否快要走到S曲線的頂端。許多這些國家的人口成長率已非常低，且在某些國家，例如日本、義大利和德國，人口數預計將在2050年往下走。[15]在此同時，幾十年來，許多高所得國家的GDP成長非常緩慢，且伴隨備受批評的貧富與收入差距拉大。此外，所有這些國家的全球生態足跡已遠遠超過地球負荷：世上每個人的生活如都像瑞典、加拿大和美國，將需要相當四個地球的資源。如果每個人的生活都像澳洲人或科威特人，則將需要相當五個地球的資源。[16]這是否暗示在追求甜甜圈的同時，高所得國家應放棄追求GDP成長，並接受GDP成長根本不再可能？

這是個想到就令人覺得不舒服的問題。如作家厄普頓‧辛克萊（Upton Sinclair）所說的，「當一個人之所以獲得收入是因為他不了解某樣東西時，我們很難讓這個人了解這樣東西。」[17]經合組織的某些人員想必現正因為這個問題而苦惱，因為無論成長是否是綠色或公平的，世上最富裕的某些國家似乎見不到成長的列車駛來。經合組織中，13個長青會員國的GDP成長率從1960年代初的5%以上，降到2011年的2%以下。[18]對此，人們提出種種原因，包括人口萎縮和高齡化、勞動力產能下滑、負債、貧富差距拉大、物價上漲，以及氣候變遷所導致的成本等。[19]無論每個國家的原因是什麼，長期GDP成長往下掉暴露出極可能是真確的猜測——這些經濟體可能已接近S曲線的頂端，因此成長力道正在逐漸減弱。

但這樣的可能性令經合組織的使命感到不悅。經合組織的創始目標之一是追求經濟成長；其重要的年度報告之一是「追求成長」；它研擬了旗艦綠色成長策略來促進經濟。經合組織這架飛機上的乘客，以及世界銀行、國際貨幣基金、聯合國、

歐盟，連同地球上近乎全部政黨——實在很難啓齒說出，某些國家可能須開始思考這架經濟飛機是否要著陸了。

　　這或許可以解釋爲什麼經合組織對近來一份長期經濟成長預測報告，選擇以沉默方式來苦惱著，因爲這樣可讓會員國所接收到的資訊顯得較爲甜美。2014年，經合組織公布全球經濟到2016年的長期成長預測，該預測顯示全球經濟前景「不好也不壞」，德國、法國、日本和西班牙等會員國的年成長率降至1%，但中間有些年分只有0%。然而，這份預測報告內的小字暗藏玄機，不好也不壞的經濟前景有很大部分取決在一項假設成眞上：到了2060年時，全球溫室氣體排放量將翻倍，包括20%的增加量來自經合組織會員國。[30]要實現這麼疲弱的GDP成長承諾，居然要以災難性的氣候變遷來換取，就像是以覆巢之下無完卵的方式來餵養布穀鳥。

　　從那時起，經合組織及主要金融機構的重要經濟學家在討論經濟成長的前景時，用詞一直非常謹愼。2016年初，英格蘭銀行總裁馬克‧卡尼（Mark Carney）警告說，全球經濟可能陷入「低成長、低通膨、低利率的均衡」困境。[31]形同是各國中央銀行之央行的國際清算銀行抱持相同看法，指出「全球經濟似乎無力恢復永續且平衡的成長⋯⋯前方的道路異常狹窄」。[32]且在同時，國際貨幣基金表示：「儘管時間在走，但我們的預測越來越不樂觀⋯⋯政策制定者須有所覺悟，不利的後果可能正在前方等著我們，應予事先防範」。[33]經合組織認同全球陷入「低成長泥淖」之中，高所得國家的成長「持平」。[34]深具影響力的美國經濟學家賴瑞‧桑默斯（Larry Summers）宣稱我們已進入「長期停滯時代」。[35]種種的這些聽起來不禁讓人懷疑，某些經濟體似乎正在接近S曲線的頂端。

●我們可以繼續飛在空中嗎？

在這樣的背景下，今日高所得國家的GDP成長陷入兩極化的爭論，一方支持經濟將在綠色成長下「繼續飛行在天空」，另一方則認為經濟成長已成過去式，經濟「準備著陸」。正反之間的分歧似乎盤旋在諸技術問題上。太陽能發電的成本是否可降到足以提供豐富再生能源的程度？循環經濟要如何才能實現高資源效率？數位經濟可帶來多少經濟成長？事實上，如同我所發現的，促使正反兩方各持己見的真正原因其實更為深入，且政治性色彩大於技術性色彩。

在我遭遇梅杜莎而束手無策後，經過幾個月，我參加大學同學會，碰到以前的一位經濟學教授。簡單寒暄問候家庭和工作後，我問他是否認為GDP成長將一直是可能的。「是的！」他立刻肯定回答，「它必須一直成長！」我被他的回答嚇到，原因不單是他的信念，還有他背後的推理。他相信經濟成長永遠是可能的，因為必須永遠是可能的。那次短暫的對話開始讓我回想起梅杜莎這位蛇髮女怪。是什麼原因讓他認為GDP無止盡成長必須是可能的？如果不是的話，會發生什麼事？最令人擔憂的是，為什麼在我大學四年的經濟系學生生活中，學校沒有探討過這些問題？

從那時起，我開始更認真聽取正反兩邊的更深層信念與立場，且我開始分析正反歧見的根本原因。為了讓這些差異清楚顯見，讓我們將正反兩邊的人想成是羅斯托飛機上的乘客，分別坐在走道兩邊的椅列上。基本上，他們多數人的信念可分成下列：

相信飛機將繼續飛行的乘客：

經濟成長仍然是必要的——因此經濟成長必須是可能的。

相信飛機準備著陸的乘客：

經濟成長不再可能——因此經濟成長不是必要的。

正反兩邊在這個爭論點上僵持不下，但兩邊對他們的結論似乎都太過自信，所以現在讓我們分析他們的論點。

相信飛機將繼續飛行的乘客清楚表達出一件事：**經濟成長是每個國家的社會與政治必需品**。「如果在政策目標上，經濟成長成為棄兒，」經濟學家威爾弗雷德.貝克曼（Wilfred Beckerman）在1974年寫道，「那麼民主亦將成為棄兒……從社會與政治轉型是必要的這點來看，刻意不成長所造成的成本將是天文數字。」[36]貝克曼深具影響力的著作《捍衛經濟成長》（*In Defense of Economic Growth*）是對羅馬俱樂部所發布的成長極限報告書的一項嚴厲回應，且立即成為擁戴成長的一本經典著作。今日，許多經濟學家和公眾評論家仍然贊同貝克曼所抱持的經濟成長，是一項政治必需品的信念。正如班哲明‧佛里曼（Benjamin Friedman）在《經濟成長之道德後果》（*The Moral Consequences of Economic Growth*）所論證的，促使「機會更多、多樣性受到包容、社會流動、均富承諾及民主奉獻的是永續成長之收入，而不是高收入。」[37]經濟學家達比沙‧摩耶（Dambisa Moyo）認同他的觀點。「如果成長減

弱，」她在2015年的一場TED演講中向聽眾提出警告，「人類進步的不確定風險，以及社會與政治不穩定的風險將升高，且社會將變得暗淡、粗俗且將變小。」[28]

相信飛機將繼續飛行的民眾認為經濟成長是一項政治必需品（無論國家已經多麼富裕），因此，聽到他們暢言高所得國家的經濟可望進一步成長，因為經濟成長將會到來且將使環境永續發展等言論並不令人覺得奇怪。首先，諸如艾瑞克·布林優夫森與安德魯·麥克菲（Andrew McAfee）等科技樂觀者指稱經濟成長正在進行中：數位處理能力正在指數成長，我們正在邁入「第二個機械時代」，機器人一日千里的高產能將推動新一波的GDP成長浪潮。[29]

更重要的是，擁戴綠色成長者，例如聯合國、世界銀行、國際貨幣基金、經合組織和歐盟，指稱GDP將與生態影響脫鉤，因此，未來的經濟成長將變成綠色成長。換句話說，雖然GDP持續成長，但相關資源的用量，例如淡水用量、肥料用量，以及溫室氣體排放，將隨著GDP成長而減少。但脫鉤需要達到多大程度，才能讓經濟成長變成甜甜圈所需要之規模的綠色成長？這項任務不簡單，如同許多東西，最好以圖片來加以說明。

下頁圖顯示GDP隨著時間成長，在成長的過程中，可能伴隨三種截然不同的資源使用走勢。當GDP的成長速度因為水與能源效率等措施而比資源使用速度來得快時，這稱為「相對脫鉤」（relative decouping），亦是今日許多低所得國家所關注的「綠色成長」。但對資源使用量長期超越地球負荷的高所得國家，相對脫鉤顯然絕不足夠。這些國家的進一步GDP成長必須至少伴隨「絕對脫鉤」（absolute decouping），以讓資源的用量以絕對的形式隨著GDP成長而下降。

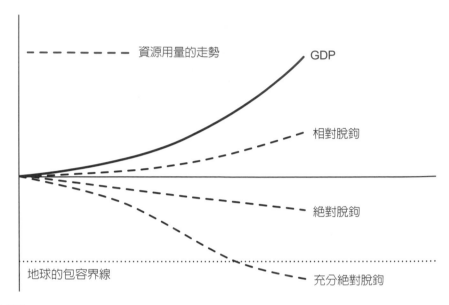

脫鉤大挑戰。
如果高所得國家的GDP繼續成長，其資源用量必須達到充分絕對脫鉤程度，單是相對脫鉤或絕對脫鉤並不足夠，如此才能降至地球的包容界線內。

　　對攸關氣候變遷大作戰的二氧化碳排放，許多高所得國家，包括澳洲與加拿大，迄今仍未能實現一丁點的絕對脫鉤。但其他國家似乎顯示絕對脫鉤是可能的（至少在某些時間），即使將這些國家所進口之產品在製程中所產生的二氧化碳排放量納入計算之中。依據現有的國際數據，在2000年至2013年間，德國的GDP成長了16%，但依據二氧化碳排放量所算出的數據顯示，德國同時期的資源用量減少了12%。同樣的，英國的GDP成長了27%，但二氧化碳排放量減少了9%，美國的GDP則成長28%，但二氧化碳排放減少了6%。[38]

如果這些數據是準確的，這可說是過去的驚人成就，雖然對今日來說，仍大大不夠。即使實現了某種程度的絕對脫鉤，但這些國家的排放量並沒有以夠快的速度持續減少中。若干傑出的氣候科學家算出高所得國家的排放量，現在須以每年至少8%至10%的速度持續減少，如此才有助全球經濟返回地球的包容界線內。[30]但高所得國家的排放量，每年的減少幅度其實最多只有1%至2%。要正視這樣的減量差距須制定更符合實際需求的標準，亦即「充分絕對脫鉤」。這個名稱中之所以有「充分」二字，原因在於這樣的減量規模可望使人類的經濟回到地球的包容界線內，但這卻是綠色成長辯論往往漏掉的一個重點。

那麼，充分絕對脫鉤能否跟不斷成長的GDP和平共處呢？依據相信飛機將繼續飛行的信眾，這個問題的答案是Yes，且有三種可行方式。第一個方式是快速將能源供應從化石燃料轉向太陽能、風能和水能等再生能源，這個趨勢正因為再生能源（尤其是太陽能光伏發電）的成本快速下降而加快腳步中。第二個方式是打造高資源效率的循環經濟，在循環經濟中，資源以O形的環狀方式流通，不超越地球的資源容積與對汙染的包容上限。第三個方式是擴展數位產品和服務所帶來的「無重」經濟；在無重經濟中，「不是物質的心、不是肌肉的大腦，不是有形物的思想」將推動明日的GDP成長。[32]但須注意一點，我們所需要的脫鉤不是一個階段就足夠：如果GDP繼續成長，那麼脫鉤速度不僅須超越GDP的成長速度，且每一年跟上一年同期相比，脫鉤速度都必須更快。

認為飛機將繼續飛行的信眾是否相信這些措施可在高所得國家實現足夠的脫鉤，使成長成為必要的綠色成長？許多人承認這項挑戰的規模很大，非常艱鉅，

但他們仍認為是可能的，尤其是多數政府幾乎已開始制定實現這項目標所需要的政策。換句話說，依據經濟學家亞歷克斯・鮑文（Alex Bowen）和卡梅倫・赫本（Cameron Hepburn）所言：「現在要排除絕對脫鉤的實現可能性，還言之過早。」[33]

但其他人在私底下，則不那麼確定。我曾與產官學及國際機構的代表進行多次對話，試圖找出在他們的職稱、名片及所屬組織之策略書上處處可見的綠色成長願景究竟根據哪些信念而來。與聯合國資深顧問的對話，一語道出我難以啟齒的不確定感。在近期召開的一場綠色成長會議休息期間，我問他是否真的相信全球最富裕的國家，有可能實現規模足以將人類帶回地球包容界線內的綠色成長。當其他代表開始返回會議廳時，他在我身後，腳步猶豫，以微弱的聲音回答：「我不知道，沒人知道，但我們必須這樣說，好讓每個人繼續待在飛機上。」我欣賞他在私底下所展現的坦白，但我希望在經濟成長的諸多會議上，有更多空間來正式表達這項疑慮，因為這是需要向世人告白的疑慮。

坐在走道另一邊的人，亦即相信飛機準備著陸的乘客，在公開場合快人快語表達他們的這些疑慮，因為他們認為**高所得國家根本不可能實現足夠的綠色成長**。此時此刻，要排除脫鉤可能性還嫌太早，但要信賴脫鉤將會實現又為時已晚。他們認為如果採取充分行動來返回地球的包容界線內，那麼相信經濟將繼續成長就是不切實際的期待。若要明白箇中道理，我們必須回顧長期以來，人類對推動GDP成長之各種因素所做的種種假設。

早在1950年代，被尊稱為經濟成長理論之父的羅伯特・索洛（Robert Solow），

即試圖揭開美國經濟在過去半個世紀內得以成長的原因。他依據同於「循環流程圖」之理論基礎所發想出來的成長模型，推定原因可能是勞動力與資本合力發揮更勝以往之眾志成城所帶來的產能增加。但當他將美國數據鍵入這個模型的公式後，他驚訝地發現在美國過去四十年的經濟成長中，只有13%歸功於所投入的每單位勞工資本，於是他被迫將原因不明的其他87%歸功於「技術變革」。[34]這是非常令人尷尬的發現，居然比例是13%比87%。同時期的摩西‧阿布拉莫維茨（Moses Abramovitz）其所做的計算亦得出類似的尷尬發現，「反映出我們對經濟成長原因的無知」。[35]自此之後，經濟學家一直在尋找更好的GDP成長解釋，企圖發現究竟是什麼原因造成神祕不解的87%。如果當年發明MONIAC貨幣國民收入模擬計算機的比爾‧菲力普選擇用不同的動力源來抽送該計算機內的水流，那麼這個問題或許在幾十年前就解答了。對MONIAC，如果菲力普不是使用電力，而是使用踩踏板所產生的動力，在每次的表演中由一位氣喘吁吁的學生踩著腳踏車的踏板，他本人與同年代的經濟學家可能就不會小看外部能源對維持經濟持續運作所扮演的重要角色。或者，如果菲力普或索洛當年看出經濟的全貌，如第2章的嵌入式經濟圖所載，那麼他們的經濟模型可能從一開始就包含了這個問題的解答。

2009年，物理學家羅伯特‧艾爾斯（Robert Ayres）和生態經濟學家班傑明‧沃爾（Benjamin Warr）決定設計新的經濟成長模型。在勞動力和資本這個經典的二元組合中，他們添加第三個要素，亦即能源，但更正確的名稱是「有效能源」——有效用於工作的能源，不包括因為成為廢熱而損耗的能源。當他們將整合這三個因素的模型用於美國、英國、日本與奧地利等四個國家的二十世紀經濟成長數據時，他

們發現該模型可解釋全部四個國家的大部分經濟成長：索洛的神祕87%一直被推定是技術進步所成就的數字，結果劇情大翻轉，功臣是能源使用效率提高，使更多的能源更有效地應用於工作上。[36]

種種這些帶給我們什麼啓示？高所得國家過去兩個世紀內的亮眼經濟成長表現，其主要功臣是**廉價的化石燃料供應**。原因不難理解：1加侖石油的能源相當於47天的辛苦人力勞動，因此目前全球的石油產量相當於每天有數十億隱形奴隸在辛勤工作著。[37]那麼這在GDP上給了我們什麼啓示，我們應打造怎樣的後石化燃料未來？「我們必須有所覺悟，經濟成長可能減緩，甚至轉爲負成長，」艾爾斯和沃爾警告說，「簡單說我們不僅無法保證GDP將繼續成長，且GDP成長可能在接下來的數十年內結束。」[38]

那麼再生能源的前景如何呢？再生能源的價格可能快速下滑，但就像任何系統中的存量需要時間才能累積，因此，太陽能發電、風力發電和水力發電亦需要時間來安裝。許多認爲飛機已準備著陸的人認爲，這類能源的安裝速度無法快到足以滿足經濟對能源的需求，特別是當化石燃料以必要的速度逐步淘汰時。更重要的是，相較於二十世紀容易取得的石油、煤和天然氣，能源產業本身必須使用更大比例的再生能源才能產生更多能源，如同使用頁岩氣和焦油砂等資源來產生能源。一些分析家認爲這對經濟的影響是非常嚴峻的。「現在我們該思考不計代價追求經濟成長的後果，」美國能源經濟學家大衛·墨菲（David Murphy）總結說：「我們應有所覺悟，未來一百年的經濟成長速率將完全異於過去的一百年。」[39]

此外，某些認爲飛機準備著陸的人懷疑，從支撐正在發展中之數位革命的物質

與能源密集的基礎設施來看，無重經濟可能像其名稱所暗示的，是「去物質化」的經濟。在此同時，其他人則跟成長樂觀者一樣認為無重經濟對GDP成長的貢獻將同樣多。由於網際網路，許多產品與服務，例如軟體、音樂、教育與娛樂，幾乎可免費取得，因為網際網路使這類產品與服務以近乎是零的邊際成本而被創造及複製。諸如傑瑞米・里夫金（Jeremy Rifkin）等分析師認為，今日的再生能源和3D列印技術在地平線彼端所打造出來的新興網絡將擴大這股趨勢。如果這股趨勢真的擴大，原本在市場上附加了利潤而販售的大量經濟產物，將在網際網路這個全球共享的公地內，以低成本，甚至零成本的形式，為眾人所共享。

共享經濟亦在茁壯之中，獨享文化正在讓位給共享文化，原本家家戶戶各有自己的洗衣機和汽車，但現在越來越多人共享洗衣機與租車。越來越多人與朋友和鄰居交換衣服、書與玩具，而不是購買新品。在這樣的經濟中，大量的經濟價值仍然透過人們喜歡的產品和服務而產生，但流經市場交易的總經濟價值則大幅減少。種種這些趨勢將對GDP成長帶來什麼影響？「未來，GDP將因為經濟轉型而穩定的往下走，」里夫金扼要地說，「經濟正在轉型為活力十足的新經濟模式，以全新的方式定義經濟的價值。」

這是個有趣見解，但對未來的經濟成長有何影響？某些相信飛機將繼續在天上飛的人，認為對人類福祉最重要的是經濟活動的總價值，無論這類價值是否透過GDP中的市場交易而產生。對家庭而言，這點可能是真確的，因為家人之間的關懷照護所產生的價值，以直接的方式提供及接收，在這個過程中，並沒有金錢這種形式的價值在不同人之間易手（也因為如此，家人關懷照護所產生的價值並未納入標

準GDP的計算之中）。同理亦適用人類公地上的經濟活動，那些在人類公地從事經濟活動的人在收割經濟價值的同時，也在創造經濟價值——無論是灌溉自用稻田所產生的價值，或是集體合作在網路上創造開源設計等，都沒有金錢易手的情事。

但對金融界、企業和政府，經濟價值是否透過市場而金錢化是件很重要的事。金融家只能從具有市場價值的經濟價值獲取投報——利息、租金或股息。只有當價值透過產品或服務售出而金錢化或貨幣化時，企業才能獲取收益和利潤等形式的價值。政府發現對獲取國家治理所需要的稅收，一個簡單許多的方法是對透過市場交換所產生的經濟價值予以課稅。金融、企業與政府這三者的結構都期待、也依賴金錢這個形式的收入不斷成長：如果GDP不再成長，縱使經濟價值的總額不斷成長，金融界、企業和政府都必須徹底改變他們的期待。

對相信飛機準備著陸的人來說，所有這些趨勢所預告的劇情是，在地平線上不可能見到高所得國家的綠色成長跡象，因此他們認為現在應做的是**在沒有經濟成長下走向綠色**。但這是他們過於樂觀之處：雖然可以確定無止盡的GDP成長是不可能的事，但有些人卻太快認定GDP成長不可能是必要的，並引用「伊斯特林悖論」（Easterlin Paradox）作為證據，來證明收入增加一點都不會使我們更快樂。

美國經濟學家理查‧伊斯特林（Richard Easterlin）發現在1946年至1974年間，美國的人均GDP顯著成長，但美國人自我報告的快樂分數（最低0分，最高10分）卻持平，甚至在1960年代下滑。[8]之後，伊斯特林的這些發現受到諸研究的質疑。這些研究發現自我報告的快樂分數依然隨著收入增加而上升，雖然隨著國家變得越來越富裕的同時，快樂分數的上升速度越來越慢。[9]縱使我們接受伊斯特林的發現，但收

入增加且在同時自我報告之快樂分數持平的這個事實，並不能證明當收入持平時快樂仍將持平。此外，當薪資因為經濟惡化而停滯時，移工馬上成為眾矢之的，如近年來許多高所得國家所發生的情況，因而助長仇外心理和社會紛爭。我們的社會已經步上我們經濟的後塵，期待成長且開始依賴成長：人類似乎還不知道，如果沒有成長要怎麼活下去。

難怪英國最受尊敬的金融記者之一馬丁・沃夫在2007年表達他的急促不安，當時他採取了罕見的一步：在正反兩邊的辯論中，認同飛機準備著陸之一方的論點中，關於減少全球碳排放可能帶來的經濟影響。「如果對二氧化碳的排放規定上限，那麼亦可能使經濟成長受到限制。」他在《金融時報》的專欄中寫道。但如果經濟成長受到限制，支撐世界的政治基礎就會崩解。然後，國與國之間必然重現激烈的分配衝突——事實上，這些事情正在上演。[6]這樣的GDP成長的觀點—— GDP成長仍然是必要的，但卻不再可能——單是想到就令人極端不舒服。這是勇於面對梅杜莎之男人的肺腑之言。

● 我們到了嗎？

無論我們的經濟飛機是繼續飛行，或將在半空中失速熄火，有一件事相當明確：飛機目前正飛往我們不想到達之目的地，一個退化且深深撕裂之地。如果我們轉向，朝向我們想要到達之目的地，透過良善設計所打造出來的再生和分配式經濟，那麼跟成長有關的新問題將矗立在我們眼前。當我們轉向，朝向再生和分配式

經濟之目的地前進時，GDP會發生什麼事？一旦我們到達該目的地，GDP可能做出什麼事？當高所得國家齊聚家庭、市場、民眾與國家的力量，一起打造再生和分配式經濟時，要以這個或那個方式確切預測出GDP將往上或往下走是不可能的事。

　　要抵達再生與分配式經濟這個目的地，許多產業需要轉型，包括採礦、石油、天然氣、工業化畜牧生產、拆除、垃圾掩埋，以及投機性融資等工商業需要大幅縮減，且在同時，對再生能源、公共交通、以民眾為本的循環製程與建築修繕等，應進行長期、快速、持久及擴張投資。要實現再生及分配式經濟，我們需要投資自然、人類、社會、文化和物質等形式的財富源，因為所有的價值都來自這些財富源，無論這些價值是否貨幣化或金錢化。這為我們開啟重新平衡市場、國家與民眾三者之角色的機會，以符合我們的需求。

　　從種種不確定的變化來看，經濟體中，產品和服務買賣所產生的總價值將發生什麼變化，實在無法清楚得知。這類產品與服務的總價值可能先升後降，或者可能先降後升，或者可能平穩地來回振盪。我們真的無法確定當我們首創先例挺進甜甜圈的安全公平世界時，GDP將如何回應，包括一旦我們在甜甜圈展開我們的新生活時，GDP將產生怎樣的行為。這也正是我們遇到這些問題的原因。因為在過去的幾世紀裡，就像羅斯托所說，資本主義的經濟體改變了他們的法律、制度、政策和價值等結構，因此他們已養成期待、要求及依賴GDP持續成長的習性。讓我們再次回顧我們所面臨的難題：

　　此刻人類眼前的經濟是需要成長的經濟，無論是否讓人類繁榮富裕。

但人類需要的，是無論成長與否都能讓我們繁榮富裕的經濟。

對人類的經濟飛機，這有何涵義？如果羅斯托還活著，如果羅斯托不是前途看好的總統顧問，而是搭乘這架飛機且真心關心經濟的人類，或許他會更正他的經濟理論，因為他明白故事的結尾不能是飛機一直在天上飛後駛入成長的日落之中。除了有飛行能力，這架經濟飛機亦必須有著陸的能力：在成長結束時，亦能夠讓人類繁榮富裕的能力。因此，羅斯托應會欣然同意將其著作的內容更改如下：

羅斯托的六個成長階段

（二十一世紀更正後的新版）

1. **傳統社會**

2. **起飛準備階段**

3. **起飛**

4. **成熟發展階段**

5. **高額群眾消費階段**

6. **著陸準備**

7. **抵達**

可想而知，羅斯托單是提出這兩章的標題，亦即「著陸準備」與「抵達」，

即可能在主流經濟學中掀起革命巨浪。對他及我們來說，另一場革命是在這架經濟飛機的飛行手冊中，在新增的這兩章我們將寫出的內容，因為截至目前，人類的歷史尚未發生這樣的自主式著陸。在現實生活中，每架真正的客機都配備安全著陸裝置：可使飛機減速行進且不會在空中熄火失速的襟翼；輪子堅固，且有減震器的起落架，可在觸地時派上用場；可使飛機平穩停止的制動器和反向推力。但羅斯托在1960年代所欽佩的經濟飛機並沒有著陸的設備，事實上這架經濟飛機被鎖定在自動駕駛模式，被設定成以3%左右的成長速率永久飛行，且自此之後人類一直試圖這樣做。

　　為讓已接近成熟之經濟體的GDP繼續成長，政府可能採取鋌而走險的破壞性措施。為求GDP繼續成長，政府因而放鬆管制。或者更正確地說是再度監管，希望能帶動新一波的生產性投資，但最後帶動的卻是投機泡沫、房價上漲和負債危機。他們向企業承諾將「精簡官方作業流程」，但最後卻是大手一揮砍掉保護勞工權利、社區資源和生活環境的立法。他們將公共服務民營化，從醫院到鐵路，讓屬於眾人所有的公財落入私人口袋。他們將生活環境歸類為「生態服務」和「自然資本」，並將它們納入國庫，成為國家的財產之一，為生活環境決定宛如價格標籤的危險價值。此外，雖然承諾將把全球暖化控制在「遠低於2℃」的水平，但許多政府仍在追逐焦油砂和頁岩氣這類「廉價」能源，且在同時忽視了乾淨能源革命所需要的轉型公共投資。這些政策選擇就像將即將沒油之飛機上的珍貴貨品往地面丟下，死不肯承認飛機就快要墜落。

●學習如何著陸

高所得經濟體的著陸準備，意味著什麼？亦即需要完成哪些準備，才能讓高所得國家在正確時機安全著陸，且成為繁榮發展、對成長抱持不可知論的經濟體？線索藏在羅斯托的起飛準備階段之中，在這個重要的階段，他寫道：「傳統社會的每個主要特色都發生了促使常態成長發生的變化：政治、社會結構、社會價值，以及經濟。」⑥因此，要作好著陸準備，我們需要讓經濟不再處於自動駕駛模式，且我們需要重新設計促使經濟成長變成羅斯托口中之「常態狀況」的金融、政治和社會結構。這是件棘手的工作，因為經濟學家並沒有上過飛機著陸的課程，更不用說是飛機著陸的經驗了，因此要打造出無論是否成長都可讓人類繁榮富裕的經濟是一大挑戰。但若干創新的經濟思想家已經開始將他們的心思花在這件工作上，他們套用生態經濟學家彼得・維克多（Peter Victor）的話，提出一個問題：我們是否可透過設計而讓我們「走得慢一些，但又不因此招來災難」？或者，若以不可知論的角度來思考──要設計出可處理GDP成長但不追求GDP成長、可跟GDP打交道但不依賴GDP成長，以及擁抱GDP成長但不苛求GDP成長的經濟體，我們需要怎麼做？

如同以往，第4章討論到的系統思維的核心概念是個有用的工具。如同所有的成長，GDP成長亦因為正反饋環而出現，但GDP終會遇到一個阻力──**負反饋環**，且負反饋環極有可能從經濟體所在的大系統中出現。根據目前所取得的證據，負反饋環這個阻力似乎藏身在地球的承載能力之中。我們要持續現狀，直到遇到負反饋環這個阻力，然後走向崩壞的命運？或者，我們現在應及時回頭，將長久以來走在不

穩定飛行軌道上的經濟，轉變成以平穩方式來回擺盪的經濟？系統思維家會提出怎樣的建議？

我們已依照唐內拉‧梅多斯的明智建議尋求可實現改變的高效槓桿點，我們已趕走GDP成長布穀鳥，且我們正在轉向，朝甜甜圈邁進。其他有效的槓桿點包括尋找良策來削弱成長的正反饋環，且在同時強化負反饋環。對這一點，我們可清楚看見經濟思維中的許多創新，都將目標放在削弱助長成長的正反饋環，以及強化負反饋環。後文將有進一步說明。最令人驚訝的是，許多為使經濟體對成長抱持不可知論的政策，亦有助經濟體透過良善設計來打造分配與再生經濟。

我們不禁好奇，今日高所得經濟體如何養成依賴GDP成長的習性，他們如何才能學會無論GDP成長與否都可讓民生繁榮富庶？截至目前，很少有經濟學家願意不嫌麻煩或敢在公開場合提出這些問題。赫曼‧達利（Herman Daly）是1970年代一位率先發聲者，但達利的打造「穩定狀態」之經濟的先見之明，卻吃了政治的不耐煩閉門羹。今日，越來越多高所得國家政府苦惱著未來數十年內的GDP成長很低或是零的現實前景。於是，終於有人開始悄悄詢問經濟學家對這樣的現實是否有良策。最令人意想不到的地方正在湧現對這類思維的支持，例如，曾任職於國際貨幣基金、美國聯準會，以及哈佛大學且深具影響力的主流美國經濟學家肯尼斯‧羅格夫（Kenneth Rogoff）。「在經濟不確定的時期，」他在2012年寫道，「對成長的迫切性提出質疑似乎並不恰當。但話說回來，危機也正是轉機，正是重新思考全球經濟政策之長期目標的時刻。」[40]

我們應把握這次的長期危機所帶來的機會，開始找出是哪些方式：金融、政治

及社會，促使今日高所得經濟體及步上他們後塵的其他經濟體被困在GDP成長的鎖籠中，且對追求GDP成長上了癮。然後，我們應開始研究逃出鎖籠的方法，以及有哪些創新正在進行中，因而為我們照亮若干可能的選擇。當然，天下沒有簡單就入袋的答案。要獲得明智的解決之道，需要數十年的實驗和經驗累積，因為這個問題已經沉痾許久──這也正是為什麼此時此刻它應被高度注意及仔細分析。然後，我們應思考之後的事，開始嘗試添補經濟學家飛行手冊中長期漏掉的「著陸準備」章節。

● 上癮的金融：獵物是什麼？

讓我們從問題的核心開始：**金融沉迷於經濟成長的上癮症**。為什麼說金融沉迷於經濟成長呢？因為金融界的每個決定都繞著一個基本問題打轉：報酬率多少？金融界之所以詢問這個問題，原因在於金融界所尋找的獵物一直是「獲益」，打從資本主義經濟於十九世紀在英國起飛後，獲益一直是驅動資本主義經濟的動力。「獲益這個驅動力，」經濟史學家卡爾·博蘭尼（Karl Polanyi）於1940年代寫道，「跟歷史上最激烈的宗教狂熱不相上下。僅短短一個世代的時間，整個人類世界都受到了其未稀釋的影響。」[47]博蘭尼並不是第一個發現金融界對獲益的獵取開啟了一扇大門直通無休止囤財之人，他從馬克思身上得到該想法。馬克思將資本形容為「無止盡追著錢」，且「沒有上限」。[48]啟蒙馬克思這個想法的是亞里斯多德。還記得第1章提到亞里斯多德認為經濟學是管理家庭的一門高尚藝術，而理財學則是囤財的惡徒之術。「錢的用途是用來換取另一樣東西，不是用來生錢子錢孫，」他在西元前

350年寫道，「……在所有求取財富的手段中，這個手段最不自然。」⑲

將獲益當作獵物而予搜尋，這樣的搜尋推動股東投報、投機交易和孳息貸款，在金融系統的深處埋下對持續GDP成長的依賴。對從華爾街出走的銀行家約翰‧富勒頓來說，這就是問題的根源。「對這種擴張主義的經濟模式，我們已經理出符合邏輯的結論，」他說，「除非我們能夠實現神奇的脫鉤，否則我們在地球這個封閉系統上，將因爲指數函數而岌岌可危……金融系統沒有內建的高原，因此它不能『成熟』，因爲它沒有高原可供飛機著陸，就連金融界的專家都沒想過這一點。」㊿

這就是爲什麼富勒頓和他的同事蒂姆‧麥克唐納（Tim MacDonald）開始思考再生企業有哪些方式可避開股東拚命要求成長的壓力。他們想出了「常青直接投資」（Evergreen Direct Investing，EDI）的概念──已經成熟的低成長或零成長的企業，可提供合理且具有彈性的投報。在這個概念中，企業永久從其收入中提撥一部分收入付給投資人，而不是向股東支付建立在盈利的股息。這種方式可使產生盈利、但不成長的企業吸引走長線投資的財富管理者，例如年金的穩定投資。㉜「EDI可讓企業宛如一棵樹，」富勒頓向我解釋，「一旦樹成熟，它會停止生長並結出果實──果實和生長一樣有價值。」㉝

但股東所施加的投報壓力，只是金錢這個形式的獲益推動成長的一個外顯。事實上，對獲益的期待是如此根深柢固，使得我們完全沒注意到其最不尋常特徵：它與世界的基本動態背道而馳。隨著時間的流逝，拖拉機會生鏽，農作物會腐敗，智慧型手機會故障，建築物會崩壞。但錢呢？錢會永遠被人囤積，因爲人類對它的興趣。無怪乎錢本身已成爲一種商品，因此對支撐再生經濟所需要的生產性資產，從

再生能源系統到循環製程，所投入的投資是不足的。

那麼，什麼樣的貨幣有益人類的生活世界，因此可促進再生投資，而不是促使人類追求無止盡的囤財？一個可加以思考的可行辦法是收取滯留費（demurrage）的貨幣，亦即，對持有貨幣收取少量費用，因此持有貨幣的時間越長，所得到的將是「失」而不是「得」。滯留費是大家不熟悉的一個名詞，暴露出我們多麼習慣只上升的金融電扶梯──就像我們只知道「往上」而不知道「往下」，只知道「更多」，但不知道「變少」。但滯留費是一個值得了解的名詞，因爲這可能是明日金融的一個要角。

這個概念最初由德裔阿根廷籍商人西爾維奧‧吉塞爾（Silvio Gesell）提出，其在1906年出版的《自然經濟秩序》（*The Natural Economic Order*）一書中，主張使用貼上印花票的紙幣，印花票是必買品，且必須定期貼在紙幣上，如此紙幣才能持續具有效力。今日，我們無需大費周章使用紙幣，因爲使用電子貨幣要簡單多了。對持有貨幣的時間收取費用，如此一來，將可遏阻不斷囤積貨幣來積財。只有當錢「像報紙會過時，像馬鈴薯會腐爛，像鐵會生鏽」，人們才會願意用錢換取同樣會腐壞的物品，吉塞爾說：「⋯⋯如果我們希望提高人們將錢作爲交換媒介使用，我們必須把錢降到同於商品的地位。」[58]

這些想法乍聽之下令人覺得古怪且不切實際，但在過去，卻證明非常實用。1930年代，德國和奧地利對流通整個城市的補充性貨幣成功施行紙幣形式的滯留費，以重振當地經濟，且在1933年，美國幾乎全面採用。但無論是德國、奧地利或美國，政府最後都停止他們的計畫，原因很明顯，因爲這類計畫從下往上形式的成

功，以及國家喪失對貨幣創造的控制權令政府備感威脅。但凱因斯卻對吉塞爾留下深刻的印象，他稱吉塞爾是「不當被忽視的先知」，且被他的提議所吸引，因為吉塞爾的提議證明能夠帶動經濟體內的消費，而這正是經濟蕭條時代的優先要務。[55]

現在讓我們想想是否可設計出收取滯留費的貨幣，但目的不是促進今日的消費力道，而是促進對明日的再生投資。它可望改變金融界的期待景色：從本質上來說，「尋求獲益」將被「如何保值」取而代之。要保有手中所累積之財富的長期價值，最佳方法之一是將財富投資於長期性再生活動，例如造林計畫。[56]銀行盤算將錢留在口袋可能產生的成本後，如認為將錢借出比較划算的話，銀行可能將錢借給投報承諾近乎是零的企業，這對再生和分配式企業是好事一樁，不僅可實現社會和自然財富，且他們可獲得適度的收益。重要的是，這有助經濟擺脫無止盡囤財，因此也就能戒斷金融對成長的上癮症。

對現代金融市場來說，滯留費可能看起來相當異類，但其實跟向儲戶收取利息的負利率有異曲同工之妙。這些負利率已成為當代金融景觀的一部分，自2014年起，被日本、瑞典、丹麥、瑞士及歐洲央行作為緊急措施使用。這些國家的目的不盡相同：振興GDP成長，管理匯率，以及帶動通膨等，但他們已經打破利率不能低於零的迷思。

當然，對貨幣設計滯留費的構想對金融系統提出許多深富挑戰的問題，例如，它對通膨、匯率、資本流、年金，以及消費刺激與投資促進之間的平衡，將帶來什麼影響。在再造金融的過程中，這些是此時此刻值得思索的問題，以讓金融系統服

務可讓人類繁榮富裕的經濟，而不是永遠不斷成長的經濟。此外，令人驚訝的是，如同近年來負利率運用所展現的成效，曾被認爲是不可行的激進辦法在極短的時間內變成是務實可行的。

◉ 上癮的政治：希望、恐懼和權力

　　政治在哪些方面沉迷於成長？如我們在第1章所討論的，在二十世紀中期，追求人民收入成長悄然從一項政策選擇變成一項政治必需品。從政治家的憂慮臉孔中，可清楚看出三個原因：希望在不加稅下增加國家的稅收；憂心失業率；以及G20全家福照中的權力。

　　讓我們先來探討「不加稅下增加國家的稅收」。政府依賴國家稅收來投資公共建設，但他們頑固的不願使用加稅手段。無怪乎這麼多國家將他們的希望寄託在無止境的GDP成長上，因爲其承諾無需提高稅率即可送上年年升高的稅收。要如何才能克服這種政治上癮，使低成長或零成長的經濟體在財政上得以存活？

　　首先，應重新向民眾宣導政府課稅之目的，以讓社會產生「稅多，可獲得的公共投資回報亦多」的共識，這在許多斯堪地納維亞國家已證明是成功的。請注意一點，言語溝通專家喬治・拉克夫（George Lakoff）建議細選用詞：不要反對減稅──應談論稅正義。反對課稅者經常使用公共支出來喚起社會注意無止境的經費支出。但公共投資將其重點放在攸關全體人民福祉的公共建設上，例如優質學校，以及高效的公共運輸。[57]

其次，我們必須消彌稅收漏洞、海外避稅天堂、獲利移轉和特殊稅減免等這類不公。因爲這類不公，全球許多最有錢的富豪和第一大企業，從Amazon到Zara只繳納微不足道的課稅。至少18.5兆美元被富豪藏在全球避稅天堂內，使每年所收到的稅收短少1560億美元以上，這筆錢可用來終結極端貧窮兩次以上。此外，跨國公司每年將其約6600億美元的獲利移轉到近乎是零的課稅區，例如荷蘭、愛爾蘭、百慕達和盧森堡。全球稅正義聯盟（The Global Alliance for Tax Justice）是其中一個專注在此問題的組織，其在全球展開各項活動，呼籲重視企業透明度、企業責任、公平的國際稅收法規，以及累進稅率的國家稅收制度。

第三點，在對自然人與法人的課稅上，應從向收入課稅轉向他們所囤積的財富課稅，例如房地產和金融資產，如此可削弱GDP成長在確保充足稅收上所扮演的角色。可想而知，諸如此類的漸進式稅改，很快地將遭到企業陳情的反作用力，以及國家無能及腐敗的指控。但同時，這將強調出在政治民主的促進與捍衛上，民衆參與的重要性。這樣的參與可促使國家勇於承擔責任。

接下來，讓我們探討「憂心失業率」。人類相當聰明，我們善於從擁有的東西中獲取更多東西，或從變少的東西取回失去的東西。1913年，亨利‧福特（Henry Ford）在其位於密西根州的汽車工廠引進移動式裝配線後，汽車產量在一夜之間幾乎增加五倍；如果福特的T型車沒有需求旺盛的市場，他所需要的工人可能將少很多。在成長中的經濟裡，遭到一家企業解雇的工人可望在其他地方找到工作，但當市場的需求量少於產量時，結局就是哀鴻遍野的失業率。歷史一再證明這種情況將

迅速衍生出仇外心理、不包容和法西斯主義。有感於經濟大恐慌年代中一路探底的失業率，凱因斯在1930年代將零失業率列為須達成的經濟目標重點，而他深信對策正是持續的GDP成長。然而在福特T型車革命後的一個世紀，機器人接管了許多東西，不單是汽車生產。因為自動化，期待GDP成長速率與預期的裁員規模同步已不可能，這種情況只強調出提供基本收入給每個人的必要性。但其他變革亦可改善對成長抱持不可知論之經濟體內的有償工作的分配。

凱因斯認為當勞動產能因為科技而提高時，典型的每周工時將縮短，他的一項出名預言是：在二十一世紀，每周工時15小時將綽綽有餘，社會將努力「以廣泛分攤的方式，讓需要被做的工作完成」。[61]凱因斯的這項預言錯了，至少從目前來說是如此，但時間仍有可能證明他是對的。對英國的新經濟基金會（New Economics Foundation）提議將高所得國家的每周35小時以上的標準工時縮短至21小時，以作為對抗失業率與過勞的一項對策，凱因斯當然是率先舉雙手贊成的其中一人。[62]當然，如果不改變就業生態，這樣深具挑戰的變革將不可能實現。「我們需要修正課稅和保險制度中的錯誤獎勵，」前述提議背後的社會政策專家安娜・庫特（Anna Coote）解釋說，「如此一來，雇用更多勞工的雇主受到的將是鼓勵，而不是懲罰。」[63]

如果雇主本身就是勞工，則縮短每周工時的提議將大大提高實現的可能性。從經濟大恐慌到2008年金融危機的這段期間，以勞工為本的合作社證明他們更能有效防止裁員發生：減少的工時由合作社的成員之間分攤，這是面對需求波動時，在就業上做出調適的一個好例子。[64]但要改變傳統公司的就業生態，也是有辦法的。一個廣泛的建議是從向勞工課稅，轉向資源使用課稅，這可善用更多勞工的聰明才智，

以更少的原料就能生產出更多產品，且在同時雇主可雇用更多勞工。這些政策肯定有助使經濟走向分配和再生式，但對於提供充分的就業，這些政策是否也有助經濟體對成長抱持不可知論？我們需要進行其他哪些調整？這正是需要更多創新實驗和研究之處。

　　現在讓我們來討論「G20全家福照中的權力」。每年，當全球的強權國家領導人齊聚G20高峰會時，都會拍攝一張官方照。我稱為G20全家福照，別忘記一點，就像現代許多家庭，G20的成員三不五時亦會易人。每位政治領導人都積極搶占在這張照片中的位置，因為這可是國家地緣政治力量的象徵。歷史學家保羅・甘迺迪（Paul Kennedy）在其頗具影響力的1989年著作《霸權興衰史》（*The Rise and Fall of the Great Powers*）中，指出在世界舞台上決定權力的是國與國之間的相對財富，而非國家的絕對財富。[6]美國和蘇聯兩國在1950年代的較勁是場不折不扣的地緣政治競賽：保持成長，如此才能保住在全家福照中的位置，否則將被下一個興起的強權踢出全家福照。

　　這是各國心知肚明的一件事，因此也是難以戒斷的嚴重成長上癮症。依據系統思維家的建議，對這種上癮症，一個解決方法是讓成功的衡量標準多元化，並改用其他成功標準來「開始新的遊戲」。如果將成功的經濟定義為平衡的繁榮發展，那麼世界將不會再以錢這個標準來衡量成功，而將改用「民生繁榮」的這個標準來衡量成功。某些大家廣知的方案採取了這種方式。聯合國於1990年採行「人類發展指數」（Human Development Index），依據人類健康、教育與人均所得來排名

各個國家，開始對單使用GDP作為衡量標準做出反擊。其他方案，例如快樂地球指數（Happy Planet Index）、包容財富指數（Inclusive Wealth Index）和社會進步指數（Social Progress Index），亦同仇敵愾，希望改變國際全家福照，使站在照片中央的不再是GDP最高的國家。其他策略性方案亦試圖推動城市與城市之間的合作來避開國與國之間的敵對與較勁。C40網絡就是其中一例，其現在連結全球80多個大城市，共同對抗氣候變遷。這些城市的人口超過5.5億，在全球GDP中占了25%，這些城市以及其經濟願景，將產生超越市界的無遠弗屆影響。[66]

展開新的遊戲是有益的，但因為GDP對全球市場和全球軍事的力量，因此舊式的GDP遊戲規則仍緊握大權。這樣的地緣政治鎖籠需要更多的策略性關注。「為了爭奪全球權力而將重點放在GDP長期成長上，這樣的經濟競賽我們當然可以理解，」肯尼斯‧羅格夫說，「但如果經濟競賽真的是促使GDP成長受到重視的核心原因，那麼，我們有必要重新審視標準宏觀經濟學模型，因為其完全忽略這個問題。」[67]但除了改寫宏觀經濟學模型，GDP成長所加諸的鎖籠凸顯出國際關係的創新思維家，需要將他們的注意力轉向構思有效的策略，以協助全球治理轉向對成長抱持不可知論的態度。

● 上癮的社會：對物質的渴望

現在來談談我們的社會為何沉迷於GDP成長。原因在於消費主義的普及，及貧

富不均所造成的緊張，而這些又根源於人類的物質欲望。

雖然現在的我們比古時候的國王富有，但我們太容易陷在消費主義的跑步機上，不斷透過買東西來尋找身分、歸屬感和自我轉變。為了跟上時代，為了不落伍，我們追逐物質，一次又一次買不停手。如我們在第3章中所討論的，佛洛伊德的侄子愛德華・伯納斯，發現叔叔的心理治療在某個治療上非常有錢途——購物成癮治療。伯納斯的說服方法，亦即現代有名的「公關」，改變了全球的行銷界，且在二十世紀中使消費文化成為生活的一部分。正如媒體理論家約翰・伯格在其著作《觀看的方式》所說：「宣傳不單是一堆競爭文字的集合，其本身就是種語言，用來提出相同的提案……其向我們每個人宣揚買東西可以改變我們及我們的生活。」[*]

我們有機會擺脫二十世紀遺留給我們的這項陋習嗎？對此，某些政府，例如瑞典、挪威和魁北克，已禁止對不滿12歲的兒童投放廣告（下意識認為廣告對成人是公平的遊戲），而法國的格勒諾布爾（Grenoble）與巴西聖保羅（Sao Paulo）等城市則禁止造成「視覺汙染」的街頭廣告看板。在此同時，鎖定網路族群的網路廣告如雨後春筍，在高科技消費研究的助力下，將個人化行銷推向更複雜及更侵略的境界。同時，廣告牢牢固守其大位，在街頭、學校、社群媒體和新聞媒體無處不在，成為地方政府獲取收入的一個主要來源，也是免費網路服務和新聞媒體的財源，使國家與數位公地在財務上依賴市場不眠不休的勸誘廣告。如何扭轉消費主義，在公共和私人生活中支配金融和文化，已成為二十一世紀最高潮迭起的心理劇之一。

社會亦被認為沉迷於GDP成長，因為社會認為GDP成長有助緩解氾濫的貧富不均緊張。社會往往認為GDP不斷成長是必要的，因為GDP成長可創造出「價值是正

數的經濟」，使每個人變得更好。依據廣泛的說法，當經濟這塊大餅變得越來越大時，富人較有可能接受政府課徵再分配稅，好用來投資公共服務，因為富人認為繳了稅後，拿回家的錢還是跟以前一樣多。但有些人則基於完全相反的原因而認為持續的GDP成長是必要的，因為GDP成長可永久延後再分配的需要性。1970年代時，美國聯準會理事亨利・沃利希（Henry Wallich）說：「成長是收入平等的替代品。只要有成長，就有希望，而這使得大幅的收入差異成為可以容忍的事。」

　　無論成長被視為是再分配的關鍵，或被視為是永遠避開再分配的關鍵，成長的社會重要性都根植在某種基本信念中。我曾經參加一個研討會，跟一位頗富聲望的複雜經濟學專家討論新的經濟思維。他談到促進高所得國家的GDP成長，好像這是一件必要的事。當我詢問他為什麼時，他的回答很簡單。「我們的深處存在對成長的渴望，」他說，「人們需要有一樣東西可以讓他們寄託。」

　　我同意，人們需要可以寄託的東西。但收入不斷成長真的是最好的寄託嗎？還記得第3章的阿爾弗雷德・馬歇爾嗎？他賦予理性經濟者永不知足的欲望。由於愛德華・伯納斯，今日走樣的社會顯然是如此——教育普及、工業化、富裕且民主的西方國家現在是消費主義的樂園。但人類學家可以從歷史和當代中舉出若干落實簡樸原則的傳統社會，例如十九世紀加拿大曼尼托巴省北部的克里族印第安人，其對歐洲商人的反應完全不符合經濟學家的預期。為了獲得更多毛皮，歐洲人提議以更高價格向他們購買毛皮，結果克里族人帶到買賣市集的毛皮變少了，因為他們覺得現在只需要更少的毛皮就能換得他們想要的物品。

　　如果伯納斯今日還活著，且願意幫助今日走樣的社會重返簡樸，那麼他會嘗試

引發哪些深層的人類價值？如果去掉物質的渴望，我們可能寄託或追求什麼？「無論何時何地，只要我們追求過度的物質生活，都是一種無以言之的剝奪，」精神分析學家亞當‧菲利普斯（Adam Phillips）說，「過度追求物質顯示我們心靈的匱乏，追求物質是我們隱藏這種匱乏的最好方式。」談到消費主義，我們所希望隱藏的匱乏其實可能源自我們跟他人、跟這個世界的冷漠關係。心理治療師蘇‧格哈德（Sue Gerhardt）心有戚戚焉。「雖然我們有豐富的物質，但其實我們在情感上是匱乏的，」其在著作《自私的社會》（*The Selfish Society*）中寫道，「許多人被剝奪了真正重要的東西。」

對生活中究竟什麼是重要的東西，看法形形色色——發揮我們的才華、幫助他人，以及堅持我們的信仰。飽覽眾多心理學研究後，新經濟基金會從研究結果彙整出有助人類福祉的五個簡單行為：合群、積極、注意世界時事、學習新技能，以及「施予」。這五點也許正是實現彌爾所希望的道德與社會進步的第一步，他期待有那麼一天，人們不再只貫注在物質的追求，而是活出生活的藝術。

至此，我們已扼要說明今日許多在金融、政治與社會罹患GDP成長上癮症的國家制度、政策與文化，如何為人類的經濟飛機作好著陸準備。可想而知，面對排山倒浪而來的這些問題，要馬上思考，理出頭緒，是件令人心力交瘁的事，正如新手駕駛第一次學習如何操作飛機的著陸設備時，也會備感無力。但著陸設備是可以精通的技術，而前文提到的所有GDP上癮症都有辦法戒斷。如果有一項任務值得二十一世紀的經濟學家關注，這件事必然是：**提出可行的經濟設計，使國家在GDP成長逐步成為過去式的同時，學會在沒有GDP成長下繁榮發展。**

● 歡迎來到機場貴賓室

如果我們學會飛機著陸的這門大學問，打造無論GDP成長與否都能讓人類繁榮發展的經濟，當我們下機抵達目的地時，會發生什麼？我非常確定下一代的經濟創新者，處在填寫這些目前仍是空白章節的最佳位置。我在這裡簡單補充兩個想法。

首先，如果羅斯托是這趟飛行的同機乘客，我想在著陸時，他會發現他口中的飛機其實並不是描述GDP未來旅程的最佳比喻：飛機缺乏因應瞬息萬變之情況的升起、著陸、再升起及再著陸所需要的靈活性。在羅斯托的時代，搭機旅行是很新穎的一種方式，其著作的出版時間距離人類史上噴射客機首次飛行只有五年，羅斯托因為飛機的吸引力而使用飛機來比喻經濟。如果向他介紹二十一世紀的水上運動，我想他的心思會放在風箏衝浪上，而風箏衝浪是對明日GDP的一個更好比喻。風箏衝浪高手須懂得如何駕馭衝浪板穿越起伏的波浪，且同時必須掌控隨風飄揚的風箏，其必須不斷調整身體姿勢，從彎曲、傾斜到扭轉，以掌控風和海浪之間的動態，在海上乘風破浪。這就是GDP在二十一世紀的姿勢變化，每一年售出的產品與服務的價值，都隨著經濟的洶湧澎湃而起伏不定。

其次，無論下機抵達目的地後發生什麼事，我都敢打賭一件事：凱因斯以及彌爾，將在那裡迎接我們，他們將挽起袖子，準備分析及了解甜甜圈這個對成長抱持不可知論的分配式再生經濟的奧妙、理念與政治學。我們下機抵達之目的地肯定出乎他們意料，但相信他們會明白我們面對進退兩難的困境所作出的抉擇。

◎ 結語

現在就拿起紙筆，畫出改變

　　甜甜圈經濟學對人類休戚與共的明日，描繪了大有可爲的願景：透過良善的設計，打造可讓人類共創榮景的分配與再生式全球經濟。從氣候變遷、暴力衝突、強迫遷移、拉大的貧富不均、加劇的仇外心理，以及眼前的地方金融不穩等紛擾危機看來，這樣的願景看似愚蠢，甚至天眞。每日的新聞，以及社會、生態、經濟與政治的敗壞可能性，如影隨形跟著我們。人類命運的玻璃瓶已是半空狀態。這些恐懼充斥在我們心中，我們似乎正走向經濟崩壞的懸崖，而生存壓力就像一座大山，緊緊壓住我們，所有的毀滅似乎將在自動模式下發生。

　　但仍有人看見扭轉的可能性，因爲命運的玻璃瓶還有一半是滿的，且力圖翻轉情勢。我正是其中一人。我們是發現人類所作所爲如何傷害地球這個大家園的第一代，我們也可能是有機會扭轉人類命運的最後一代。身爲全球這個大家族的一分子，我們清楚知道如果我們有志一同，群策群力，我們將實現這個目標，我們有科

技、技術與財務上的資源，可終結各種形式的貧窮。

　　想想每年有多少學生前仆後繼前往全球各地大專院校攻讀經濟學。許多人之所以選擇經濟系，原因在於他們認為玻璃瓶仍有一半是滿的，因此為時不晚，希望挽起袖子成為一分子，共同管理人類生活所在的這個星球，以造福全人類。他們跟我都相信精通公共政策的母語，亦即經濟學，可讓自己具備這項工作所需要的專業。這些學子理應得到最棒的經濟學教育，無論是文字、公式或圖片，而我相信本書所提出的七大思維是正確起點。

　　二十一世紀的任務很明確：打造可實現民生富庶、共存共榮的經濟，在甜甜圈安全正義的世界內繁榮發展。要實現這項任務，首先我們須了解每個經濟體，從地方到全球都是社會及地球的一分子。此外，我們還須了解家庭、公地、市場和國家都可有效滿足人類許多需求，當所有的這些相互合作時，最能發揮眾志成城的效果。深入我們對人性的了解，我們可以研擬出妥善的制度，傳播激勵的能量，強化社會的互惠互利，以及其他價值觀，而不是破壞它們。一旦我們明白經濟與生俱來的複雜性，我們可發揮智慧來良善管理及智取其深奧的動態。這為我們開啟希望的大門，可望將今日撕裂和退化的經濟，轉變成良善設計所打造出來的分配和再生經濟。這扇大門呼籲我們對成長抱持不可知論，呼籲我們打造出無論GDP成長與否，人類都能繁榮發展的經濟。

　　本書提出七種思維供讀者思考（及描繪），透過這七種思維，無庸置疑地人人可望成為二十一世紀的經濟學家。我相信這七大思維是最棒的出發點，從這個出發點，

我們可開始去除長期占據思維的舊經濟烙印。這七大思維亦將不斷發展，因為我們才剛開始勾勒出整張圖的構圖，為圖案上色，並了解各個元素的交互作用。政治學不會打退堂鼓。形形色色的科技、文化、經濟與政治路徑都可以帶領我們進入甜甜圈，我們有許多可能的方式分配國家和社區內部與之間的成本、效益、權力和風險。這使得我們需要良善的政治流程，在不同的替代政策上作出衡量、定奪與裁定。①

● 革新故步自封的學府

　　許多帶動新經濟思維的真知灼見似乎分分秒秒都在湧現，但卻非來自經濟學系。雖然有若干的重要例外，但太罕見了。許多改革思想源自其他思想領域，例如心理學、生態學、物理學、歷史學、地球科學、地理學、建築學、社會學和複雜學。經濟理論應虛懷若谷地接受其他領域的見解。在知識的舞會中，此時此刻經濟學該退出獨舞的聚光燈，因為加入團體表演的時刻到了。經濟學不該再當舞王獨舞，應跟眾人繞著花柱一起群舞，積極將其理論融合其他學域的精闢見解。

　　才智過人的經濟學家必然明白眾多知識分子繞著花柱共舞的重要性。彌爾相信其1848年的著作《政治經濟學原理》（*Principles of Political Economy*）之所以在那個時代受到讚譽，原因在於其視政治經濟學「並不是獨自撐起一片天的英雄，而是大團體中的一小分子；是社會哲學的一個分支，與其他分支相連，其結論，甚至其自身的領域只有在通過驗證下才是真的，且受到其無法直接控制的種種力量的擾亂和反作用力」。②凱因斯顯然也願意繞著花柱跳舞。「博學的經濟學家必須精通各

種領域的學問，」他寫道，「他必須是數學家、歷史學家、政治家、哲學家⋯⋯爲了解明日，他必須研究今日與昨日。人性或人類制度的任何部分都不可受到冷漠對待。」[3]若干著名的當代經濟學家心有同感，例如史提格里茲，他給學子的明智建言是：「學習經濟學，但不要盡信，應抱著質疑、批判的態度，且在同時應廣泛涉獵其他領域的學問」。[4]

　　知識分子繞著花柱共舞是否在大學的經濟學系，經濟學的學術大本營也同樣普及？這個問題促使我追踪楊緣這位當年因失望而發起學運的經濟學系學生，其故事開啓了本書。將近十年過去了，她現在是英國最負盛名的《金融時報》駐北京通訊記者，同時也是「重新思考經濟學」（Rethinking Economics）這個其協助發起，旨在促進經濟學教改的國際學生網絡的聯合主席。她如何腳跨這兩個不同世界？完成碩士學位後，楊緣拒絕博士班入學資格，因爲她相信擔任經濟媒體記者，比待在經濟學系更能了解眞實經濟樣貌。因此她報導了中國經濟快速變化的重要議題，從煤鋼業大規模失業到北京崛起成爲全球億萬富翁的首都。

　　同時，楊緣幫助「重新思考經濟學」壯大力量。自2013年創辦以來，「重新思考經濟學」這個由學生領導的運動已經建立龐大聯盟，包括發現對所雇用的新進畢業生的認知跟現實嚴重脫節而備感沮喪的雇主。他們的運動亦贏得廣大民衆支持。「我們在英國各地演講時，在火車上遇到人們問我們在做什麼，」楊緣對我說，「我們說我們認爲經濟學家錯了，他們立即知道我們在說什麼。金融危機將經濟學這門古怪的學問，變成民衆討論和辯論的話題。」

　　有感於學校所提供的課程過於狹隘，世界各地大學生舉辦教學座談會，成立讀

書會，協助設計眾多的MOOCs開放式網路課程，並說服教授改善他們的教學內容，包括豐富課程的多元性。學生表示若干大學已接受教育多元化的呼籲，包括英國金士頓大學和格林威治大學、德國錫根大學、法國巴黎第七大學（亦即巴黎狄德羅大學）與第十三大學（亦即巴黎北方大學），以及丹麥奧爾堡大學。這些大學將經濟史與經濟學的沿革重新納入教學大綱，更新宏觀經濟學模型，將金融業納入模型之中，並新增更多不同思想流派的批判思考，例如女性主義經濟學、生態經濟學、行為經濟學、制度經濟學與複雜經濟學等。

學生表示目前為止，反應最慢的是最負盛名的大學，例如哈佛大學和倫敦經濟學院。「這些排名高居榜首的科系不願做任何可能使他們喪失排名的事，」楊緣對我說，「他們的榜首位置來自他們在所謂的『頂尖』期刊發表研究，但這些期刊卻是原地踏步，畫地自限。」更重要的是，這些排名頂尖的大學制定了他人奉為圭臬的規範，中國、印度、巴西與其他地方的大學所培育出來的學生，在他們的研究所招生中取得入學資格。頂尖大學這種封閉自限的態度讓楊緣深深不滿。「我們必須攻下經濟學的學術大本營，使其接受革新風雨的洗禮後煥然一新，」她對我說，「我們不能只在外圍搭設帳篷營地。我們可以成立許許多多的課外讀書團體，以及提供MOOCs，但除非大學承認，否則這些都不被視為是經濟學。簡單說，我們不想只用嘴巴抱怨當前教育的狹隘，我們想要改變。」

楊緣的話，使我想起曾因有機會定義好壞經濟學的保羅・薩繆森的歡喜之情。還記得他高興地說身為教科書作者，他知道「能夠編寫引導學子進入經濟學大門的教科

書，是一種榮耀特權，其在學子精神最貫注的時刻，在學子白紙般的心靈烙下經濟學的印記」。對他來說，新生的心靈宛如清澈白紙。所以對今日的經濟學學生，我只想說：注意教科書及老師的每一句話及每個公式，最重要的是，注意圖片，尤其是最基礎的圖片，因為它們會在你完全沒有察覺下，瞬間深植在心中。此外，不要輕易相信任何人所做出的推定，無論你是18歲或81歲，因為你的心靈是張白紙，你的大腦是強大的吸水海綿。事實上我們從出生就開始體驗，我們在核心經濟的培育下生長茁壯，我們每個人都依賴賴以為生的生活環境。每個人在其一生中都扮演多種角色，無論是公民、工人、消費者、企業家、援助者或平民。因此，不要讓任何人擦掉你在成長過程中所累積的這些經歷，你應以種種的這些經歷作為個人的基準參考，用來評判你所見所聞的經濟理論，包括本書所提出的種種經濟理論。

● 經濟的演化：一次一個實驗

　　楊緣對老舊經濟理論仍享有崇高地位感到心灰意冷。我們感同身受。「許多大學科系，例如社會學或政治學，教導學生以不同角度思考經濟，」她對我說，「但只有在經濟學系學習新古典經濟學理論的學生在進入社會後才會被貼上『經濟學家』的標籤，享有該標籤賦予他們的權力。我們必須罷黜『專家』這個稱謂所具有的權力，使這個稱謂有許多截然不同的涵義。」[5]

　　要重新定義「經濟學家」，一個好方法是看看那些從新經濟思維往前躍進到新經濟作為的人，亦即一次進行一種實驗而推動經濟的創新者。他們的影響已反映在

起飛的新企業模型、群策群力的動態公地、潛力無窮的數位貨幣，以及鼓舞人心的再生設計中。如唐內拉・梅多斯所說，自我組織的力量：系統添加、改變，和發展其自身結構的能力是一個高效的槓桿點，可扳動整個系統發生改變。這激發出一個饒富新意的革命性想法：我們人人都可以是經濟學家。

如果經濟樣貌隨著發展而發生改變，那麼每個實驗，無論是新企業模型、補充性貨幣，或是開源合作，都有助實現明日新經濟的多元化、選擇和無遠弗屆。我們都是經濟發展歷程中的一分子，因為我們的選擇和行事會不斷改變經濟的樣貌，不單是我們買或不買產品的決定。我們的種種行事都會改變經濟的面貌：將存款轉到道德銀行；使用補充性貨幣；創辦企業實現人生意義；休育兒假；為知識公地貢獻一己之力；參與理念相同的政治運動。

當然，這些創新面臨追求GDP成長與經濟茁壯等支配上個世紀的經濟思維和行為的挑戰。環顧周遭只專注為股東謀求最大投報的舊世紀企業，致力落實慷慨設計的企業可能不免內心掙扎五味雜陳。如果你認為政府的第一個反應是逮捕，那麼您將原地踱步，遲遲不敢施行您的補充貨幣方案。面對只關注短期投報的客戶，再生式金融必須堅持他們的理念與抱負。如果客戶的第一個反應是「我為什麼要那樣做？」，那麼設計一棟回饋城市的建築將面臨如高牆般的阻礙。但從肯亞的Bangla Pesa補充性貨幣、多哥共和國Woelab工作室使用回收垃圾設計開源3D列印機、加州新光科技公司蒐集乳牛所排放的甲烷轉化為生物塑料，以及全球潛力無窮的對等數位貨幣等，經濟創新者顯然正在透過一次又一次的設計，改變經濟的演化，使經濟朝向分配及再生式的樣貌發展。

　　「用雙手實現你想在世上看見的改變」是甘地最著名的一句話，從經濟的改造來說，今天的經濟創新者正在做他驕傲的事。帶著滿腹敬意，我想借甘地的話表達我的理念。當談到新的經濟思維，你需要拿起紙筆畫出你想在這個世上看到的改變。善用語言的力量與隱藏的視覺力量，我們可給自己更好的機會來撰寫新的經濟故事，這是我們目前的迫切要務，以打造安全且公平的二十一世紀。

　　要踏出第一步並不難。現在就拿起紙筆，畫出你想看見的改變。

◎ 附 錄

甜甜圈與其相關資料

　　甜甜圈的社會、地球界限，是以簡單的方式視覺化了雙重的條件——社會與生態，而這兩項條件是人類共同福祉的基礎。社會基底盤劃定了甜甜圈的內在界限，並呈現出所有人皆應不虞匱乏的生活基本要件。生態天花板則劃定了甜甜圈的外在界限：如果超越該條界限，人類對地球生命體系造成的壓力也將超過危險的上限。

　　在這兩道界限之間，存在一道生態方面安全、社會方面正義的空間，而人類可以在這其中繁榮發展。

　　社會基底盤包括十二個社會向度，這些向度源自聯合國2015年永續發展目標中所明定的社會優先事項。下頁表格一呈現這十二個領域當中，用於衡量、顯示人類短缺程度的變項與資料。

　　生態天花板包括九道地球界限，這些界限的提議者為國際上的一群地球系統科

表格一：社會基底盤與相關的短缺指標

向度	指標（除非另有說明，否則即為全球人口的百分比）	%	年分
糧食	營養不良人口	11	2014-16
健康	5歲以下死亡率超過千分之二十五的國家之人口	46	2015
	出生時預期壽命低於70歲的國家之人口	39	2013
教育	不識字的成年（15歲以上）人口	15	2013
	12至15歲的輟學孩童人口	17	2013
所得與工作	每日所得少於國際貧窮線3.10美元的人口	29	2012
	有意尋找但無法找到工作的年輕人（15至24歲）比率	13	2014
水與衛生	無法取得改善飲用水的人口	9	2015
	無法取得改善之衛生條件的人口	32	2015
能源	缺乏電力可使用的人口	17	2013
	缺乏乾淨烹飪設施可以使用的人口	38	2013
人際網絡	在危難時刻，自認沒人能夠倚靠、協助的人口	24	2015
	沒有網際網路可以使用的人口	57	2015
住房	全球開發中國家居住在貧民窟的都市人口	24	2012
性別平等	在國家議會中，男女議員比率的落差	56	2014
	全世界男人和女人之間的收入落差	23	2009
社會公平	帕爾瑪比值2或以上的國家之人口（帕爾瑪比值〔Palma ratio〕為：所得前10%的人與後40%的人兩者所得占整體百分比之比率）	39	1995-2012
政治發聲	話語權與問責指數（Voice and Accountability Index）在最高1.0分當中獲得0.5分或以下的國家之人口	52	2013
和平與正義	貪腐印象指數（Corruption Perceptions Index）在最高100分當中獲得50分或以下的國家之人口	85	2014
	每10萬人兇殺率為10或以上的國家之人口	13	2008-13

資料來源：聯合國糧食及農業組織（FAO）、世界銀行（World Bank）、世界衛生組織（WHO）、聯合國開發計劃署（UNDP）、聯合國教科文組織（UNESCO）、聯合國兒童基金會（UNICEF）、經濟合作發展組織（OECD）、國際能源署（IEA）、蓋洛普（Gallup）、國際電信聯盟（ITU）、聯合國（UN）、全球發展中心研究員艾力克斯‧科巴姆和安迪‧薩姆納（Alex Cobham & Andy Sumner of Center for Global Development）、國際勞工組織（ILO）、聯合國毒品和犯罪問題辦公室（UNODC）以及國際透明組織（Transparency International）。所有百分比皆四捨五入至最接近之整數。

學家，由約翰‧勞克司創和威爾‧斯特芬所主導。這九道關鍵的界限分別為：

氣候變遷。當二氧化碳、甲烷和氧化亞氮等溫室氣體釋放到空氣中時，這些氣體會進入大氣層，並且強化地球自然的溫室效應，在大氣中捕捉更多熱能。這將造成全球暖化，而其影響包括溫度升高、更頻繁的極端天氣，以及海平面上升等。

海洋酸化。在人類活動排放的二氧化碳中，有大約四分之一最終溶解於海洋，因而形成碳酸，並降低海水表面的pH值。這種酸性會減少海中的碳酸根離子，然而碳酸根離子對許多海洋生物而言卻至關重要，能促進外殼、骨骼的形成。如果缺少這項要素，珊瑚、貝類與浮游生物等生物體就會很難生長、存活，進而危及海洋的生態體系與食物鏈。

化學汙染。當合成有機汙染物、重金屬等有毒化合物進入生物圈時，這些物質能夠存在非常長一段時間，並可能帶來不可逆的影響。而當累積於鳥類、哺乳類等生物的組織裡頭時，這些物質會降低生育能力，並造成基因的破壞，因而危及陸地和海洋的生態體系。

氮、磷負荷。活性氮、磷被廣泛用於農業肥料當中，但是在整體使用量裡，只有一小部分實際由農作物吸收，剩下的大部分都流入河川、湖泊與海洋，造成藻類蔓生、水域優養化。這些蔓生的藻類可能具有毒性，並會讓其他水生生物缺乏氧氣而死亡。

淡水消耗。水對於生命而言至關重要，同時也廣泛使用於農業、工業和家戶。然而過量的水資源消耗可能損害湖泊、河川與地下水，甚至導致乾涸，進而破壞生

態體系，改變水文循環和氣候。

土地利用轉換。將土地轉換作人類使用──例如把森林、濕地開發成都市、農地和公路──會耗盡地球的碳儲槽、破壞豐富的野生棲地，並且削弱土地持續循環水、氮和磷的角色。

生物多樣性喪失。生命物種的數量、多樣性減少會破壞生態體系的完整，並加速物種的滅絕。這個過程會提高生態體系突然、不可逆變化的風險，降低生態體系的韌性，並削弱其供應糧食、燃料與纖維且維繫生命的能力。

空氣汙染。排放到空氣中的微粒子、懸浮粒子──例如煙塵和汙染氣體──可能對生物體造成傷害。除此之外，這些粒子也會與空氣中的水蒸氣產生交互作用，因而影響雲的生成。當大量排放時，這些懸浮粒子可能會顯著影響區域上的降雨模式，比方在熱帶地區改變雨季的時機和地點。

臭氧層破壞。地球的平流層臭氧能過濾掉來自太陽的紫外線輻射。某些人為的化學物質（例如氯氟烴）如果排放到空氣中便會進入平流層、破壞臭氧層，導致地球和生命萬物暴露於太陽有害的紫外線之下。

右頁表格二呈現這些地球界限當中，用於衡量目前超限程度的指標與資料。

表格二：生態天花板與其超限指標

地球系統的壓力	控制變項	地球界限	目前的數值與趨勢
氣候變遷	大氣層二氧化碳濃度，百萬分點（ppm）	至多350 ppm	400 ppm，並持續上升（日益惡化）
海洋酸化	海水表面的平均文石（碳酸鈣）飽和度與前工業化數值的對照百分比	至少為前工業化飽和度的80%	大約84%，並且持續下降（日益加劇）
化學汙染	目前尚未訂定全球的控制變項	───	───
氮、磷負荷	每年作為肥料、施用於土地的磷有多少百萬公噸	至多每年620萬公噸	大約每年1400萬公噸，並持續上升（日益惡化）
	每年作為肥料、施用於土地的活性氮有多少百萬公噸	至多每年6200萬公噸	大約每年1億5000萬公噸，並持續上升（日益惡化）
淡水消耗	每年多少立方公里的藍水使用量	至多每年4000立方公里	大約每年2600立方公里，並持續上升（日益加劇）
土地利用轉換	森林土地面積相對於在人類改造之前森林曾經覆蓋的土地面積	至少75%	62%，並持續下降（日益惡化）
生物多樣性喪失	每年每一百萬物種的滅絕比率	至多10	大約100至1000，並持續上升（日益惡化）
空氣汙染	目前尚未訂定全球的控制變項	───	───
臭氧層破壞	平流層中的臭氧濃度，多布森單位（DU）	至少275 DU	283 DU，並持續上升（日益改善）

資料來源：Steffen et al. (2015).

註　釋

【前言】經濟學的革命已經開始

01.Autisme-economie (17 June 2000) 'Open letter from economic students'. http:// www.autisme-economie.org/article142.html

02.Delreal, J. (2011) 'Students walk out of Ec 10 in solidarity with "Occupy"', The Harvard Crimson 2 November 2011. http://www.thecrimson.com/article/2011/ 11/2/mankiw-walkout-economics-10/

03.International Student Initiative for Pluralism in Economics (2014) 'An interna- tional student call for pluralism in economics', available at: http://www.isipe. net/open-letter/

04.Harrington, K. (2015) 'Jamming the economic high priests at the AEA', 7 January 2015, http://kickitover.org/jamming-the-economic-high-priestsat-the-aea/

05.Kick It Over (2015) Kick It Over Manifesto, http://kickitover.org/kick-it-over/manifesto/

06.Roser, M. (2016) Life Expectancy, published online at OurWorldInData.org. Retrieved from https://ourworldindata.org/life-expectancy/

07.UNDP (2015) Human Development Report 2015. New York: United Nations, p. 4.

08.World Food Programme (2016) Hunger. https://www.wfp.org/hunger

09.World Health Organization (2016) Children: reducing mortality, published online at http://www.who.int/mediacentre/factsheets/fs178/en/

10.ILO (2015) Global Employment Trends for Youth 2015., Geneva: ILO.

11.Hardoon, D., Fuentes, R. and Ayele, S. (2016) An Economy for the 1%: how privi- lege and power in the economy drive extreme inequality and how this can be stopped. Oxfam Briefing Paper 210, Oxford: Oxfam International.

12.Climate Action Tracker (2016) Climate Action Tracker, published online at http://climateactiontracker.org/

13.Global Agriculture (2015) Soil Fertility and Erosion, published online at http://www.globalagriculture.org/report-topics/soil-fertility-and-erosion.html and UNDESA (2014) International Decade for Action 'Water for Life' 2005–2015, published online at http://www.un.org/waterforlifedecade/scarcity.shtml

14.FAO (2010) State of the World Fisheries and Aquaculture (SOFIA), FAO Fisheries Department, http://www.fao.org/docrep/013/i1820e/i1820e01.pdf and Ellen McArthur Foundation (2016) The New Plastics Economy: rethinking the future of plastics, published online at https://www.ellenmacarthurfoundation.org/ publications/the-new-plastics-economy-rethinking-the-future-of-plastics

15.United Nations (2015) World Population Prospects: The 2015 Revision. New York: UN, p. 1.

16.PwC (2015) The World in 2050: Will the shift in global economic power continue? Published online at https://www.pwc.com/gx/en/issues/the-economy/assets/ world-in-2050-february-2015.pdf

17.OECD Observer (2015) An Emerging Middle Class, published online at http://www.oecdobserver.or/news/fullstory.php/aid/3681/An_emerging_middle_class.html

18.Michaels, F.S. (2011) Monoculture: How One Story Is Changing Everything. Canada: Red Clover Press, pp. 9 and 131.

19.Keynes, J.M. (1961) The General Theory of Employment, Interest and Money. London: Macmillan, p. 383.

20.von Hayek, Friedrich (10 December 1974) 'Friedrich von Hayek'. Banquet Speech. The Nobel Foundation. http://www.nobelprize.org/nobel_prizes/economic-sciences/laureates/1974/hayek-speech.html

21.Brander, L. and Schuyt, K. (2010) 'Benefits transfer: the economic value of the world's wetlands', TEEBcase available at TEEBweb.org, and Centre for Food Security (2015); 'Sustainable pollination services for UK crops', University of Reading, available at: https://www.reading.ac.uk/web/FILES/food-security/ CFS_Case_Studies_-_Sustainable_Pollination_Services.pdf

22.Toffler, A. (1970) Future Shock. London: Pan Books, pp. 374–5.

23.Berger, J. (1972) Ways of Seeing. London: Penguin. p. 7.

24.Thorpe, S., Fize, D. and Marlot, C. (6 June 1996) 'Speed of processing in the human visual system', Nature 381, pp. 520–522

25.Kringelbach, M. (2008) The Pleasure Center: Trust Your Animal Instincts.Oxford: Oxford University Press, pp. 86–87.

26.Burmark, L. Why Visual Literacy? Burmark Handouts, available at: http://tcpd. org/Burmark/Handouts/WhyVisualLit.html

27.Rodriguez, L. and Dimitrova, D. (2011) 'The levels of visual framing', Journal of Visual Literacy 30: 1, pp. 48–65.

28.Christianson, S. (2012) 100 Diagrams That Changed the World. London: Salamander Books.

29.Marshall, A. (1890) Principles of Economics. London: Marshall, Preface, pp.10 and 11. http://www.econlib.org/library/Marshall/marP0.html#Preface

30.Parker, R. (2002) Reflections on the Great Depression. Cheltenham: Edward Elgar, p. 25.

31.Samuelson, P. (1997) 'Credo of a lucky textbook author', Journal of Economic Perspectives 11: 2, pp. 153–160.

32.Samuelson, P. (1948) Economics: An Introductory Analysis, 1st edn. New York: McGraw-Hill.p. 264, cited in Giraud, Y. (2010) 'The changing place of visual representation in economics: Paul Samuelson between principle and strategy, 1941–1955', Journal of the History of Economic Thought 32: 2, pp. 1–23.

33.Frost, G. (2009) Nobel-winning economist Paul A. Samuelson dies at age 94. MIT News 13 December 2009. http://newsoffice.mit.edu/2009/obit-samuelson- 1213

34.Samuelson, P. 'Foreword', in Saunders, P. and Walstad, W., The Principles of Economics Course: A Handbook for Instructors. New York: McGraw Hill, 1990, p. ix

35.Schumpeter, J. (1954) History of Economic Analysis. London: Allen & Unwin, p. 41.

36.Kuhn, T. (1962) The Structure of Scientific Revolutions. London: University of Chicago Press, p. 46.

37.Goffmann, E. (1974) Frame Analysis: An Essay on the Organization of Experience. New York: Harper & Row.

38.Keynes, J.M. (1961) The General Theory of Employment, Interest and Money. London: Macmillan & Co., p. viii.

39.Box, G. and Draper, N. (1987) Empirical Model Building and Response Surfaces. New York: John Wiley & Sons, p. 424.

40.Lakoff, G. (2014) The All New Don't Think of an Elephant. White River Junction, VT: Chelsea Green.

41.Tax Justice Network, www.taxjustice.net and Global Alliance for Tax Justice, www.globaltaxjustice.org

CH1 改變目標

01.'G20 summit: leaders pledge to grow their economies by 2.1%', BBC News, 16 November 2014, available at http://www.bbc.co.uk/news/world-australia-30072674

02.'EU "unhappy" climate change is off G20 agenda', The Australian, 3 April 2014, available at http://www.theaustralian.com.au/national-affairs/climate/eu-un happy-climate-change-is-off-g20-agenda/story-e6frg6xf-1226873127864

03.Steuart, J. (1767) An Inquiry into the Principles of Political Economy, https://www.marxists.org/reference/subject/economics/steuart/

04.Smith, A. (1776) An Inquiry into the Nature and Causes of the Wealth of Nations, Book 4.

05.Mill, J.S. (1844) 'On the definition of political economy', in Essays on Some Unsettled Questions of Political Economy, http://www.econlib.org/library/Mill/ mlUQP5.html

06.Spiegel, H.W. (1987) 'Jacob Viner (1892–1970)', in Eatwell, J., Milgate, M. and Newman, P. (eds) (1987) The New Palgrave: A Dictionary of Economics, Vol. IV London: Macmillan, pp. 812–814.

07.Robbins, L. (1932) Essay on The Nature and Significance of Economic Science. London: Macmillan.

08.Mankiw, G. (2012) Principles of Economics, 6th edn. Delhi: Cengage Learning.

09.Lipsey, R. (1989) An Introduction to Positive Economics. London: Weidenfeld & Nicolson, p. 140, and Begg, D. et al. (1987) Economics. Maidenhead: McGraw- Hill, p. 90.

10.Fioramenti, L. (2013) Gross Domestic Product: The Politics Behind the World's Most Powerful Number. London: Zed Books, pp. 29–30.

11.Arndt, H. (1978) The Rise and Fall of Economic Growth. Chicago: University of Chicago Press, p. 56.

12.OECD Convention 1961. Article 1(a).

13.Lakoff, G. and Johnson, M. (1980) Metaphors We Live By. Chicago: University of Chicago Press, pp. 14–24.

14.Samuelson, P. (1964) Economics, 6th edn. New York: McGraw-Hill, cited in Arndt, H. (1978) The Rise and Fall of Economic Growth. Chicago: University of Chicago Press, p. 75.

15.Kuznets, S. (1934) National Income 1929–1932, 73rd US Congress, 2nd session, Senate document no. 124 (7)

16.Meadows, D. (1999) 'Sustainable Systems'. Lecture at the University of Michigan, 18 March 1999, https://www.youtube.com/watch?v=HMmChiLZZHg

17.Kuznets, S. (1962) 'How to judge quality', in Croly, H. (ed.), The New Republic, 147: 16, p. 29.

18.Ruskin, J. (1860) Unto This Last, Essay IV 'Ad valorem', section 77.

19.Schumacher, E.F. (1973) Small Is Beautiful. London: Blond & Briggs, and Max-Neef, M. (1991) Human Scale Development. New York: Apex Press.

20.Shaikh, N. (2004) Amartya Sen: A More Human Theory of Development. Asia Society, available at: http://asiasociety.org/amartya-sen-more-human-theory- development

21.Sen, A. (1999) Development as Freedom. New York: Alfred A. Knopf, p. 285.

22.Stiglitz, J.E, Sen, A. and Fitoussi. J-P. (2009) Report by the Commission on the Measurement of Economic Performance and Social Progress, Paris, p. 9. http:// www.stiglitz-sen-fitoussi.fr/documents/rapport_anglais.pdf

23.United Nations (2015) Sustainable Development Goals, available at https://sustainabledevelopment.un.org/?menu=1300

24.Steffen, W. et al. (2015) 'The trajectory of the Anthropocene: the Great Acceleration', Anthropocene Review 2: 1, pp. 81–98.

25.International Geosphere-Biosphere Programme (2015) 'Planetary dashboard shows "Great Acceleration" in human activity since 1950', press release 15 January 2015, available at: http://www.igbp.net/news/pressreleases/pressreleases/planetary dashboardshowsgreataccelerationinhumanactivitysince1950.5.950c2fa1495db7 081eb42.html

26.This graph is adapted from Young, O. R. and Steffen, W. (2009) 'The Earth System: sustaining planetary life-support systems', pp. 295–315 in Chapin, III, F.S., Kofinas, G.P. and Folke, C. (eds), Principles of Ecosystem Stewardship: Resilience-Based Natural Resource Management in a Changing World. New York: Springer.

27.Diamond, J. (2002) 'Evolution, consequences and future of plant and animal domestication', Nature 418, pp. 700–707.

28.Berger, A. and Loutre, M.F. (2002) 'An exceptionally long interglacial ahead?' Science 297, p. 1287.

29.Steffen, W. et al. (2011) 'The Anthropocene: from global change to planetary stewardship', AMBIO 40, pp. 739–761.

30.Folke, C. et al. (2011) 'Reconnecting to the biosphere', AMBIO 40, p. 719.

31.WWF (2014) Living Planet Report. Gland: WWF International.

32.Personal communication with Katherine Richardson, 10 May 2016.

33.Heilbroner, R. (1970) 'Ecological Armageddon', New York Review of Books, 23 April. http://www.nybooks.com/articles/archives/1970/apr/23/ecological-armageddon/

34.Ward, B. and Dubos, R. (1973) Only One Earth. London: Penguin Books.

35.Friends of the Earth (1990) Action plan for a sustainable Netherlands, available at http://www.iisd.ca/consume/fjeld.html

36.Gudynas, E. (2011) 'Buen Vivir: today's tomorrow', Development 54: 4, pp. 441– 447. http://www.palgrave-journals.com/development/journal/v54/n4/full/dev 201186a.html

37.Government of Ecuador (2008), Constitution of Ecuador, Article 71. http:// therightsofnature.org/wp-content/uploads/pdfs/Rights-for-Nature-Articles-in-Ecuadors-Constitution.pdf

38.Rockström, J. The Great Acceleration. Lecture 3 in Planetary Boundaries and Human Opportunities online course, https://www.sdsnedu.org/learn/planetary- boundaries-and-human-opportunities-fall-2014

39.Sayers, M. and Trebeck, K. (2014) The Scottish Doughnut: a safe and just operat- ing space for Scotland. Oxford: Oxfam GB; Sayers, M. (2015) The Welsh Doughnut: a framework for environmental sustainability and social justice. Oxford: Oxfam GB; Sayers, M. (2015) The UK Doughnut: a framework for environmental sustainability and social justice. Oxford: Oxfam GB; and Cole, M. (2015) Is South Africa Operating in a Safe and Just Space? Using the dough- nut model to explore environmental sustainability and social justice. Oxford: Oxfam GB.

40.Dearing, J. et al. (2014) 'Safe and just operating spaces for regional social-ecological systems', Global Environmental Change, 28, pp. 227–238.

41.City Think Space (2012), Kokstad & Franklin Integrated Sustainable Development Plan (15), available at: https://issuu.com/city_think_space/docs/kisdp_final_ report

42.Dorling, D. (2013) Population 10 Billion. London: Constable, pp. 303–308.

43.Chancel, L. and Piketty, T. (2015) Carbon and Inequality: From Kyoto to Paris. Paris: Paris School of Economics.

44.Institute of Mechanical Engineers (2013) Global Food: Waste Not, Want Not. London: Institute of Mechanical Engineers, https://www.imeche.org/policy-and-press/reports/detail/global-food-waste-not-want-not

45.Jackson, T. (2010) 'An Economic Reality Check'. TED Talk, available at https://www.ted.com/talks/tim_jackson_s_economic_reality_check/transcript? language=en

46.Secretariat of the Convention on Biological Diversity (2012) Cities and Biodiversity Outlook, Montreal, available at: https://www.cbd.int/doc/health/ cbo-action-policy-en.pdf, p. 19.

Ch2 看見全貌

01.Palfrey, S. and Stern, T. (2007) Shakespeare in Parts. Oxford: Oxford University Press.

02.Shakespeare, W. (1623) Mr William Shakespeares comedies, histories and trage-dies, First folio, available at http://firstfolio.bodleian.ox.ac.uk/, p. 19.

03.Harford, T. (2013) The Undercover Economist Strikes Back. London: Little, Brown, pp. 8–14.

04.Sterman, J. D. (2002) 'All models are wrong: reflections on becoming a systems scientist', System Dynamics Review 18: 4, p. 513.

05.The Mont Pelerin Society website available at https://www.montpelerin.org/

06.Stedman Jones, D. (2012) Masters of the Universe: Hayek, Friedman and the Birth of Neoliberal Politics. Woodstock: Princeton University Press, pp. 8–9.

07.Klein, N. (2007) The Shock Doctrine. London: Penguin.

08.Smith, A. (1776) An Inquiry into the Nature and Causes of the Wealth of Nations, Book 1, Chapter 2, available at http://geolib.com/smith.adam/won1-02. html.

09.Fama, E. (1970) 'Efficient capital markets: a review of theory and empirical work', Journal of Finance 25: 2, pp. 383–417.

10.Ricardo, D. (1817) On the Principles of Political Economy and Taxation, in Piero Sraffa (ed.), Works and Correspondence of David Ricardo, Vol. I, Cambridge: Cambridge University Press, 1951, p. 135.

11.Friedman, M. (1962) Capitalism and Freedom. Chicago: University of Chicago Press.

12.Hardin, G. (1968) 'The tragedy of the commons', Science 162: 3859.

13.Interview with Margaret Thatcher by Douglas Keay, Woman's Own, 23 September 1987, http://www.margaretthatcher.org/document/106689

14.Simon, J. and Kahn, H. (1984) The Resourceful Earth: a response to Global 2000. Oxford: Basil Blackwell.

15.Friedman, M. (1978) 'The Role of Government in a Free Society'. Lecture given at Stanford University, available at https://www.youtube.com/watch?v= LucOUSpTB3Y

16.Diagram inspired by Daly, H. (1996) Beyond Growth. Boston: Beacon Press, p. 46; Bauwens, M. (2014) 'Commons Transition Plan', available at http:// p2pfoundation.net/Commons_Transition_Plan, and Goodwin, N. et al. (2009) Microeconomics in Context. New York: Routledge, pp. 350–359

17.Ricardo, D. (1817) On the Principles of Political Economy and Taxation, Ch. 2, http://www.econlib.org/library/Ricardo/ricP.html

18.Schabas, M. (1995) 'John Stuart Mill and concepts of nature', Dialogue, 34: 3, p. 452.

19.Gaffney, M. and Harrison, F. (1994) The Corruption of Economics. London: Shepheard-Walwyn.

20.Wolf, M. (2010) 'Why were resources expunged from neo-classical economics?' Financial Times, 12 July 2010. http://blogs.ft.com/martin-wolf-exchange/tag/ resources/

21.Green, T. (2012) 'Introductory economics textbooks: what do they teach about sustainability?', International Journal of Pluralism and Economics Education, 3: 2, pp. 189–223.

22.Daly, H. and Farley, J. (2011) Ecological Economics. Washington: Island Press, p. 16.

23.Daly, H. (1990) 'Toward some operational principles of sustainable develop-ment', Ecological Economics, 2, pp. 1–6.

24.IPCC (2013) Climate Change 2013: The Physical Science Basis. Contributions of Working Group I to the Fifth Assessment Report of the Intergovernmental Panel on Climate Change. Cambridge: Cambridge University Press.

25.Putnam, R. (2000) Bowling Alone: The Collapse and Revival of American Community. New York: Simon & Schuster, p. 19.

26.Putnam, R. (2000) Bowling Alone, p. 290.

27.'Election day will not be enough': an interview with Howard Zinn, by Lee, J. and Tarleton, J. The Indypendent, 14 November 2008, available at: http:// howardzinn. org/election-day-will-not-be-enough-an-interview-with-howard-zinn/

28.Marçal, K. (2015) Who Cooked Adam Smith's Dinner? London: Portobello.

29.Folbre, N. (1994) Who Pays for the Kids? London: Routledge.

30.Coote, A. and Goodwin,. N. (2010) The Great Transition: Social Justice and the Core Economy. nef working paper 1. London: New Economics Foundation.

31.Coote, A. and Franklin, J. (2013) Time On Our Side: Why We All Need a Shorter Working Week. London: New Economics Foundation.

32.Toffler, A. (1998) 'Life Matters'. Interview by Norman Swann, Australian Broadcasting Corporation, 5 March 1998. http://www.ghandchi.com/ iranscope/ Anthology/Alvin_Toffler98.htm

33.Razavi, S. (2007) The Political and Social Economy of Care in a Development Context. Gender and Development Programme Paper no. 3, Geneva: United Nations Research Institute for Social Development. http://www.unrisd. org/80256B3C005BCCF9/(httpAuxPages)/2DBE6A93350A778 3C12573240036 D5A0/$file/Razavi-paper.pdf

34.Salary.com (2014) 2014 Mother's Day Infographics. http://www.salary.com/how-much-are-moms-worth-in-2014/slide/13/

35.Fälth, A. and Blackden, M. (2009) Unpaid Care Work, UNDP Policy Brief on Gender Equality and Poverty Reduction, Issue 01, New York: UNDP, available at http://www.undp.org/content/dam/undp/library/gender/Gender%20 and%20Poverty%20Reduction/Unpaid%20care%20work%20English.pdf

36.Chang, H.J. (2010) 23 Things They Don't Tell You About Capitalism. London: Allen Lane, p. 1.

37.Block, F. and Somers, M. (2014) The Power of Market Fundamentalism: Karl Polanyi's critique. London: Harvard University Press, pp. 20–21.

38.Ostrom, E. (1999) 'Coping with tragedies of the commons', Annual Review of Political Science 2, pp. 493–535.

39.Rifkin, J. (2014) The Zero Marginal Cost Society. New York: Palgrave Macmillan, p. 4.

40.Milton Friedman Speaks. Lecture 4: 'The Role of Government in a Free Society', Stanford University, 1978, available at: https://www.youtube.com/ watch?v= LucOUSpTB3Y

41.Samuelson, P. (1980) Economics, 11th edn. New York: McGraw-Hill, p. 592.

42.Mazzucato, M. (2013) The Entrepreneurial State. London: Anthem Press.

43.Chang, H.J. (2010) 23 Things They Don't Tell You About Capitalism. London: Allen Lane , p. 136.

44.Acemoglu, D. and Robinson, J. (2013) Why Nations Fail: The Origins of Power, Prosperity and Poverty. London: Profile Books.

45.Goodman, P. (2008) 'Taking a hard new look at Greenspan legacy', New York Times, 8 October 2008. http://www.nytimes.com/2008/10/09/business/

economy/ 09greenspan.html?pagewanted=all

46.Raworth, K. (2002) Trading Away Our Rights: women workers in global supply chains. Oxford: Oxfam International.

47.Chang, H-J. (2010) 23 Things They Don't Tell You About Capitalism, London: Allen Lane.

48.Ferguson, T. (1995) Golden Rule: The Investment Theory of Party Competition and the Logic of Money-Driven Political Systems. London: University of Chicago Press, p. 8.

49.BBC News 2 April 2014. 'US Supreme Court strikes down overall donor limits'. http://www.bbc.co.uk/news/world-us-canada-26855657

50.Hernandez, J. (2015) 'The new global corporate law', in The State of Power 2015. Amsterdam: The Transnational Institute. https://www.tni.org/files/ download/ tni_state-of-power-2015.pdf

Ch3 培養人性

01.Morgan, M. (2012) The World in the Model. Cambridge: Cambridge University Press, pp. 157–167.

02.Smith, A. (1776) An Inquiry into the Nature and Causes of the Wealth of Nations, Book 1, Chapters 2.1 and 2.2. Reprint edn 1994, New York: Modern Library.

03.Smith, A. (1759) The Theory of Moral Sentiments, Part I, Section 1, Chapter 1, available at http://www.econlib.org/library/Smith/smMS.html

04.Mill, J.S. (1844) Essays on Some Unsettled Questions of Political Economy, V.38 and V.46, www.econlib.org/library/Mill/mlUQP5.html#Essay V.'On the Definition of Political Economy'.

05.Devas, C.S. (1883) Groundwork of Economics, Longmans, Green and Company, pp. 27 and 43.

06.Jevons, W.S. (1871) The Theory of Political Economy (III.47). http://www.econlib.org/library/YPDBooks/Jevons/jvnPE.html

07.Morgan, M. (2012) The World in the Model. Cambridge: Cambridge University Press, pp. 145–147.

08.Marshall, A. (1890) Principles of Economics, Book 3, Chapter 2.1. http://files.libertyfund.org/files/1676/Marshall_0197_EBk_v6.0.pdf

09.Knight, F. (1999) Selected Essays by Frank H. Knight, Volume 2. Chicago: University of Chicago Press, p. 18.

10.Friedman, M. (1966) Essays in Positive Economics. Chicago: University of Chicago Press, p. 40.

11.Morgan, M. (2012) The World in the Model. Cambridge: Cambridge University Press, p. 157.

12.Frank, B. and Schulze, G.G. (2000) 'Does economics make citizens corrupt?' Journal of Economic Behavior and Organization 43, pp. 101–113.

13.Frank, R., Gilovich, T. and Regan, D. (1993) 'Does studying economics inhibit cooperation?' Journal of Economic Perspectives 7: 2 (pp. 159–171) and Wang, L., Malhotra, D. and Murnighan, K. (2011) 'Economics Education and GreedAcademy of Management Learning and Education, 10: 4, pp. 643–660.

14.Frank, R., Gilovich, T. and Regan, T. (1993) 'Does studying economics inhibit cooperation?' Journal of Economic Perspectives 7: 2, pp. 159–171.

15.Frank, R. 1988. Passions within Reason. New York: W.W. Norton, p. xi.

16.MacKenzie, D. and Millo, Y. (2003) 'Constructing a market, performing theory: the historical sociology of a financial derivatives exchange', American Journal of Sociology 109: 1, cited in Ferraro, F., Pfeffer, J. and Sutton, R. (2005) 'Economics language and assumptions: how theories can become self-fulfilling', Academy of Management Review 30: 1, pp. 8–24.

17.Molinsky, A., Grant, A. and Margolis, J. (2012) 'The bedside manner of homo economicus: how and why priming an economic schema reduces compassion', Organizational Behavior and Human Decision Processes 119: 1, pp. 27–37.

18.Bauer, M. et al. (2012) 'Cuing consumerism: situational materialism undermines personal and social well-being', Psychological Science 23, pp. 517–523.

19.Shrubsole, G. (2012) 'Consumers outstrip citizens in the British media', Open Democracy UK, 5 March 2012.

20.Lewis, J. et al. (2005) Citizens or Consumers? What the Media Tell Us About Political Participation, cited in Shrubsole, G. (2012) 'Consumers outstrip citi- zens in the British media', Open Democracy UK, 5 March 2012.

21.Henrich, J., Heine, S. and Norenzayan, A. (2010) 'The weirdest people in the world?', Behavioural and Brain Sciences 33: 2/3, pp. 61–83.

22.Jensen, K., Vaish, A. and Schmidt, M. (2014) 'The emergence of human prosoci- ality: aligning with others through feelings, concerns, and norms', Frontiers in Psychology 5, p. 822. http://journal.frontiersin.org/article/10.3389/fpsyg.2014. 00822/full

23.Bowles, S. and Gintis, H. (2011) A Cooperative Species: Human Reciprocity and Its Evolution. Princeton, NJ: Princeton University Press, p. 20.

24..Helbing, D. (2013) 'Economics 2.0: the natural step towards a self-regulating, participatory market society', Evolutionary and Institutional Economics Review, 10: 1, pp. 3–41.

25.Kagel, J. and Roth, A. (1995) The Handbook of Experimental Economics, Princeton, NJ: Princeton University Press pp. 253–348, cited in Beinhocker, E. (2007) The Origin of Wealth, London: Random House, p. 120.

26.Henrich, J. et al. (2001) 'In search of Homo Economicus: behavioral experi- ments in 15 small-scale societies', Economics and Social Behavior, 91: 2, pp. 73–78.

27.Bernays, E. (2005) Propaganda, New York: Ig Publishing, pp. 37–38.

28.Edward L. Bernays video interview on the Beech-Nut Packing Co., available at https://www.youtube.com/watch?v=6vFz_FgGvJI, and on 'Torches of Freedom', available at: https://www.youtube.com/watch?v=6pyyP2chM8k

29.Ryan, R. and Deci, E. (1999) 'Intrinsic and extrinsic motivations: classic defini-tions and new directions', Contemporary Educational Psychology 25, pp. 54–67.

30.Schwartz, S. (1994) 'Are there universal aspects in the structure and content of human values?', Journal of Social Issues 50: 4, pp.19–45.

31.Veblen, T. (1898) 'Why is economics not an evolutionary science?', Quarterly Journal of Economics 12: 4, pp. 373–397.

32.Salganik, M., Sheridan Dodds, P. and Watts, D. (2006) 'Experimental study of inequality and unpredictability in an Artificial Cultural Market', Science 311, p. 854.

33.Ormerod, P. (2012) 'Networks and the need for a new approach to policymak- ing', in Dolphin, T. and Nash, D. (eds), Complex New World, London: IPPR, pp. 28–29.

34.Stiglitz, J. (2011) 'Of the 1%, for the 1%, by the 1%', Vanity Fair May. http://www.vanityfair.com/news/2011/05/top-one-percent-201105

35.Ormerod, P. (2012), 'Networks and the need for a new approach to policymaking', in Dolphin, T. and Nash, D. (eds), Complex New World. London: IPPR, p. 30.

36.Wikipedia (2016) List of Cognitive Biases. https://en.wikipedia.org/wiki/List_of_cognitive_biases

37.Thaler, R. and Sunstein, C. (2009) Nudge: Improving Decisions About Health, Wealth and Happiness. London: Penguin, p. 6.

38.Marewzki, J. and Gigerenzer, G. (2012), 'Heuristic decision making in medi-cine', Dialogues in Clinical Neuroscience, 14: 1, pp. 77–89.

39.The Economist (2014) Q&A: Gerd Gigerenezer 28 May 2014. http://www.economist.com/blogs/prospero/2014/05/qa-gerd-gigerenzer

40.Bacon, F. (1620) Novum Organon, CXXIX, available at: http://www.constitution.org/bacon/nov_org.htm

41.Leopold, A. (1989) A Sand County Almanac. New York: Oxford University Press, p. 204.

42.Scharmer, O. (2013) 'From ego-system to eco-system economies', Open Democracy, 23 September 2013. https://www.opendemocracy.net/transfor mation/otto-scharmer/from-ego-system-to-eco-system-economies

43.Henrich, J., Heine, S. and Norenzayan, A. (2010) 'The weirdest people in the world?', Behavioural and Brain Sciences 33: 2/3, pp. 61–83.

44.Arendt, H. (1973) Origins of Totalitarianism. New York: Harcourt Brace Jovanovich, p. 287.

45.Fall 2005 Commencement Address by Chief Oren Lyons, Berkeley College of Natural Resources, 22 May 2005, available at: https://nature.berkeley.edu/news/2005/05/fall-2005-commencement-address-chief-oren-lyons

46.Eisenstein, C. (2011) Sacred Economics: Money, Gift and Society in the Age of Transition. Berkeley: Evolver Books, p. 159.

47.Jo Cox, Maiden speech in Parliament, 3 June 2015, Parliament TV, available at: www.theguardian.com/politics/video/2016/jun/16/labour-mp-jo-cox-maiden- speech-parliament-video

48.Winter, C. (2014) 'Germany reaches new levels of greendom, gets 31 percent of its electricity from renewables', Newsweek 14 August 2014. http://www.bloomberg.com/news/articles/2014-08-14/germany-reaches-new-levels-of-greendom- gets-31-percent-of-its-electricity-from-renewables

49.Titmuss, R. (1971) The Gift Relationship: From Human Blood to Social Policy. New York: Pantheon Books.

50.Barrera–Osorio, F. et al. (2011) 'Improving the design of conditional transfer pro- grams: evidence from a randomized education experiment in Colombia', American Economic Journal: Applied Economics, 3: 2, pp. 167–195.

51.Sandel, M. (2012) What Money Can't Buy: The Moral Limits of Markets. London: Allen Lane.

52.Gneezy, U. and Rustichini, A. (2000) 'A fine is a price', Journal of Legal Studies, 29, pp. 1–17.

53.Sandel, M. (2012) What Money Can't Buy: The Moral Limits of Markets. London: Allen Lane.

54.Bauer, M. et al. (2012) 'Cueing consumerism: situational materialism under-mines personal and social well-being', Psychological Science 23: 517.

55.Kerr, J. et al. (2012) 'Prosocial behavior and incentives: evidence from field exper-iments in rural Mexico and Tanzania', Ecological Economics 73, pp. 220–227.

56.García-Amado, L.R., Ruiz Pérez, M. and Barrasa García, S. (2013) 'Motivation for conservation: assessing integrated conservation and development projects and payments for environmental services in La Sepultura Biosphere Reserve, Chiapas, Mexico', Ecological Economics 89, pp. 92–100.

57.Rode, J., Gómez-Baggethun, E. and Krause, T. (2015), 'Motivation crowding by economic incentives in conservation policy: a review of the empirical evidence', Ecological Economics 117, pp. 270–282.

58.Wald, D., et al. (2014) 'Randomized trial of text messaging on adherence to car-diovascular preventive treatment, Plos ONE 9, p. 12.

59.Pop-Eleches, C. et al. (2011) 'Mobile phone technologies improve adherence to antiretroviral treatment in resource-limited settings: a randomized controlled trial of text message reminders', AIDS 25: 6, pp. 825–834.

60.iNudgeyou (2012) 'Green nudge: nudging litter into the bin', 16 February 2012 http://inudgeyou.com/archives/819 and Webster, G. (2012) 'Is a "nudge" in the right direction all we need to be greener?', CNN 15 February 2012. http://edition. cnn.com/2012/02/08/tech/innovation/green-nudge-environment-persuasion/ index.html

61.Ayers, J. et al. (2013) 'Do celebrity cancer diagnoses promote primary cancer prevention?', Preventive Medicine 58: pp. 81–84.

62.Beaman, L. et al. (2012) 'Female leadership raises aspirations and educations attainment for girls: a policy experiment in India', Science 335: 6068, pp. 582–586.

63.Bolderdijk, J. et al. (2012) 'Comparing the effectiveness of monetary versus moral motives in environmental campaigning', Nature Climate Change, 3, pp. 413–416.

64.Bjorkman, M. and Svensson, J. (2009) 'Power to the people: evidence from a randomized field experiment on community-based monitoring in Uganda', Quarterly Journal of Economics 124:2, pp. 735–769.

65.Crompton, T. and Kasser, T. (2009) Meeting Environmental Challenges: The Role of Human Identity. Godalming, Surrey: WWF. http://assets.wwf. org.uk/downloads/meeting_environmental_challenges___the_role_of_human_ identity.pdf

66.Montgomery, S. (2015) The Soul of an Octopus. London: Simon & Schuster.

Ch4 理解系統

01.Jevons, S. (1871) The Theory of Political Economy (vii), http://www.econlib.org/library/YPDBooks/Jevons/jvnPE.html

02.Walras, L. (1874, 2013) Elements of Pure Economics. London: Routledge, p. 86.

03.Jevons, W. S. (1871) The Theory of Political Economy (1.17), available at http://www.econlib.org/library/YPDBooks/Jevons/jvnPE

04.Arrow, K. and Debreu, G. (1954) 'Existence of an equilibrium for a competitive economy', Econometrica 22, pp. 265–290.

05.Keen, S. (2011) Debunking Economics. London: Zed Books, pp. 56–63.

06.Solow, R. (2003) 'Dumb and Dumber in Macroeconomics'. Speech given in honour of Joseph Stiglitz's 60th birthday, available at http://textlab.io/doc/927882/dumb-and-dumber-in-macroeconomics-robert-m.-solow-so

07.Solow, R. (2008) 'The state of macroeconomics', Journal of Economic Perspectives 22: 1, pp. 243–249.

08.Weaver, W. (1948) 'Science and complexity', American Scientist 36, p. 536.

09.Colander, D. (2000) 'New millennium economics: how did it get this way, and what way is it?', Journal of Economic Perspectives 14: 1, pp. 121–132.

10.Sterman, J. D. (2000) Business Dynamics: Systems Thinking and Modeling for a Complex World. New York: McGraw-Hill, pp. 13-14.

11.Gal, O. (2012) 'Understanding global ruptures: a complexity perspective on the emerging middle crisis', in Dolphin, T. and Nash, D. (eds), Complex New World. London: IPPR, p. 156.

12.Meadows, D. (2008) Thinking In Systems: A Primer. White River Junction, VT: Chelsea Green, p. 181.

13.Keen, S. (2011) Debunking Economics. London: Zed Books, p. 184.

14.Marx, K. (1867) Capital, Vol. I, Chapter 25, Section 1, available at http://www.econlib.org/library/YPDBooks/Marx/mrxCpA.html

15.Veblen, T. (1898), 'Why is economics not an evolutionary science?' Quarterly Journal of Economics, 12: 4 (pp. 373–397; at p. 373.

16.Marshall, A. (1890) Principles of Economics. London: Macmillan, available at http://www.econlib.org/library/Marshall/marP.html

17.Keynes, J.M. (1923) A Tract on Monetary Reform, p. 80, in The Collected Writings of John Maynard Keynes, Vol. IV, 1977 edn. London: Palgrave Macmillan.

18.Schumpeter, J. (1942) Capitalism, Socialism and Democracy. New York: Harper & Row.

19.Robinson, J. (1962) Essays in the Theory of Economic Growth. London: Macmillan, p. 25.

20.Hayek, F. (1974) 'The Pretence of Knowledge'. Lecture to the memory of Alfred Nobel, 11 December 1974, available at http://www.nobelprize.org/ nobel_prizes/ economic-sciences/laureates/1974/hayek-lecture.html

21.Daly, H. (1992) Steady State Economics. London: Earthscan, p. 88.

22.Sterman, J. D. (2012) 'Sustaining sustainability: creating a systems science in a fragmented academy and polarized world', in Weinstein, M.P. and Turner, R.E. (eds), Sustainability Science: The Emerging Paradigm and the Urban Environment. New York: Springer Science, p. 24.

23.Soros, G. (2009) 'Soros: a general theory of reflexivity', Financial Times, 26 October 2009. http://www.ft.com/cms/s/2/0ca06172-bfe9-11de-aed2-00144feab 49a.html#axzz3dtwpK5o2

24.Holodny, E. (2016) 'Isaac Newton was a genius but even he lost millions in the stock market', 20 January 2016, Businessinsider.com, available at http:// uk.businessinsider.com/isaac-newton-lost-a- fortune-on-englands-hottest-stock-2016-1?r=US&IR=T

25.Keen, S. Rethinking Economics Kingston 2014, 19 November 2014. https://www.youtube.com/watch?v=dR_75cdCujI

26.Brown, G. (1999), Speech to the Labour Party Conference, 27 September 1999. http://news.bbc.co.uk/1/hi/uk_politics/458871.stm

27.Bernanke, B. (2004) 'The Great Moderation'. Remarks at the meeting of the Eastern Economic Association, Washington, DC, 20 February 2004. http:// www.federalreserve.gov/boarddocs/speeches/2004/20040220/

28.Minsky, H. (1977) 'The Financial Instability Hypothesis: an interpretation of Keynes and an alternative to Standard Theory', Challenge, March–April 1977, pp. 20–27.

29.Haldane, A. (2009) 'Rethinking the Financial Network'. Speech given at the Financial Student Association, Amsterdam, 28 April 2009. http://www.bank ofengland.co.uk/archive/Documents/historicpubs/speeches/2009/speech386.pdf

30.Brown, G. (2011) Speech made at the Institute for New Economic Thinking, Bretton Woods, New Hampshire, 11 April 2011. http://www.bbc.co.uk/news/ business-13032013

31.Personal communication with Steve Keen, 3 October 2015.

32.Sraffa, P. (1926) 'The laws of returns under competitive conditions', Economic Journal 36, p. 144.

33.Murphy, S., Burch, D. and Clapp, J. (2012) Cereal Secrets: the world's largest grain traders and global agriculture. Oxfam Research Reports, Oxford: Oxfam International, available at:. https://www.oxfam.org/sites/www.oxfam.org/files/ rr-cereal-secrets-grain-traders-agriculture-30082012-en.pdf

34.Protess, B. (2011) '4 Wall Street banks still dominate derivatives trade', New York Times 22 March 2011. http://dealbook.nytimes.com/2011/03/22/4-wall-st-banks- still-dominate-derivatives-trade/

35.Pilon, M. (2015) 'Monopoly's Inventor: the progressive who didn't pass Go', New York Times, 13 February 2015, available at: http://www.nytimes. com/2015/02/15/ business/behind-monopoly-an-inventor-who-didnt-pass-go.html

36.Epstein, J. and Axtell, R. (1996) Growing Artificial Societies. Washington, DC: Brookings Institution Press; Cambridge, MA: MIT Press.

37.Beinhocker, E. (2007) The Origin of Wealth. London: Random House, p. 86.

38.Milanovic, B.(2014)http://www.lisdatacenter.org/wp-content/uploads/Milanovic-slides.pdf

39.Kunzig, R. (2009) The Big Idea: The Carbon Bathtub. National Geographic, December 2009. http://ngm.nationalgeographic.com/big-idea/05/carbon-bath

40.Sterman, J. D. (2010) 'A Banquet of Consequences'. Presentation at MIT System Design and Management Conference, 21 October 2010. www.youtube. com/ watch?v=yMNElsUDHXA

41.Sterman, J. D. (2010) 'A Banquet of Consequences'. Presentation at MIT System Design and Management Conference, 21 October 2010. www.youtube. com/ watch?v=yMNElsUDHXA

42.Diamond, J. (2003) 'Why Do Societies Collapse?' TED Talk, February 2003, available at: https://www.ted.com/talks/jared_diamond_on_why_societies_ collapse?language=en

43.Diamond, J. (2005) Collapse: How Societies Choose to Fail or Survive. London: Penguin.

44.Meadows, D. et al. (1972) The Limits to Growth. New York: Universe Books, and Meadows, D. et al. (2005) Limits to Growth: The 30-Year Update. London: Earthscan.

45.Jackson, T. and Webster, R. (2016) Limits Revisited: a review of the limits to growth debate, The All Party Parliamentary Group on Limits to Growth, Surrey: University of Surrey, available at: http://limits2growth.org.uk/wp-content/ uploads/2016/04/Jackson-and-Webster-2016-Limits-Revisited.pdf

46.Liu, E. and Hanauer, N. (2011) The Gardens of Democracy. Seattle: Sasquatch Books, pp. 11 and 87.

47.Beinhocker, E. (2012) 'New economics, policy and politics', in Dolphin, T. and Nash, D. (eds), Complex New World. London: Institute for Public Policy Research, pp. 142–144.

48.Ostrom, E. (2012) 'Green from the grassroots'. Project Syndicate 12 June 2012. http://www.project-syndicate.org/commentary/green-from-the-grassroots

49.Meadows, D. (1999) Leverage Points: Places to Intervene in a System. Hartland, VT: Sustainability Institute, p. 1. http://donellameadows.org/archives/ leverage- points-places-to-intervene-in-a-system/

50.Lovins, H. (2015) An Economy in Service to Life, available at: http://natcapsolutions.org/projects/an-economy-in-service-to-life/#.V3RD5ZMrLIE

51.DeMartino, G. (2012) 'Professional Economic Ethics: why heterodox econo- mists should care'. Paper given at World Economic Association Conference, February–March 2012.

52.DeMartino, G. (2011) The Economist's Oath. Oxford: Oxford University Press, pp. 142–150.

53.Meadows, D. (2009) Thinking in Systems. London: Earthscan, pp. 169–170.

Ch5 設計分配

01.Cingano, F. (2014) Trends in Income Inequality and its Impact on Economic Growth'. OECD Social, Employment and Migration Working Papers, no. 163, OECD publishing, available at: http://dx.doi.org/10.1787/5jxrjncwxv6j-en

02.Jiang, Y. et al. (2016) Basic Facts About Low-income Children. National Center for Children in Poverty, available at: http://www.nccp.org/publications/ pub_1145.html, and The Trussell Trust (2016) 'Foodbank use remains at record high', 15 April 2016, available at: https://www.trusselltrust. org/2016/04/15/ foodbank-use-remains-record-high/

03.Sumner, A. (2012) From Deprivation to Distribution: Is Global Poverty Becoming a Matter of National Inequality?' IDS Working Paper no. 394., Sussex: IDS, available at: http://www.ids.ac.uk/files/dmfile/Wp394.pdf

04.Persky, J. (1992) 'Retrospectives: Pareto's law', Journal of Economic Perspectives 6: 2, pp. 181–192.

05.Kuznets, S. (1955) 'Economic growth and income inequality', American Economic Review, 45: 1, pp. 1–28.

06.Kuznets, S. (1954) Letter to Selma Goldsmith, US Office of Business Economics, 15 August 1954, Papers of Simon Kuznets, Harvard University Archives, HUGFP88.10 Misc. Correspondence, Box 4. http://asociologist.com/2013/03/21/ on-the-origins-of-the-kuznets-curve/

07.Kuznets, S. (1955) 'Economic growth and income inequality', American Economic Review, 45: 1, pp. 1–28.

08.Lewis, W. A. (1976) 'Development and distribution', in Cairncross, A. and Puri, M. (eds), Employment, Income Distribution, and Development Strategy: Problems of the Developing Countries. New York: Holmes & Meier, pp. 26–42.

09.World Bank (1978) World Development Report, Washington, DC: World Bank, p. 33.

10.Krueger, A. (2002) 'Economic scene: when it comes to income inequality, more than just market forces are at work', New York Times, 4 April 2002, avail- able at: http://www.nytimes.com/2002/04/04/business/economic-scene-when-it- comes-income-inequality-more-than-just-market-forces-are.html?_r=0

11.Piketty, T. (2014) Capital in the Twenty-First Century. Cambridge, MA: HarvardUniversity Press.

12.Ostry, J. D. et al. (2014) Redistribution, inequality and growth. IMF Staff dis- cussion note, February 2014, p. 5. https://www.imf.org/external/pubs/ft/sdn/2014/sdn1402.pdf

13.Quinn, J. and Hall, J. (2009) 'Goldman Sachs vice-chairman says "learn to tol- erate inequality" ', Daily Telegraph 21 October 2009. http://www.telegraph.co.uk/ finance/recession/6392127/Goldman-Sachs-vice-chairman-says-Learn-to-tolerate- inequality.html

14.Lucas, R. (2004) The Industrial Revolution: Past and Future, 2003 Annual Report Essay, The Federal Reserve Bank of Minneapolis, available at: https://www.minneapolisfed.org/publications/the-region/ the-industrial-revolution-past-and-future

15.Ossa, F. (2016) 'The economist who brought you Thomas Piketty sees "perfect storm" of inequality ahead', New York Magazine, 24 March 2016, available at: http:// nymag.com/daily/intelligencer/2016/03/milanovic-millennial-on-millennial-war- is-next.html

16.Newsnight interview with Tony Blair and Jeremy Paxman, 4 June 2001, http://news.bbc.co.uk/1/hi/events/newsnight/1372220.stm

17.Wilkinson, R. and Pickett, K. (2009) The Spirit Level. London: Penguin.

18.Wilkinson, R. and Pickett, K. (2014) 'The Spirit Level authors: why society is more unequal than ever', Guardian, 9 March 2014, available at: https://www.theguardian.com/commentisfree/2014/mar/09/society-unequal-the-spirit- level

19.West, D. (2014) Billionaires: Darrell West's reflections on the Upper Crust. http://www.brookings.edu/blogs/brookings-now/posts/2014/10/watch-rural-dairy- farm-writing-billionaires-political-power-great-wealth

20.Gore, A. (31 October 2013). 'The Future: six drivers of global change'. Lecture given at the Oxford Martin School. http://www.oxfordmartin.ox.ac.uk/videos/view/317

21.Islam, N. (2015) Inequality and Environmental Sustainability, UN DESA Working Paper no. 145 ST/ESA/2015/DWP/145, available at: http://www.un.org/esa/ desa/papers/2015/wp145_2015.pdf

22.Datta, Se. et al. (2015) 'A behavioural approach to water conservation: evidence from a randomized evaluation in Costa Rica', Ideas 42. http://www.ideas42.org/ wp-content/uploads/2015/04/Belen-Paper-Final.pdf and Ayres, I., Raseman, S. and Shih, A. (2009) Evidence from Two Large Field Experiments that Peer Comparison Can Reduce Residential Energy Usage, National Bureau of Economic Research, Working Paper 15386. http://www.nber.org/papers/w15386

23.Boyce, J. K. et al. (1999) 'Power distribution, the environment, and public health: a state-level analysis', Ecological Economics 29, pp. 127–140.

24.Holland, T. et al. (2009) 'Inequality predicts biodiversity loss', Conservation Biology 23: 5, pp. 1304–1313.

25.Kumhof, M. and Rancière, R. (2010) Inequality, Leverage and Crises, IMF Working Paper WP/10/268, Washington, DC: IMF.

26.Ostry, J. D. et al. (2014) Redistribution, inequality and growth. IMF Staff dis- cussion note, February 2014. p. 5. https://www.imf.org/external/pubs/ft/sdn/2014/sdn1402.pdf

27.Ostry, J. (2014) 'We do not have to live with the scourge of inequality', Financial Times, 3 March 2014, available at: http://www.ft.com/cms/s/0/f551b3b0-a0b0- 11e3-a72c-00144feab7de.html#axzz4AsgUK8pa

28.Goerner, S. (2015) Regenerative Development: The Art and Science of Creating Durably Vibrant Human Networks, Connecticut: Capital Institute, available at: http://capitalinstitute.org/wp-content/uploads/2015/05/000-Regenerative-Devel- Final-Goerner-Sept-1-2015.pdf

29.Goerner, S. et al. (2009) 'Quantifying economic sustainability: implications for free-enterprise theory, policy and practice', Ecological Economics 69, p. 79.

30.The Asia Floor Wage, available at http://asia.floorwage.org/

31.Pizzigati, S. (2004) Greed and Good. New York: Apex Press, pp. 479–502.

32.The Mahatma Gandhi National Rural Employment Guarantee Act 2005. http://www.nrega.nic.in/netnrega/home.aspx

33.Basic Income Earth Network (BIEN) http://www.basicincome.org/

34.Alperovitz, G. (2015) What Then Must We Do? White River Junction, VT: Chelsea Green, p. 26.

35.Landesa, http://www.landesa.org/resources/suchitra-deys-story/

36.'Educating the People', Ottawa Free Trader, 7 August 1914, p. 3.

37.Mill, J. S. (1848) Principles of Political Economy, Book V, Chapter II, 28, available at: http://www.econlib.org/library/Mill/mlP.html

38.George, H. (1879) Progress and Poverty, New York: Modern Library, Book VII, Chapter 1.

39.Thompson, E.P. (1964) The Making of the English Working Class. New York: Random House, p. 218.

40.Land Matrix, available at: www.landmatrix.org

41.Pearce, F. (2016) Common Ground: securing land rights and safeguarding the earth. Oxford: Oxfam International.

42.Ostrom, E. (2009) 'A general framework for analyzing sustainability of social- ecological systems', Science 325, p. 419.

43.Ostrom, E. (2009) 'Beyond markets and states: polycentric governance of complex economic systems'. Nobel Prize lecture, 8 December 2009. http://www.nobel prize.org/nobel_prizes/economic-sciences/laureates/2009/ostrom_lecture.

44.Ostrom, E., Janssen. M. and Anderies, J. (2007) 'Going beyond panaceas', Proceedings of the National Academy of Sciences 104: 39, pp. 15176–15178.

45.Greenham, T. (2012) 'Money is a social relationship' TEDx Leiden, 29 November 2012, available at: https://www.youtube.com/watch?v=f1pS1emZP6A

46.Ryan-Collins, J. et al. (2012) Where Does Money Come From? London: New Economics Foundation.

47.Bank of England Interactive Database, Table C, 'Further analyses of deposits and lending', series: 'Industrial analysis of sterling monetary financial institutions lending to UK residents: long runs', available at: http://www.bankofengland. co.uk/boeapps/iadb/index.asp?first=yes&SectionRequired=C&HideNums=-1& ExtraInfo=false&Travel=NIxSTx

48.Hudson, M. and Bezemer, D. (2012) 'Incorporating the rentier sectors into a financial model', World Economic Review 1, p. 6.

49.Benes, J. and Kumhof, M. (2012) The Chicago Plan Revisited. IMF Working Paper 12/202. https://www.imf.org/external/pubs/ft/wp/2012/wp12202.pdf

50.Keynes, J. M. (1936) General Theory of Employment, Interest and Money, Chapter 24.

51.Ryan-Collins, J. et al. (2013) Strategic Quantitative Easing: Stimulating Investment to Rebalance the Economy. London: New Economics Foundation.

52.Blyth, M., Lonergan, E. and Wren-Lewis, S., 'Now the Bank of England needs to deliver QE for the people'. Guardian, 21 May 2015.

53.Murphy, R. and Hines, C. (2010) 'Green quantitative easing: paying for the economy we need', Norfolk: Finance for the Future, available at: http://www.financeforthefuture.com/GreenQuEasing.pdf

54.Greenham, T. (2012) 'Money is a social relationship', TEDx Leiden, 29 November 2012, available at: https://www.youtube.com/watch?v=f1pS1emZP6A

55.Grassroots Economics (2016), 'Community currency', available at: http://grassrootseconomics.org/community-currencies

56.Ruddick, W. (2015) 'Kangemi-Pesa Launch Prep & More Currency News', Grassroots Economics, available at: http://www.grassrootseconomics.org/kangemi- pesa-launch-prep

57.www.zeitvorsorge.ch/

58.Strassheim, I. (2014) 'Zeit statt Geld fürs Alter sparen', Migros-Magazin, 1 September 2014. www.zeitvorsorge.ch/#!/DE/24/Medien.htm

59.DEVCON1 (2016) Transactive Grid: a decentralized energy management sys- tem. Presentation at Ethereum Developer Conference, 9–13 November 2015, London, available at: https://www.youtube.com/watch?v=kq8RPbFz5UU

60.Seaman, D. (2015) 'Bitcoin vs. Ethereum explained for NOOBZ', pub- lished 30 November 2015, available at: https://www.youtube.com/watch?v=rEJKLFH8q5c

61.Trades Union Congress (2012) The Great Wages Grab. London: TUC. https://www.tuc.org.uk/sites/default/files/tucfiles/TheGreatWagesGrab.pdf

62.Mishel, L. and Shierholz, H. (2013) A Decade of Flat Wages. EPI Briefing Paper no. 365, Washington, DC: Economic Policy Institute. http://www.epi.org/files/ 2013/BP365.pdf

63.Miller, J. (2015) German wage repression, Dollars & Sense blog. September 2015. http://dollarsandsense.org/archives/2015/0915miller.html

64.International Labour Organization (2014) Global Wage Report. Geneva: ILO. http://www.reuters.com/article/2014/12/04/us-employment-wages-ilo-idUSKCN 0JI2JP20141204

65.Kelly, M. (2012) Owning our Future: The Emerging Ownership Revolution. San Francisco: Berrett-Koehler, p. 18.

66.International Cooperative Alliance (2014), World Cooperative Monitor. Geneva: ICA, available at: http://www.euricse.eu/publications/world-cooperative-monitor-report-2014/#

67.John Lewis (2011) The John Lewis Partnership Bond, available at: http://www.partnershipbond.com/content/jlbond/about.html

68.Cited in Kelly, M. (2012) Owning our Future: The Emerging Ownership Revolution. San Francisco: Berrett-Koehler, p. 12.

69.Kelly, M. (2012) Owning our Future, p. 212.

70.Rikfin, J. (2014) The Zero Marginal Cost Society. New York: Palgrave Macmillan, p. 204.

71.Brynjolfsson, E. and McAfee, A. (2012) 'Jobs, productivity and the Great Decoupling', New York Times, 11 December. http://www.nytimes.com/2012/12/12/ opinion/global/jobs-productivity-and-the-great-decoupling.html?_r=0

72.Brynjolfsson, E. and McAfee, A. (2015) 'Will humans go the way of horses?' Foreign Affairs, July/August. https://www.foreignaffairs.com/articles/2015-06-16/ will-humans-go-way-horses

73.World Economic Forum (2016) The Future of Jobs, available at: http://reports.weforum.org/future-of-jobs-2016/

74.Zuo, M. (2016) 'Rise of the robots: 60,000 workers culled from just one factory as China's struggling electronics hub turns to artificial intelligence', South China Morning Post, 21 May 2016, available at: http://www.scmp.com/news/ china/economy/article/1949918/ rise-robots-60000-workers-culled-just-one-factory-chinas

75.Brynjolfsson, E. and McAfee, A. (2015) 'Will humans go the way of horses?' Foreign Affairs, July/August. https://www.foreignaffairs.com/articles/2015-06-16/ will-humans-go-way-horses

76.Brynjolfsson and McAfee (2015) 'Will humans go the way of horses?'

77.Mazzucato, M. (2013) The Entrepreneurial State. London: Anthem Press, pp. 188–91.

78.M. Frumkin, (1945) 'The origin of patents', Journal of the Patent Office Society, 27: 3, p. 143.

79.Schwartz, J. (2009) 'Cancer patients challenge the patenting of a gene', New York Times, 12 May, available at: http://www.nytimes.com/2009/05/13/ health/13patent. html

80.Stiglitz, J. (2012) The Price of Inequality. London: Allen Lane, p. 202.

81.The Open Building Institute, available at http://openbuildinginstitute.org/

82.Jakubowski, M. (2012) 'The Open Source Economy'. Talk given at Connecting For Change: Bioneers by the Bay conference, the Marion Institute, 28 October 2012, available at: https://www.youtube.com/watch?v=MIIzogiUHFY

83.Pearce, J. (2015) 'Quantifying the value of open source hardware development', Modern Economy, 6, pp. 1–11.

84.Bauwens, M. (2012) Blueprint for P2P Society: The Partner State and Ethical Society, http://www.shareable.net/blog/blueprint-for-p2p-society-the-partner- state-ethical-economy

85.Lakner, C. and Milanovic, B. (2015) 'Global income distribution: from the fall of the Berlin Wall to the Great Recession', The World Bank Economic Review, pp. 1–30.

86.OECD (2014) Detailed Final 2013 Aid Figures Released by OECD/DAC. http://www.oecd.org/dac/stats/final2013oda.htm

87.OECD (2015) 'Non-ODA flows to developing countries: remittances', available at: http://www.oecd.org/dac/stats/beyond-oda-remittances.htm

88.Financial Inclusion Insights (2015) Kenya: Country Context. http://finclusion.org/country-pages/kenya-country-page/

89.Statistica (2015) Mobile Phone User Penetration as a Percentage of the Population Worldwide, 2012 to 2018. http://www.statista.com/statistics/470018/ mobile-phone- user-penetration-worldwide/

90.Banerjee, A. et al. (2015) Debunking the Stereotype of the Lazy Welfare Recipient: Evidence   from Cash Transfer Programs Worldwide. HKS Working Paper no. 76, available at: http://papers.ssrn.com/sol3/papers. cfm?abstract_id=2703447 and Gertler, P., Martinez, S. and Rubio-Codina, M. (2006) Investing Cash Transfers to Raise Long-term Living Standards.', World Bank Policy Research Working Paper no. 3994, Washington, DC: World Bank, available at: http://www1.worldbank.org/prem/poverty/ie/dime_papers/ 1082.pdf

91.Global Basic Income Foundation, What Is a Global Basic Income? http://www.globalincome.org/English/Global-Basic-Income.html

92.Faye, M. and Niehaus, P. (2016) 'What if we just gave poor people a basic income for life? That's what we are about to test', Slate, 14 April 2016, available at: http://www.slate.com/blogs/moneybox/2016/04/14/universal_basic_income_ this_nonprofit_is_about_to_test_it_in_a_big_way.html

93.Hurun Global Rich List 2015.http://www.hurun.net/en/articleshow.aspx?nid=9607

94.Seery, E. and Caistor Arendar, A. (2014) Even It Up: Time to End Extreme Inequality. Oxford: Oxfam International, p. 17.

95.ICRICT (2015) Declaration of the Independent Commissions for the Reform of International Corporate Taxation. www.icrict.org

96.Barnes, P. (2003) 'Capitalism, the Commons and Divine Right'. 23rd Annual E.F. Schumacher Lectures, Schumacher Center for a New Economics, available at: http://www.centerforneweconomics.org/publications/lectures/barnes/peter/ capitalism-the-commons-and-divine-right

97.Barnes, P. (2006) Capitalism 3.0: A Guide to Reclaiming the Commons. Berkeley: Berrett-Koehler.

98.Sheerin, J. (2009) 'Malawi windmill boy with big fans', BBC News, http://news.bbc.co.uk/1/hi/world/africa/8257153.stm

99.Pearce, J. et al. (2012) 'A new model for enabling innovation in appropriate tech-nology for sustainable development', Sustainability: Science, Practice and Policy, 8: 2, pp. 42–53.

100.Pearce, J. (2012) 'The case for open source appropriate technology', Environment, Development and Sustainability, 14: 3, p. 430.

101.Kamkwamba, W. (2014) 'Updates from the past two years', 6 October 2014, William Kamkwamba's blog, available at: http://williamkamkwamba. typepad. com/williamkamkwamba/2014/10/updates-from-the-last-two-years.html

102.Personal email correspondence with William Kamkwamba, 19 October 2015.

Ch6 創造再生

01.Mallet, V. (2013) 'Environmental damage costs India $80bn a year', Financial Times 17 July 2013, http://www.ft.com/cms/s/0/0a89f3a8-eeca-11e2-98dd-00144feabdc0.html#axzz3qz7R0Ulf

02.Grossman, G. and Krueger, A. (1995) 'Economic growth and the environment', Quarterly Journal of Economics, 110: 2, pp. 353–377.

03.Grossman and Krueger (1995) 'Economic growth and the environment', p. 369.

04.Yandle, B. et al. (2002) The Environmental Kuznets Curve: A Primer. The Property and Environment Research Centre Research Study 02. http://www.macalester.edu/~wests/econ231/yandleetal.pdf

05.Torras, M. and Boyce, J.K. (1998) 'Income, inequality, and pollution: a reassessment of the environmental Kuznets curve', Ecological Economics 25, pp. 147–160.

06.Wiedmann, T. O. et al. (2015) 'The material footprint of nations', Proceedings of the National Academy of Sciences 112: 20, pp. 6271–6276.

07.UNEP (2016) Global Material Flows and Resource Productivity: A Report of the International Resource Panel, available at: http://www.uneplive.org/material#. V1rkAeYrLIG

08.Goodall, C. (2012) Sustainability. London: Hodder & Stoughton.

09.Global Footprint Network (2016) 'National Footprint Accounts', available at: http://www.footprintnetwork.org/en/index.php/GFN/page/footprint_data_and_ results/

10.Heinrich Böll Foundation (2012) 'Energy transition: environmental taxation', available at: http://energytransition.de/2012/10/environmental-taxation/

11.California Environmental Protection Agency (2016) 'Cap-and-Trade Program', available at: http://www.arb.ca.gov/cc/capandtrade/capandtrade.htm

12.Schwartz, D. 'Water pricing in two thirsty cities: in one, guzzlers pay more, and use less', New York Times 6 May 2015. http://www.nytimes.com/2015/05/07/business/energy-environment/water-pricing-in-two-thirsty-cities. html?r=0

13."Most progressive water utility in Africa' wins 2014 Stockholm Industry Water Award', SIWI press release, available at: http://www.siwi.org/prizes/winners/2014-2.html

14.Meadows, D. (1997) Leverage Points: Places to Intervene in a System. The Donella Meadows Institute, available at: http://donellameadows.org/archives/leverage- points-places-to-intervene-in-a-system/

15.Lyle, J. T. (1994) Regenerative Design for Sustainable Development. New York: John Wiley & Sons, p. 5.

16.Hotten, R. (2015) 'Volkswagen: the scandal explained', BBC News, available at: http://www.bbc.co.uk/news/business-34324772

17.'Nedbank Fair Share 2030 starts with Targeted Lending of R6 billion', 3 March 2014, Nedbank, available at: https://www.nedbank.co.za/content/nedbank/desktop/gt/en/news/nedbankstories/fair-share-2030/2014/nedbank-fair-share- 2030-starts-with-targeted-lending-of-r6-billion.html

18.Nestlé (2014) 'Nestlé opens its first zero water factory expansion in Mexico', 22 October 2014. http://www.wateronline.com/doc/nestle-zero-water-factory- expansion-mexico-0001

19.McDonough, W. (2015) 'Upcycle and the atomic bomb', interview in Renewable Matter 06–07, Milan: Edizioni Ambiente, p. 12.

20.Andersson, E. et al. (2014) 'Reconnecting cities to the Biosphere: stewardship of green infrastructure and urban ecosystem services', AMBIO 43: 4, pp. 445–453.

21.Biomimicry 3.8 (2014), 'Conversation with Janine', http://biomimicry.net/about/biomimicry/conversation-with-janine/

22.Webster, K. (2015) The Circular Economy: A Wealth of Flows. Isle of Wight: Ellen McArthur Foundation.

23.Ellen McArthur Foundation (2012) Towards the Circular Economy, Isle of Wight: Ellen McArthur Foundation, available at: http://www.ellenmacarthurfoundation. org/assets/downloads/publications/Ellen-MacArthur-Foundation-Towards-the- Circular-Economy-vol.1.pdf

24.Braungart, M. and McDonough, W. (2009) Cradle to Cradle: Remaking the Way We Make Things. London: Vintage Books.

25.Ellen MacArthur Foundation (2012) In-depth: mobile phones. http://www.ellenmac arthurfoundation.org/circular-economy/interactive-diagram/in-depth-mobile- phones

26.Benyus, J. (2015) 'The generous city', Architectural Design 85: 4, pp. 120–121.

27.Personal communication with Janine Benyus, 23 November 2015.

28.Park 20|20 http://www.park2020.com/

29.Newlight Technologies, www.newlight.com/company

30.Sundrop Farms www.sundropfarms.com and Sundrop Farms ABC Landline Coverage, 20 April 2012 https://www.youtube.com/watch?v=KCup_B_RHM4

31.Arthur, C. (2010) 'Women solar entrepreneurs transforming Bangladesh'. http:// www.renewableenergyworld.com/articles/2010/04/women-solar-entrepreneurs- transforming-bangladesh.html

32.Vidal, J. (2014) 'Regreening program to restore one-sixth of Ethiopia's land', Guardian, 30 October 2014, available at: http://www.theguardian.com/environment/2014/ oct/30/regreening-program-to-restore-land-across-one-sixth-of-ethiopia

33.Sanergy http://saner.gy/

34.ProComposto http://www.procomposto.com.br

35.Margolis, J. (2012) 'Growing food in the desert: is this the solution to the world's food crisis?', Guardian, 24 November 2012, available at: https://www.theguardian. com/environment/2012/nov/24/growing-food-in-the-desert-crisis

36.Lacy, P. and Rutqvist, J. (2015) Waste to Wealth: The Circular Economy Advantage. New York: Palgrave Macmillan, pp. 79–80.
37.Muirhead, S. and Zimmermann, L. (2015) 'Open Source Circular Economy', The Disruptive Innovation Festival 2015.
38.Open Source Circular Economy: mission statement. https://oscedays.org/open-source-circular-economy-mission-statement/
39.Personal communication with Sam Muirhead, 27 January 2016.
40.Apertuso https://www.apertus.org/
41.OSVehicle https://www.osvehicle.com/
42.Sénamé Kof Agbodjinou and the W. Afate 3D printer at NetExplo 2015. https:// www.youtube.com/watch?v=ThTRqfhMLcA and My Africa Is talks Woelab and the e-waste 3D printer. http://www.myafricais.com/woelab_3dprinting/
43.Greene, T. (2001) 'Ballmer: "Linux is a cancer" ', http://www.theregister. co.uk/2001/06/02/ballmer_linux_is_a_cancer/, and Finley, K. (2015) 'Whoa. Microsoft is using Linux to run its cloud', http://www.wired.com/2015/09/ microsoft-using-linux-run-cloud/
44.Personal communication with Sam Muirhead, 27 January 2016.
45.Asknature.org and personal communication with Janine Benyus, 31 May 2016.
46.Friedman, M. (1970) 'The social responsibility of business is to increase its prof- its', New York Times Magazine, 13 September. http://umich. edu/~thecore/doc/ Friedman.pdf
47.Satya.com (2005) 'A Dame of big ideas: the Satya interview with Anita Roddick', http://www.satyamag.com/jan05/roddick.html
48.Satya.com (2005) 'A Dame of big ideas'.
49.Benefit Corporation, http://benefitcorp.net/ and CIC Association, http://www.cicassociation.org.uk/about/what-is-a-cic
50.Satya.com (2005) 'A Dame of big ideas: the Satya interview with Anita Roddick', http://www.satyamag.com/jan05/roddick.html
51.John Fullerton's speech at the launch of Regenerative Capitalism. https://www. youtube.com/watch?v=6KDv06YOjxw
52.Fullerton, J. (2015) Regenerative Capitalism. Greenwich, CT: The Capital Institute.
53.Capital Institute (2015) A Year in the Life of a Regenerative Bank. http://regenerativebankproject.capitalinstitute.org/
54.Herman, G. (2011) 'Alternative currency has great success: Rabot loves Torekes', Nieuwsblad, 30 April 2011, http://www.nieuwsblad.be/cnt/f839i9vt
55.The Ex'Tax Project (et al.) (2014) New Era. New Plan. Fiscal reforms for an inclu- sive, circular economy. http://ex-tax.com/files/4314/1693/7138/The_ Extax_Project_New_Era_New_Plan_report.pdf
56.Crawford, K. et al. (2014) Demolition or Refurbishment of Social Housing? A review of the evidence. London: UCL Urban Lab and Engineering Exchange, available at: http://www.engineering.ucl.ac.uk/engineering-exchange/files/2014/10/ Report-Refurbishment-Demolition-Social-Housing.pdf
57.Wijkman, A. and Skanberg, K. (2015) The Circular Economy and Benefits for Society. Club of Rome, available at: http://www.clubofrome.org/wp-content/ uploads/2016/03/The-Circular-Economy-and-Benefits-for-Society.pdf
58.Mazzucato, M. (2015) 'What we need to get a real green revolution', 10 Decem- ber 2015, http://marianamazzucato.com/2015/12/10/what-we-need-to-get-a-real- green-revolution/
59.Mazzucato, M., Semieniuk, G. and Watson, J. (2015) What Will It Take To Get Us a Green Revolution? SPRU Policy Paper, University of Sussex. https:// www.sussex.ac.uk/webteam/gateway/file.php?name=what-will-it-take-to-get-us- a-green-revolution.pdf&site=264
60.The Oberlin Project. http://www.oberlinproject.org/
61.'David Orr: The Oberlin Project', at The Garrison Institute, February 2012. https://www.youtube.com/watch?v=K5MNl9k0wWU
62.Oberlin College (2016) Environmental Dashboard at environmentaldashboard.org
63.Meadows, D. (1998) Indicators and Information Systems for Sustainable Development. Vermont: The Sustainability Group, available at: http://www. comitatoscientifico. org/temi%20SD/documents/@@Meadows%20SD%20indicators.pdf
64.Economy for the Common Good https://old.ecogood.org/en B Corps https:// www.bcorporation.net/ and the MultiCapital Scorecard http://www.multi capitalscorecard.com/

Ch7 成長隨緣

01.Mali, T. (2002) 'Like Lily like Wilson', in What Learning Leaves, Newtown, CT: Hanover Press.
02.Al Bartlett, http://www.albartlett.org
03.Rostow, W.W. (1960), The Stages of Economic Growth: A Non-Communist Manifesto. Cambridge: Cambridge University Press, p. 6.
04.Ibid., p. 16.
05.Smith, A. (1776) An Inquiry into the Nature and Causes of the Wealth of Nations, Book I, Chapter 9, p. 14. http://geolib.com/smith.adam/won1-09. html
06.Ricardo, D. (1817) On the Principles of Political Economy and Taxation, Chapter 4 (6.29). http://www.econlib.org/library/Ricardo/ricP.html
07.Mill, J. S. (1848) Principles of Political Economy, Book IV, Chapter VI, 6. http://www.econlib.org/library/Mill/mlP.html#Bk.IV,Ch.VI
08.Keynes, J.M. (1945) First Annual Report of the Arts Council (1945–46). London: Arts Council.
09.Rogers, E. (1962) Diffusion of Innovations. New York: The Free Press.
10.Georgescu-Roegen, N. (2013) The Entropy Law and the Economic Process. Cambridge, MA: Harvard University Press.
11.Marshall, A. (1890) Principles of Economics. London: Macmillan, Book IV, Chapter VII.7. http://www.econlib.org/library/Marshall/marP.html#
12.IMF (2016) 'World Economic Outlook Update', January 2016, available at: http://www.imf.org/external/pubs/ft/weo/2016/update/01/
13.World Bank (2016) GDP growth (annual %), 2011–2015. http://data.worldbank.org/indicator/NY.GDP.MKTP.KD.ZG
14.Jackson, T. (2009) Prosperity without Growth. London: Earthscan, pp. 56–58.
15.United Nations (2015) World Population Prospects: The 2015 Revision. New York: UN, p. 26, available at: https://esa.un.org/unpd/wpp/publications/files/ key_ findings_wpp_2015.pdf
16.Global Footprint Network (2015) Footprint for Nations (2011 data). http://www.footprintnetwork.org/en/index.php/GFN/page/footprint_for_nations/
17.Sinclair, U. (1935) I, Candidate for Governor – and How I Got Licked. Oakland: University of California Press, 1994 repr., p.109.
18.Bonaiuti, M. (2014) The Great Transition. London: Routledge (Figure 3.1).
19.Gordon, R. (2014) The Demise of US Economic Growth: Restatement, Rebuttals and Reflections., NBER Working Paper no. 19895, February 2014, available at: http://www.nber.org/papers/w19895, and Jackson, T. and Webster, R. (2016) Limits Revisited, A Report for the All Party Parliamentary Group on Limits to Growth, available at: http://limits2growth.org.uk/revisited/
20.OECD (2014) Policy Challenges for the Next 50 Years. OECD Economic policy paper no. 9, Paris: OECD, p. 11.
21.Carney, M. (2016) 'Redeeming an Unforgiving World', speech by Mark Carney at the 8th Annual Institute of International Finance G20 Conference,

Shanghai,26 February 2016, available at: http://www.bankofengland.co.uk/publications/ Pages/speeches/2016/885.aspx

22.Borio, C. (2016) 'The movie plays on: a lens for viewing the global economy' Bank for International Settlements presentation at the FT Debt Capital Markets Outlook, London 10 February 2016, available at: http://www.bis.org/speeches/ sp160210_slides.pdf

23.Obsfeld, M. (2016) 'Global growth: too slow for too long', IMFdirect, 12 April 2016, available at: https://blog-imfdirect.imf.org/2016/04/12/global-growth-too- slow-for-too-long/

24.OECD (2016) 'Global economy stuck in low-growth trap: policymakers need to act to keep promises, OECD says in latest Economic Outlook', 1 June 2016, available at: http://www.oecd.org/newsroom/global-economy-stuck-in- low-growth-trap-policymakers-need-to-act-to-keep-promises.htm

25.Summers, L. (2016) 'The age of secular stagnation', Foreign Affairs, 15 February.

26.Beckerman, W. (1972) In Defense of Economic Growth. London: Jonathan Cape, pp. 100–101.

27.Friedman, B. (2006) The Moral Consequence of Economic Growth. New York: Vintage Books, p. 4.

28.Moyo, D. (2015) 'Economic growth has stalled. Let's fix it'. TED Global, Geneva. https://www.ted.com/talks/dambisa_moyo_economic_growth_has_stalled_let_s_fix_it?language=en

29.Brynjolfsson, E. and MacAfee, A. (2014) The Second Machine Age. New York: W.W. Norton & Co.

30.Carbon Brief (2016) 'The 35 countries cutting the link between economic growth and emissions', 5 April 2016, available at: https://www.carbonbrief.org/the- 35-countries-cutting-the-link-between-economic-growth-and-emissions. GDP data from the World Bank are given in constant local currency and consumption- based emissions data are from the Global Carbon Project's CDIAC database.

31.Anderson, K. and Bows, A. (2011) 'Beyond "dangerous" climate change: emis- sions scenarios for a new world', Philosophical Transactions of the Royal Society A, 369, pp. 20–44.

32.Bowen, A. and Hepburn, C. (2012) Prosperity With Growth: Economic Growth, Climate Change and Environmental Limits, Centre for Climate Change Economic and Policy Working Paper no. 109, and Brynjolfsson, E. (2013) 'The key to growth? Race with the machines', TED Talk, February 2013. https://www. ted.com/talks/erik_brynjolfsson_the_key_to_growth_race_em_with_em_the_ machines?language=en

33.Bowen, A. and Hepburn, C. (2012) Prosperity With Growth: Economic Growth, Climate Change and Environmental Limits, Centre for Climate Change Economic and Policy Working Paper no. 109, p. 20.

34.Solow, R. (1957) 'Technical change and the aggregate production function', Review of Economics and Statistics 39: 3, p. 320.

35.Abramovitz, M. (1956) 'Resource and output trends in the United States since 1870', American Economic Review, 46: 2, p. 11.

36.Ayres. R. and Ayres, E. (2010) Crossing the Energy Divide: Moving from Fossil Fuel Dependence to a Clean Energy Future. Upper Saddle River, NJ: Wharton School Publishing, p. 14.

37.Let the Sun Work (2015) 'The energy in a barrel of oil', available at: http://letthesunwork.com/energy/barrelofenergy.htm

38.Ayres, R. and Warr, B. (2009) The Economic Growth Engine. Cheltenham: Edward Elgar, pp. 297, 309.

39.Murphy, D.J. (2014) 'The implications of the declining energy return on investment of oil production', Philosophical Transactions of the Royal Society 372, p. 16.

40.Semieniuk, G. (2014) 'The digital revolution's energy costs', Schwartz Center for Economic Policy Analysis, The New School, 21 April 2014, available at: http:// www.economicpolicyresearch.org/index.php/the-worldly-philosopher/1446-the- digital-revolution-s-energy-costs

41.Swishing, http://swishing.com

42.Rifkin, J. (2014) The Zero Marginal Cost Society. New York: Palgrave Macmillan, p. 20.

43.Easterlin, R. (1974) 'Does economic growth improve the human lot? Some empiri- cal evidence', in David, P. and Reder, M. (eds), Nations and Households in Economic Growth: Essays in Honour of Moses Abramovitz., New York: Academic Press.

44.Stevenson, B. and Wolfers, J. (2008) Economic Growth and Subjective Well-being: Reassessing the Easterlin Paradox, National Bureau of Economic Research Paper no. 14282. http://www.nber.org/papers/w14282

45.Wolf, M. (2007), 'The dangers of living in a zero-sum world economy', Financial Times, 19 December 2007, available at: https://next.ft.com/content/0447f562- ad85-11dc-9386-0000779fd2ac

46.Rostow, W.W. (1960) The Stages of Economic Growth: A Non-Communist Manifesto. Cambridge: Cambridge University Press, p. 6.

47.Rogoff, K. (2012) 'Rethinking the growth imperative', Project Syndicate, 2 January 2012. http://www.project-syndicate.org/commentary/rethinking-the-growth-imperative

48.Polanyi, K. (2001) The Great Transformation. Boston: Beacon Press.

49.Marx, K. (1867) Capital, Vol. I, Part II, Chapter IV, available at: http://www.econlib.org/library/YPDBooks/Marx/mrxCpA4.html#Part II, Chapter 4

50.Aristotle (350 BCE) Politics, Book I, Part X, available at: http://classics.mit.edu/Aristotle/politics.1.one.html

51.Fullerton, J. (2012) 'Can financial reform fight climate change?' Interview on the Laura Flanders Show, 8 July 2012, available at: https://www.youtube.com/ watch?v=NyVEK6A61Z8

52.Capital Institute (2015) Evergreen Direct Investing: Co-creating the Regenerative Economy. http://fieldguide.capitalinstitute.org/evergreen-direct-investing.html

53.Personal communication with John Fullerton, 23 June 2014.

54.Gessel, S. (1906) The Natural Economic Order, p. 121, available at: https://www.community-exchange.org/docs/Gesell/en/neo

55.Keynes, J.M. (1936) The General Theory of Employment, Interest and Money. London: Macmillan, Chapter 23.

56.Lietaer, B. (2001) The Future of Money. London: Century, pp. 247–248.

57.Lakoff, G. (2014) The All New Don't Think of an Elephant. White River Junction, VT: Chelsea Green.

58.Oxfam (2013), 'Tax on the "private" billions now stashed away in havens enough to end extreme world poverty twice over', 22 May 2013. https://www.oxfam.org/ en/pressroom/pressreleases/2013-05-22/tax-private-billions-now-stashed-away- havens-enough-end-extreme

59.Tax Justice Network (2015) 'The scale of Base Erosion and Profit Shifting' (BEPS). http://www.taxjustice.net/scaleBEPS/

60.Global Alliance for Tax Justice, http://www.globaltaxjustice.org

61.Keynes, J.M. (1931) 'Economic possibilities for our grandchildren' in Essays in Persuasion, London: Rupert Hart-Davis, p. 5, available at: http://www.econ. yale.edu/smith/econ116a/keynes1.pdf

62.Coote, A., Franklin, J. and Simms, A. (2010) '21 hours: why a shorter working week can help us all flourish in the 21st century' London: New Economics Foundation.

63.Coote, A. (2012) 'The 21 Hour Work Week', TEDxGhent. https://www.youtube.com/watch?v=1IMYV31tZZ8

64.Smith, S. and Rothbaum, J. (2013) Cooperatives in a Global Economy: Key Economic Issues, Recent Trends, and Potential for Development. Institute for International Economic Policy Working Paper Series, George Washington University IIEP–WP–2013–6. https://www.gwu.edu/~iiep/assets/docs/papers/

Smith_Rothbaum_IIEPWP2013-6.pdf

65. Kennedy, P. (1989) The Rise and Fall of World Powers. New York: Vintage Books.

66. C40 Cities Climate Leadership Group, http://www.c40.org

67. Rogoff, K. (2012) 'Rethinking the growth imperative', Project Syndicate, 2 January 2012. http://www.project-syndicate.org/commentary/rethinking-the-growth-imperative

68. Berger, J. (1972) Ways of Seeing. London: Penguin, p. 131.

69. Wolf, M. 'The dangers of living in a zero sum world', Financial Times, 19 December 2007.

70. Wallich, H. (1972) 'Zero growth', Newsweek, 24 January 1972, p. 62.

71. Brightman, R. (1993) Grateful Prey: Rock Cree Human–Animal Relationships. Berkeley: University of California Press, pp. 249–251.

72. Phillips, A. (2009) 'Insatiable creatures', Guardian, 8 August 2009, available at: https://www.theguardian.com/books/2009/aug/08/excess-adam-phillips

73. Gerhardt, S. (2010) The Selfish Society: How We All Forgot to Love One Another and Made Money Instead. London: Simon & Schuster, pp. 32–33.

74. Aked, J. et al. (2008) Five Ways to Wellbeing: The Evidence. London: New Economics Foundation.

【結語】現在就拿起紙筆，畫出改變

01. Leach, M., Raworth, K. and Rockström, J. (2013) Between Social and Planetary Boundaries: Navigating Pathways in the Safe and Just Space for Humanity, World Social Science Report, Paris: UNESCO.

02. Mill, J.S. (1873) Autobiography. London: Penguin 1989 edn, pp. 178–179.

03. Keynes, J.M. (1924) 'Alfred Marshall, 1842–1924', The Economic Journal, 34: 135, p. 322.

04. Stiglitz, J. (2012) 'Questioning the value of economics'. Video interview with World Business of Ideas. www.wobi.com/wbftv/joseph-stiglitz-questioning-value-economics

05. Personal communication with Yuan Yang, 15 June 2016.

參考書目

Abramovitz, M. (1956) 'Resource and output trends in the United States since 1870', American Economic Review, 46: 2, pp. 5–23.

Acemoglu, D. and Robinson, J. (2013) Why Nations Fail: The Origins of Power, Prosperity and Poverty. London: Profile Books.

Aked, J. et al. (2008) Five Ways to Wellbeing: The Evidence. London: New Economics Foundation.

Alperovitz, G. (2015) What Then Must We Do? White River Junction, VT: Chelsea Green.

Anderson, K. and Bows, A. (2011) 'Beyond "dangerous" climate change: emissions scenarios for a new world', Philosophical Transactions of the Royal Society A, 369, pp. 20–44.

Arendt, H. (1973) Origins of Totalitarianism. New York: Harcourt Brace Jovanovich.

Aristotle (350 bce), Politics, http://classics.mit.edu/Aristotle/politics.1.one.html

Arndt, H. (1978) The Rise and Fall of Economic Growth. Chicago: University of Chicago Press.

Arrow, K. and Debreu, G. (1954) 'Existence of an equilibrium for a competitive economy', Econometrica 22, pp. 265–290.

Ayers, J. et al. (2013) 'Do celebrity cancer diagnoses promote primary cancer prevention?', Preventive Medicine 58, pp. 81–84.

Ayres, I., Raseman, S. and Shih, A. (2009) Evidence from Two Large Field Experiments that Peer Comparison Can Reduce Residential Energy Usage. National Bureau of Economic Research, Working Paper 15386.

Ayres. R. and Ayres, E. (2010) Crossing the Energy Divide: Moving From Fossil Fuel Dependence to a Clean Energy Future. New Jersey: Wharton School Publishing.

Ayres, R. and Warr, B. (2009) The Economic Growth Engine. Cheltenham: Edward Elgar.

Bacon, F. (1620) Novum Organon. http://www.constitution.org/bacon/nov_org.htm

Banerjee, A. et al. (2015) Debunking the Stereotype of the Lazy Welfare Recipient: Evidence From Cash Transfer Programs Worldwide. HKS Working Paper no. 76.

Barnes, P. (2006) Capitalism 3.0: A Guide to Reclaiming the Commons. Berkeley: Berrett-Koehler.

Barrera-Osorio, F. et al. (2011) 'Improving the design of conditional transfer programs: evidence from a randomized education experiment in Colombia', American Economic Journal: Applied Economics, 3: 2, pp. 167–195.

Bauer, M. et al. (2012) 'Cueing consumerism: situational materialism undermines personal and social well-being', Psychological Science 23, pp. 517–523.

Bauwens, M. (2012) Blueprint for P2P Society: The Partner State and Ethical Society., http://www.shareable.net/blog/blueprint-for-p2p-society-the- partner-state-ethical-economy

Beaman, L. et al. (2012) 'Female leadership raises aspirations and educational attainment for girls: a policy experiment in India', Science 335: 6068, pp. 582–586.

Beckerman, W. (1972) In Defense of Economic Growth. London: Jonathan Cape.

Begg, D., Fischer, S. and Dornbusch, R. (1987) Economics. Maidenhead: McGraw-Hill.

Beinhocker, E. (2007) The Origin of Wealth. London: Random House.

Beinhocker, E. (2012) 'New economics, policy and politics', in Dolphin, T. and Nash, D. (eds), Complex New World. London: Institute for Public Policy Research.

Benes, J. and Kumhof, M. (2012) The Chicago Plan Revisited, IMF Working Paper 12/202.

Benyus, J. (2015) 'The generous city', Architectural Design 85: 4, pp. 120–121. Berger, A. and Loutre, M. F. (2002) 'An exceptionally long interglacialahead?' Science 297, p. 1287.

Berger, J. (1972) Ways of Seeing, London: Penguin. Bernays, E. (2005) Propaganda. New York: Ig Publishing.

Bjorkman, M. and Svensson, J. (2009) 'Power to the people: evidence from a randomized field experiment on community-based monitoring in Uganda', Quarterly Journal of Economics 124: 2, pp. 735–769.

Block, F. and Somers, M. (2014) The Power of Market Fundamentalism: Karl Polanyi's Critique. London: Harvard University Press.

Bolderdijk, J. et al. (2012) 'Comparing the effectiveness of monetary versus moral motives in environmental campaigning', Nature Climate Change, 3, pp. 413–416.

Bonaiuti, M. (2014) The Great Transition. London: Routledge.

Bowen, A. and Hepburn, C. (2012) 'Prosperity With Growth: Economic Growth, Climate Change and Environmental Limits', Centre for Climate Change Economic and Policy Working Paper no. 109

Bowles, S. and Gintis, H. (2011) A Cooperative Species: Human Reciprocity and Its Evolution. Princeton: Princeton University Press.

Box, G. and Draper, N. (1987) Empirical Model Building and Response Surfaces. New York: John Wiley & Sons.

Boyce, J. K. et al. (1999) 'Power distribution, the environment, and public health: a state-level analysis', Ecological Economics 29: 127–140.

Braungart, M. and McDonough, W. (2009) Cradle to Cradle: Re-making the Way We Make Things. London: Vintage Books.

Brightman, R. (1993) Grateful Prey: Rock Cree Human–Animal Relationships. Berkeley: University of California Press.

Brynjolfsson, E. and McAfee, A. (2015) 'Will humans go the way of horses?' Foreign Affairs, July/August 2015.

Chancel, L. and Piketty, T. (2015) Carbon and Inequality: From Kyoto to Paris. Paris: Paris School of Economics.

Chang, H.J. (2010) 23 Things They Don't Tell You About Capitalism. London: Allen Lane.

Chapin, F. S. III, Kofinas, G. P. and Folke, C. (eds), Principles of Ecosystem Stewardship: Resilience-Based Natural Resource Management in a Changing World. New York: Springer.

Christianson, S. (2012) 100 Diagrams that Changed the World. London: Salamander Books.

Cingano, F. (2014) Trends in Income Inequality and its Impact on Economic Growth. OECD Social, Employment and Migration Working Papers, no. 163, OECD Publishing.

Colander, D. (2000) 'New Millennium Economics: how did it get this way, and what way is it?, Journal of Economic Perspectives 14: 1, pp. 121–132. Cole, M. (2015) Is South Africa Operating in a Safe and Just Space? Using the doughnut model to explore environmental sustainability and social just- ice. Oxford: Oxfam GB.

Coote, A. and Franklin, J. (2013) Time On Our Side: Why We All Need a Shorter Working Week. London: New Economics Foundation.

Coote, A. and Goodwin. N. (2010) The Great Transition: Social Justice and the Core Economy. nef working paper 1, London: New Economics Foundation.

Coote, A., Franklin, J. and Simms, A. (2010) 21 Hours: Why a shorter work- ing week can help us all flourish in the 21st century. London: New Economics Foundation.

Crawford, K. et al. (2014) Demolition or Refurbishment of Social Housing? A Review of the Evidence. London: UCL Urban Lab and Engineering Exchange.

Crompton, T. and Kasser, T. (2009) Meeting Environmental Challenges: The Role of Human Identity. Surrey: WWF.

Daly, H. (1990) 'Toward some operational principles of sustainable development', Ecological Economics, 2, pp. 1–6.

Daly, H. (1992) Steady State Economics. London: Earthscan. Daly, H. (1996) Beyond Growth. Boston: Beacon Press.

Daly, H. and Farley, J. (2011) Ecological Economics. Washington: Island Press.

Dearing, J. et al. (2014) 'Safe and just operating spaces for regional social-ecological systems', Global Environmental Change, 28, pp. 227–238.

DeMartino, G. (2011) The Economist's Oath. Oxford: Oxford University Press.

Devas, C. S. (1883) Groundwork of Economics. Longmans, Green and Company.

Diamond, J. (2002) 'Evolution, consequences and future of plant and animal domestication', Nature 418, pp. 700–717.

Diamond, J. (2005) Collapse: How Societies Choose to Fail or Survive. London: Penguin.

Dorling, D. (2013) Population 10 Billion. London: Constable.

Easterlin, R. (1974) 'Does economic growth improve the human lot? Some empirical evidence', in David, P. and Reder, M. (eds), Nations and Households in Economic Growth: Essays in Honour of Moses Abramovitz. New York: Academic Press.

Eisenstein, C. (2011) Sacred Economics: Money, Gift and Society in the Age of Transition. Berkeley: Evolver Books.

Ellen McArthur Foundation (2012) Towards the Circular Economy. Isle of Wight, Ellen McArthur Foundation.

Epstein, J. and Axtell, R. (1996) Growing Artificial Societies. Washington, DC: Brookings Institution Press; Cambridge, MA: MIT Press.

Fälth, A. and Blackden, M. (2009) Unpaid Care Work, UNDP Policy Brief on Gender Equality and Poverty Reduction, Issue 01, New York: UNDP. Fama, E. (1970) 'Efficient capital markets: a review of theory and empirical work', Journal of Finance 25: 2, pp. 383–417.

Ferguson, T. (1995) Golden Rule: The Investment Theory of Party Competition and the Logic of Money-Driven Political Systems. London: University of Chicago Press.

Ferraro, F., Pfeffer, J. and Sutton, R. (2005) 'Economics language and assumptions: how theories can become self-fulfilling', Academy of Management Review 30: 1, pp. 8–24.

Fioramenti, L. (2013) Gross Domestic Product: The Politics Behind the World's Most Powerful Number. London: Zed Books. Folbre, N. (1994) Who Pays for the Kids? London: Routledge.

Folke, C. et al. (2011) 'Reconnecting to the biosphere', AMBIO 40, p. 719.

Frank, B. and Schulze, G. G. (2000) 'Does economics make citizens corrupt?' Journal of Economic Behavior and Organization 43, pp. 101–113. Frank, R. 1988. Passions within Reason. New York: W.W. Norton.

Frank, R., Gilovich, T. and Regan, D. (1993) 'Does studying economics inhibit cooperation?' Journal of Economic Perspectives, 7: 2, pp. 159–171.

Friedman, B. (2006) The Moral Consequence of Economic Growth. New York: Vintage Books.

Friedman, M. (1962) Capitalism and Freedom. Chicago: University of Chicago Press.

Friedman, M. (1966) Essays in Positive Economics, Chicago: University of Chicago Press.

Friedman, M. (1970) 'The social responsibility of business is to increase its profits', New York Times Magazine, 13 September 1970.

Fullerton, J. (2015) Regenerative Capitalism: How Universal Principles and Patterns Will Shape Our New Economy. Greenwich, CT: Capital Institute

Gaffney, M. and Harrison, F. (1994) The Corruption of Economics, London: Shepheard-Walwyn.

Gal, O. (2012) 'Understanding global ruptures: a complexity perspective on the emerging middle crisis', in Dolphin, T. and Nash, D. (eds), Complex New World. London: Institute of Public Policy Research.

García-Amado, L. R., Ruiz Pérez, M. and Barrasa García, S. (2013) 'Motivation for conservation: assessing integrated conservation and development projects and payments for environmental services in La Sepultura Biosphere Reserve, Chiapas, Mexico', Ecological Economics 89, pp. 92–100.

George, H. (1879) Progress and Poverty. New York: The Modern Library.

Gerhardt, S. (2010) The Selfish Society: How We All Forgot to Love One Another and Made Money Instead. London: Simon & Schuster.

Gertler, P., Martinez, S. and Rubio-Codina, M. (2006) Investing Cash Transfers to Raise Long-term Living Standards, World Bank Policy Research Working Paper no. 3994, Washington, DC: World Bank.

Gesell, S. (1906) The Natural Economic Order, https://www.community-exchange.org/docs/Gesell/en/neo/

Giraud, Y. (2010) 'The changing place of visual representation in econom- ics: Paul Samuelson between principle and strategy, 1941–1955', Journal of the History of Economic Thought, 32: pp. 175–197.

Gneezy, U. and Rustichini, A. (2000) 'A fine is a price', Journal of Legal Studies, 29, pp. 1–17.

Goerner, S. et al. (2009) 'Quantifying economic sustainability: implications for free-enterprise theory, policy and practice', Ecological Economics 69, pp. 76–81.

Goffmann, E. (1974) Frame Analysis: An Essay on the Organization of Experience. New York: Harper & Row.

Goodall, C. (2012) Sustainability. London: Hodder & Stoughton.

Goodwin, N. et al. (2009) Microeconomics in Context. New York: Routledge. Gordon, R. (2014) The Demise of US Economic Growth: Restatement, Rebuttals and Reflections. NBER Working Paper no. 19895, February 2014. Green, T. (2012) 'Introductory economics textbooks: what do they teach about sustainability?', International Journal of Pluralism and Economics Education, 3: 2, pp. 189–223.

Grossman, G. and Krueger, A. (1995) 'Economic growth and the environment', Quarterly Journal of Economics, 110: 2, pp. 353–377.

Gudynas, E. (2011) 'Buen Vivir: today's tomorrow', Development 54: 4, pp. 441–447.

Hardin, G. (1968) 'The tragedy of the commons', Science 162: 3859, pp. 1243–1248.

Hardoon, D., Fuentes, R. and Ayele, S. (2016) An Economy for the 1%: how privilege and power in the economy drive extreme inequality and how this can be stopped. Oxfam Briefing Paper 210, Oxford: Oxfam International.

Harford, T. (2013) The Undercover Economist Strikes Back, London: Little, Brown. Heilbroner, R. (1970) 'Ecological Armageddon', New York Review of Books, 23 April.

Helbing, D. (2013) 'Economics 2.0: the natural step towards a self-regulating, participatory market society', Evolutionary and Institutional Economics Review, 10: 1, pp. 3–41.

Henrich, J. et al. (2001) 'In search of Homo Economicus: behavioral experiments in 15 small-scale societies', Economics and Social Behavior, 91: 2, pp.

73–78.

Henrich, J., Heine, S. and Norenzayan, A. (2010) 'The weirdest people in the world?', Behavioural and Brain Sciences 33: 2/3, pp. 61–83. Hernandez, J. (2015) 'The new global corporate law', in The State of Power 2015, Amsterdam: The Transnational Institute.

Holland, T. et al. (2009) 'Inequality predicts biodiversity loss', Conservation Biology 23: 5, pp. 1304–1313.

Hudson, M. and Bezemer, D. (2012) 'Incorporating the rentier sectors into a financial model', World Economic Review 1, pp. 1–12.

ICRICT (2015) Declaration of the Independent Commissions for the Reform of International Corporate Taxation. http://www.icrict.org Institute of Mechanical Engineers (2013) Global Food: Waste Not, Want Not. London: Institute of Mechanical Engineers.

International Cooperative Alliance (2014) World Cooperative Monitor. Geneva: ICA.

International Labour Organisation (2014) Global Wage Report. Geneva: ILO.

International Labour Organisation (2015) Global Employment Trends for Youth 2015. Geneva: ILO.

IPCC (2013) Climate Change 2013: The Physical Science Basis. Contributions of Working Group I to the Fifth Assessment Report of the Intergovernmental Panel on Climate Change, Cambridge: Cambridge University Press.

Islam, N. (2015) Inequality and Environmental Sustainability. United Nations Department for Economic and Social Affairs Working Paper no. 145. ST/ESA/2015/DWP/145.

Jackson, T. (2009) Prosperity without Growth. London: Earthscan.

Jensen, K., Vaish, A. and Schmidt, M. (2014) 'The emergence of human prosociality: aligning with others through feelings, concerns, and norms', Frontiers in Psychology 5, p. 822.

Jevons, W. S. (1871) The Theory of Political Economy, Library of Economics and Liberty, http://www.econlib.org/library/YPDBooks/Jevons/jvnPE.html

Kagel, J. and Roth, A. (1995) The Handbook of Experimental Economics. Princeton, NJ: Princeton University Press.

Keen, S. (2011) Debunking Economics. London: Zed Books.

Kelly, M. (2012) Owning our Future: The Emerging Ownership Revolution. San Francisco: Berrett-Koehler.

Kennedy, P. (1989) The Rise and Fall of World Powers. New York: Vintage Books.

Kerr, J. et al. (2012) 'Prosocial behavior and incentives: evidence from field experiments in rural Mexico and Tanzania', Ecological Economics 73, pp. 220–227.

Keynes, J. M. (1923) 'A Tract on Monetary Reform', in The Collected Writings of John Maynard Keynes, Vol. 4, 1977 edn. London: Palgrave Macmillan.

Keynes, J. M. (1924) 'Alfred Marshall, 1842–1924', The Economic Journal, 34: 135, pp. 311–372.

Keynes, J. M. (1931) 'Economic possibilities for our grandchildren', in Essays in Persuasion. London: Rupert Hart-Davis.

Keynes, J. M. (1936) The General Theory of Employment, Interest and Money. London: Macmillan.

Keynes, J. M. (1945) First Annual Report of the Arts Council (1945–46), London: Arts Council.

Klein, N. (2007) The Shock Doctrine. London: Penguin.

Knight, F. (1999) Selected Essays by Frank H. Knight, Volume 2. Chicago: University of Chicago Press.

Kringelbach, M. (2008) The Pleasure Center: Trust Your Animal Instincts. Oxford: Oxford University Press.

Kuhn, T. (1962) The Structure of Scientific Revolutions. London: University of Chicago Press.

Kumhof, M. and Rancière, R. (2010) Inequality, Leverage and Crises. IMF Working Paper, WP/10/268, Washington, DC: IMF.

Kuznets, S. (1955) 'Economic growth and income inequality', American Economic Review, 45: 1, pp. 1–28.

Lacy, P. and Rutqvist, J. (2015) Waste to Wealth: the circular economy advantage. New York: Palgrave Macmillan.

Lakner, C. and Milanovic, B. (2015) 'Global income distribution: from the fall of the Berlin Wall to the Great Recession', World Bank Economic Review, 1–30.

Lakoff, G. (2014) The All New Don't Think of an Elephant. White River Junction, VT: Chelsea Green Publishing.

Lakoff, G. and Johnson, M. (1980) Metaphors We Live By. Chicago: University of Chicago Press.

Leach, M., Raworth, K. and Rockström, J. (2013) Between Social and Planetary Boundaries: Navigating Pathways in the Safe and Just Space for Humanity, World Social Science Report. Paris: UNESCO.

Leopold, A. (1989) A Sand County Almanac. New York: Oxford University Press.

Lewis, J. et al. (2005) Citizens or Consumers? What the Media Tell Us About Political Participation. Maidenhead: Open University Press.

Lewis, W. A. (1976) 'Development and distribution', in Cairncross, A. and Puri, M. (eds), Employment, Income Distribution, and Development Strategy: Problems of the Developing Countries. New York: Holmes & Meier, pp. 26–42.

Lietaer, B. (2001) The Future of Money. London: Century.

Lipsey, R. (1989) An Introduction to Positive Economics. London: Weidenfeld & Nicolson.

Liu, E. and Hanauer, N. (2011) The Gardens of Democracy. Seattle: Sasquatch Books.

Lucas, R. (2004) The Industrial Revolution: Past and Future. 2003 Annual Report Essay, The Federal Reserve Bank of Minneapolis.

Lyle, J. T. (1994) Regenerative Design for Sustainable Development. New York: John Wiley & Sons.

MacKenzie, D. and Millo, Y. (2003) 'Constructing a market, performing a theory: the historical sociology of a financial derivatives exchange', American Journal of Sociology 109: 1, pp. 107–145.

Mali, T. (2002) What Learning Leaves. Newtown, CT: Hanover Press. Mankiw, G. (2012) Principles of Economics, 6th edn. Delhi: Cengage Learning.

Marçal, K. (2015) Who Cooked Adam Smith's Dinner? London: Portobello.

Marewzki, J. and Gigerenzer, G. (2012), 'Heuristic decision making in medicine', Dialogues in Clinical Neuroscience, 14: 1, pp. 77–89. Marshall, A. (1890) Principles of Economics. London: Macmillan.

Marx, K. (1867) Capital, Volume 1. http://www.econlib.org/library/YPDBooks/Marx/mrxCpA.html

Max-Neef, M. (1991) Human Scale Development. New York: Apex Press. Mazzucato, M. (2013) The Entrepreneurial State. London: Anthem Press.

Mazzucato, M., Semieniuk, G. and Watson, J. (2015) What Will It Take to Get Us a Green Revolution? SPRU Policy Paper, University of Sussex.

Meadows, D. (1998) Indicators and Information Systems for Sustainable Development. Vermont: The Sustainability Institute.

Meadows, D. (2008) Thinking In Systems: A Primer. White River Junction, VT: Chelsea Green.

Meadows, D. et al. (1972) The Limits to Growth. New York: Universe Books.

Meadows, D. et al. (2005) Limits to Growth: The 30-Year Update. London: Earthscan.

Michaels, F. S. (2011) Monoculture: How One Story Is Changing Everything. Canada: Red Clover Press.

Mill, J. S. (1844) Essays on Some Unsettled Questions of Political Economy, http://www.econlib.org/library/Mill/mlUQP5.html

Mill, J. S. (1848) Principles of Political Economy, http://www.econlib.org/library/Mill/mlP.html

Mill, J. S. (1873) Autobiography, 1989 edn. London: Penguin.

Minsky, H. (1977) 'The Financial Instability Hypothesis: an interpretation of Keynes and an alternative to Standard Theory', Challenge, March– April 1977, pp. 20–27.

Mishel, L. and Shierholz, H. (2013) A Decade of Flat Wages. EPI Briefing Paper no. 365, Washington, DC: Economic Policy Institute.

Molinsky, A., Grant, A. and Margolis, J. (2012) 'The bedside manner of homo economicus: how and why priming an economic schema reduces compassion', Organizational Behavior and Human Decision Processes 119: 1, pp. 27–37.

Montgomery, S. (2015), The Soul of an Octopus. London: Simon & Schuster.

Morgan, M. (2012) The World in the Model. Cambridge: Cambridge University Press.

Murphy, D. J. (2014) 'The implications of the declining energy return on investment of oil production', Philosophical Transactions of the Royal Society A 372.

Murphy, R. and Hines, C. (2010) 'Green quantitative easing: paying for the economy we need', Norfolk: Finance for the Future.

Murphy, S., Burch, D. and Clapp, J. (2012) Cereal Secrets: the world's largest grain traders and global agriculture, Oxfam Research Reports, Oxford: Oxfam International.

OECD (2014) Policy Challenges for the Next 50 Years, OECD Economic policy paper no. 9. Paris: OECD.

Ormerod, P. (2012) 'Networks and the need for a new approach to policy- making', in Dolphin, T. and Nash, D. (eds), Complex New World. London: IPPR.

Ostrom, E. (1999) 'Coping with tragedies of the commons', Annual Review of Political Science 2, pp. 493–535.

Ostrom, E. (2009) 'A general framework for analyzing sustainability of social-ecological systems', Science 325: 5939, pp. 419–422.

Ostrom, E., Janssen. M., and Anderies, J. (2007) 'Going beyond panaceas', Proceedings of the National Academy of Sciences 104: 39, pp. 15176–15178.

Ostry, J. D. et al. (2014) Redistribution, inequality and growth. IMF Staff discussion note, February 2014.

Palfrey, S. and Stern, T. (2007) Shakespeare in Parts. Oxford: Oxford University Press.

Parker, R. (2002) Reflections on the Great Depression. Cheltenham: Edward Elgar.

Pearce, F. (2016) Common Ground: securing land rights and safeguarding the earth. Oxford: Oxfam International.

Pearce, J. (2015) 'Quantifying the value of open source hardware development', Modern Economy, 6, pp. 1–11.

Pearce, J. (2012) 'The case for open source appropriate technology', Environment, Development and Sustainability, 14: 3.

Pearce, J. et al. (2012) 'A new model for enabling innovation in appropriate technology for sustainable development', Sustainability: Science, Practice and Policy, 8: 2, pp. 42–53.

Persky, J. (1992) 'Retrospectives: Pareto's law', Journal of Economic Perspectives 6: 2, pp. 181–192.

Piketty, T. (2014) Capital in the Twenty-First Century. Cambridge, MA: Harvard University Press.

Pizzigati, S. (2004) Greed and Good. New York: Apex Press.

Polanyi, K. (2001) The Great Transformation. Boston: Beacon Press. PopEleches, C. et al. (2011) 'Mobile phone technologies improve adherence to antiretroviral treatment in resource-limited settings: a randomized controlled trial of text message reminders', AIDS 25: 6, pp. 825–834.

Putnam, R. (2000) Bowling Alone: The Collapse and Revival of American Community. New York: Simon & Schuster.

Raworth, K. (2002) Trading Away Our Rights: women workers in global supply chains. Oxford: Oxfam International.

Raworth, K. (2012) A Safe and Just Space for Humanity: can we live within the doughnut? Oxfam Discussion Paper. Oxford: Oxfam International.

Razavi, S. (2007), The Political and Social Economy of Care in a Development Context. Gender and Development Programme Paper no. 3. Geneva: United Nations Research Institute for Social Development.

Ricardo, D. (1817) On the Principles of Political Economy and Taxation, http://www.econlib.org/library/Ricardo/ricP.html

Rifkin, J. (2014) The Zero Marginal Cost Society. New York: Palgrave Macmillan.

Robbins, L. (1932) Essay on the Nature and Significance of Economic Science. London: Macmillan.

Robinson, J. (1962) Essays in the Theory of Economic Growth. London: Macmillan.

Rode, J., Gómez-Baggethun, E. and Krause, T. (2015), 'Motivation crowd- ing by economic incentives in conservation policy: a review of the empirical evidence', Ecological Economics 117, pp. 270–282.

Rodriguez, L. and Dimitrova, D. (2011) 'The levels of visual framing', Journal of Visual Literacy 30: 1, pp. 48–65.

Rogers, E. (1962) Diffusion of Innovations. New York: The Free Press. Rostow, W. W. (1960), The Stages of Economic Growth: A Non-Communist Manifesto. Cambridge: Cambridge University Press.

Ruskin, J. (1860) Unto This Last, https://archive.org/details/untothislast00rusk

Ryan-Collins, J. et al. (2012) Where Does Money Come From? London: New Economics Foundation.

Ryan-Collins, J. et al. (2013) Strategic Quantitative Easing: Stimulating Investment to Rebalance the Economy. London: New Economics Foundation.

Ryan, R. and Deci, E. (1999) 'Intrinsic and extrinsic motivations: classic definitions and new directions', Contemporary Educational Psychology 25: 54–67.

Salganik, M., Sheridan Dodds, P. and Watts, D. (2006) 'Experimental study of inequality and unpredictability in an Artificial Cultural Market', Science 311, pp. 854–856.

Samuelson, P. (1948) Economics: An Introductory Analysis (1st edn). New York: McGraw-Hill.

Samuelson, P. (1964) Economics (6th edn). New York: McGraw-Hill. Samuelson, P. (1980) Economics (11th edn). New York: McGraw-Hill. Samuelson, P. (1997) 'Credo of a lucky textbook author', Journal of Economic Perspectives 11: 2, pp. 153–160.

Sandel, M. (2012) What Money Can't Buy: The Moral Limits of Markets. London: Allen Lane.

Sayers, M. (2015) The UK Doughnut: a framework for environmental sustainability and social justice. Oxford: Oxfam GB.

Sayers, M. (2015) The Welsh Doughnut: a framework for environmental sustainability and social justice. Oxford: Oxfam GB.

Sayers, M. and Trebeck, K. (2014) The Scottish Doughnut: a safe and just operating space for Scotland. Oxford: Oxfam GB.

Schabas, M. (1995) 'John Stuart Mill and concepts of nature', Dialogue, 34: 3, pp. 447–466.

Schumacher, E. F. (1973) Small Is Beautiful, London: Blond & Briggs. Schumpeter, J. (1942) Capitalism, Socialism and Democracy. New York: Harper & Row.

Schumpeter, J. (1954) History of Economic Analysis. London: Allen & Unwin.

Schwartz, S. (1994) 'Are there universal aspects in the structure and content of human values?', Journal of Social Issues 50: 4, pp. 19–45.

Secretariat of the Convention on Biological Diversity (2012) Cities and Biodiversity Outlook, Montreal.

Seery, E. and Caistor Arendar, A. (2014) Even It Up: time to end extreme inequality. Oxford: Oxfam International.

Sen, A. (1999) Development as Freedom. New York: Alfred A. Knopf. Simon, J. and Kahn, H. (1984) The Resourceful Earth: A Response to Global 2000. Oxford: Basil Blackwell.

Smith, A. (1759) The Theory of Moral Sentiments, http://www.econlib.org/library/Smith/smMS.html

Smith, A. (1776) An Inquiry into the Nature and Causes of the Wealth of Nations. 1994 edn, New York: Modern Library.

Smith, S. and Rothbaum, J. (2013) Cooperatives in a Global Economy: Key Economic Issues, Recent Trends, and Potential for Development. Institute for International Economic Policy Working Paper Series, George Washington University IIEP–WP–2013–6.

Solow, R. (1957) 'Technical change and the aggregate production function', Review of Economics and Statistics 39: 3, pp. 312–320.

Solow, R. (2008) 'The state of macroeconomics', Journal of Economic Perspectives 22: 1, pp. 243–249.

Spiegel, H. W. (1987) 'Jacob Viner (1892–1970)', in Eatwell, J., Milgate, M. and Newman, P. (eds) (1987) The New Palgrave: a dictionary of economics, Vol. IV. London: Macmillan.

Sraffa, P. (1926) 'The laws of returns under competitive conditions', Economic Journal 36: 144, pp. 535–550.

Sraffa, P. (1951) Works and Correspondence of David Ricardo, Volume I. Cambridge: Cambridge University Press.

Stedman Jones, D. (2012) Masters of the Universe: Hayek, Friedman and the Birth of Neoliberal Politics. Oxford: Princeton University Press.

Steffen, W. et al. (2011) 'The Anthropocene: from global change to planetary stewardship', AMBIO 40: 739–761.

Steffen, W. et al. (2015) 'The trajectory of the Anthropocene: The Great Acceleration', Anthropocene Review 2: 1, pp. 81–98.

Sterman, J. D. (2002) 'All models are wrong: reflections on becoming a systems scientist', System Dynamics Review 18: 4, pp. 501–531.

Sterman, J. D. (2000) Business Dynamics: Systems Thinking and Modeling for a Complex World. New York: McGraw-Hill.

Sterman, J. D.(2012) 'Sustaining sustainability: creating a systems science in a fragmented academy and polarized world', in Weinstein, M. P. and Turner, R. E. (eds), Sustainability Science: The Emerging Paradigm and the Urban Environment. New York: Springer Science.

Steuart, J. (1767) An Inquiry into the Principles of Political Economy, https://www.marxists.org/reference/subject/economics/steuart/

Stevenson, B. and Wolfers, J. (2008) Economic Growth and Subjective Well- being: Reassessing the Easterlin Paradox, National Bureau of Economic Research Working Paper no. 14282.

Stiglitz, J. E. (2011) 'Of the 1%, for the 1%, by the 1%', Vanity Fair, May 2011.

Stiglitz, J. E. (2012) The Price of Inequality. London: Allen Lane.

Stiglitz, J. E., Sen, A. and Fitoussi, J-P. (2009) Report of the Commission on the Measurement of Economic Performance and Social Progress, Paris.

Summers, L. (2016) 'The age of secular stagnation', Foreign Affairs, 15 February 2016.

Sumner, A. (2012) From Deprivation to Distribution: Is Global Poverty Becoming a Matter of National Inequality? IDS Working Paper no. 394, Sussex: Institute of Development Studies.

Thaler, R. and Sunstein, C. (2009) Nudge: Improving Decisions About Health, Wealth and Happiness. London: Penguin.

Thompson, E. P. (1964) The Making of the English Working Class. New York: Random House.

Thorpe, S., Fize, D. and Marlot, C. (1996) 'Speed of processing in the human visual system', Nature 381: 6582, pp. 520–522.

Titmuss, R. (1971) The Gift Relationship: From Human Blood to Social Policy. New York: Pantheon Books.

Torras, M. and Boyce, J. K. (1998) 'Income, inequality, and pollution: a reassessment of the environmental Kuznets curve', Ecological Economics 25, pp. 147–160.

Trades Union Congress (2012) The Great Wages Grab. London: TUC. UNDP (2015) Human Development Report 2015. New York: United Nations. UNEP (2016) Global Material Flows and Resource Productivity: A Report of the International Resource Panel, Paris: United Nations Environment Programme.

United Nations (2015) World Population Prospects: The 2015 Revision. New York: United Nations.

Veblen, T. (1898), 'Why is economics not an evolutionary science?' Quarterly Journal of Economics, 12: 4, pp. 373–397.

Wald, D. et al. (2014) 'Randomized trial of text messaging on adherence to cardiovascular preventive treatment, Plos ONE 9 (12)

Walras, L. (1874) Elements of Pure Economics, 1954 edn, London: George Allen & Unwin.

Wang, L., Malhotra, D. and Murnighan, K. (2011), 'Economics education and greed', Academy of Management Learning and Education, 10: 4, pp. 643–660.

Ward, B. and Dubos, R. (1973) Only One Earth. London: Penguin Books. Weaver, W. (1948) 'Science and complexity' American Scientist, 36, pp. 536–544.

Webster, K. (2015) The Circular Economy: A Wealth of Flows. Isle of Wight: Ellen McArthur Foundation.

Wiedmann, T. O. et al. (2015) 'The material footprint of nations', Proceedings of the National Academy of Sciences, 112: 20, pp. 6271–6276. Wijkman, A. and Skanberg, K. (2015) The Circular Economy and Benefits for Society. Zurich: Club of Rome.

Wilkinson, R. and Pickett, K. (2009) The Spirit Level. London: Penguin. World Bank (1978) World Development Report. Washington, DC: World Bank.

World Economic Forum (2016) The Future of Jobs. Geneva: World Economic Forum.

國家圖書館出版品預行編目 (CIP) 資料

甜甜圈經濟學：破除成長迷思的 7 個經濟新思考 / 凱特 . 拉沃斯 (Kate Raworth) 作 ;
范堯寬 , 溫春玉譯 . -- 初版 . -- 臺北市 : 今周刊 , 2020.07
面 ；　公分 . -- (FUTURE 系列 ; 6)
譯自 : Doughnut economics : seven ways to think like a 21st century economist
ISBN 978-957-9054-62-1(平裝)
1. 經濟學

550　　　　　　　　　　　　　　　　　　　　　109006187

FUTURE系列 006

甜甜圈經濟學
破除成長迷思的7個經濟新思考

Doughnut Economics:

Seven Ways to Think Like a 21st-Century Economist

作　　　者 凱特・拉沃斯（Kate Raworth）
譯　　　者 范堯寬、温春玉
主　　　編 許訓彰
副總編輯 鍾宜君
校　　　對 鍾宜君、李志威、許訓彰
行銷經理 胡弘一
行銷主任 彭澤葳
封面設計 潘大智
內文排版 潘大智

出 版 者 今周刊出版社股份有限公司
發 行 人 梁永煌
社　　　長 謝春滿
副總經理 吳幸芳

地　　　址 台北市中山區南京東路一段96號8樓
電　　　話 886-2-2581-6196
傳　　　眞 886-2-2531-6438
讀者專線 886-2-2581-6196轉1
劃撥帳號 19865054
戶　　　名 今周刊出版社股份有限公司
網　　　址 http://www.businesstoday.com.tw

總 經 銷 大和書報股份有限公司
製版印刷 緯峰印刷股份有限公司
初版一刷 2020年7月
定　　　價 420 元